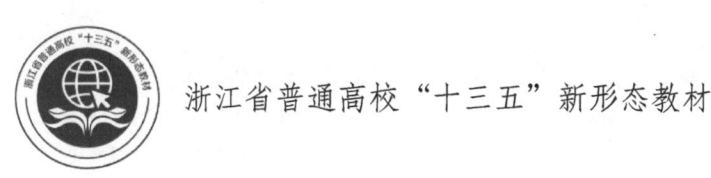

浙江省普通高校"十三五"新形态教材

新媒体广告创意传播
——广告创意的新思维

黄胜红　苏海林　黄章敏　主编

电子工业出版社
Publishing House of Electronics Industry
北京·BEIJING

内 容 简 介

本书为浙江省普通高校新形态教材。主要内容分三大部分，即新媒体广告及新媒体环境下的内容营销、广告创意及设计思维、广告创意与设计执行技巧。从新媒体到新媒体广告，从了解新媒体的内容营销到内容营销的创作思维，从广告创意思维训练到广告设计思维树立，从各类广告执行技巧的提炼到案例解析等，本书较为系统地阐述了新媒体广告创作的基本步骤和思维方法，将表现方法及思维方式训练贯穿始终。本书配有大量的教学视频、案例视频和图片，实用性较强，可供广告学、艺术设计学、戏剧影视学及广大的新媒体从业者使用。与本书内容相对应的同名在线视频课程在浙江省高等学校在线开放课程共享平台上，本课程为浙江省省级精品在线开放课程。

未经许可，不得以任何方式复制或抄袭本书之部分或全部内容。
版权所有，侵权必究。

图书在版编目（CIP）数据

新媒体广告创意传播：广告创意的新思维 / 黄胜红，苏海林，黄章敏主编 . —北京：电子工业出版社，2021.7
ISBN 978-7-121-38796-8

Ⅰ．①新… Ⅱ．①黄… ②苏… ③黄… Ⅲ．①广告学—传播学—高等学校—教材 Ⅳ．① F713.80
中国版本图书馆 CIP 数据核字（2020）第 047056 号

责任编辑：贺志洪
印　　刷：北京虎彩文化传播有限公司
装　　订：北京虎彩文化传播有限公司
出版发行：电子工业出版社
　　　　　北京市海淀区万寿路 173 信箱　邮编：100036
开　　本：787×1092　1/16　　　印张：17.5　字数：448 千字
版　　次：2021 年 7 月第 1 版
印　　次：2024 年 8 月第 6 次印刷
定　　价：72.00 元

凡所购买电子工业出版社图书有缺损问题，请向购买书店调换。若书店售缺，请与本社发行部联系，联系及邮购电话：（010）88254888，88258888。
质量投诉请发邮件至 zlts@phei.com.cn，盗版侵权举报请发邮件至 dbqq@phei.com.cn。
本书咨询联系方式：（010）88254609 或 hzh@phei.com.cn。

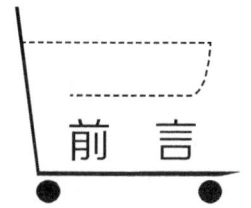

前言

我们总结了过去 10 年广告行业的变化，经研究后我们认为，广告创意不分传统与现代，因为人性没有发生太大变化，只是人的行为发生了变化，这影响到了媒体，使媒体发生了变化，带动着行为习惯和思考方式发生了变化。传统的单向利益陈述式的广告面临着"死亡"的挑战，传统的、非常安全的广告"死"了，以前的广告调研，一定要找出最安全的道路才行，而现在这种方法不管用了。以前我们做广告，希望它完全没有争议性，稍微有一点点危险、存在一点点争议都会被客户否决。如今这个时代已经完全不一样了。客户都希望他们的广告具有话题性，能够引起人们的讨论，能够具有社交的属性，甚至让人去吐槽，让它成为小众群体的代言标签。可见，时代已经变了。过去 10 年社会化营销是从无到有的过程。未来 10 年，社会化营销是从有到"无"的过程，这里的"无"是无处不在的意思。

狭义的社会化营销就是运营一个微博、微信，更新一些热点，把自己的产品通过不同的或者跟社会化相结合的方式发出去。广义的社会化营销，即让我们所有的创意有社会化的价值，不管是做一个 TVC 广告、户外广告、线下活动还是公关事件，都可以让它变得很社会化，让它在网络上被谈论、被吐槽、被点赞、被转发、被二次传播。在这个资讯爆炸的时代，以前的传统招式已经不管用了。怎么去做一些非常有话题感、非常引人注目、能够脱颖而出的创意和广告呢？广告是什么？广告就是在无比嘈杂的环境中能成为焦点的社交货币。

我们通过对社会化营销的研究发现，广告市场再度回到内容为王的时代，且这个回归是螺旋式上升的回归。品牌的变现能力在逐渐减弱，中小微企业把更多的资金投向模式创新和内容创新上，这可能是未来 10 年广告发展最重要的信号之一。随着互联网的发展，商品成本的透明化与广大消费者的消费能力升级，品牌不再是消费者展示自己身份的唯一工具。过去的高调消费逐渐被大众视为缺乏涵养的表现，更多消费者的消费行为从吸引别人关注转向取悦自己。在物质极度富有的当下，他们在选择商品的时候，看重的是它能不能让自己愉悦，消费行为开始带有某种打赏的心理和同类人的站队心理，他们愿意为这一刻的愉悦或他们所向往的某种生活方式而买单，这种心理对广告作品提出了全新的要求，所谓的新媒体指的就是这种理念的革新。所以，广告的未来从"广而告知"转向"能取悦消费者的，且为消费者提供消费价值的大众艺术品"，这是"媒体为王"转向"内容为王"的重要表现。"娱乐、价值、艺术"将是未来广告的三个"基因代码"，而本书的重点就是介绍如何在操作层面进行广告创作时植入这三个"基因代码"。在过去媒体为王的时代，广告媒体传播服务于创意，好创意自身可以创造经济价值。发展到现在，广告创意转变为服务于传播，有价值、娱乐性强、有审美高度的作品才能促进自媒体的传播，才能让更多的消费者接触到广告产品。

最后，我非常感谢电子工业出版社为出版这本书而做出的努力，还有那些允许我们使用他们作品的设计师们，另外还有在本书进行"嘉兴学院新形态教材项目"立项和"浙江省普通高校新形态教材项目"立项申报过程中给予我帮助的领导和同事们，向他们表示感谢。感谢系主任黄蒙水老师，百忙当中不计个人得失地帮我完成第五章第四节的书稿内容的编写。还要特别感谢我的同事章依凌老师，在这本教材编写的前期，她在教材申报过程中给了我巨大的精神鼓励，并与我一同完成第一次教材申报材料的撰写。

参与本教材编写的编委会成员有：黄胜红、苏海林、黄章敏、黄蒙水、黄瑞华、章依凌。

注：本书为"浙江省普通高校'十三五'新形态教材"立项项目和"嘉兴学院新形态教材"立项项目。

编　者

2020 年 3 月

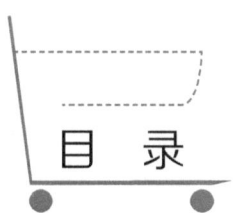

目　录

第一章　什么是新媒体和新媒体广告 / 001

一、新媒体与新媒体广告　/ 001

（一）新媒体概述　/ 001

（二）新媒体广告的发展过程　/ 004

二、系统解读新媒体广告　/ 006

（一）新媒体广告运作模式　/ 006

（二）打造新媒体广告媒介产品　/ 011

三、如何理解广告与广告植入　/ 012

（一）传统广告形态——硬广告　/ 012

（二）非传统广告形态——软广告　/ 012

（三）最常见的广告植入　/ 013

第二章　新媒体环境下的内容营销 / 015

一、内容营销时代的到来 / 015
（一）什么是内容营销 / 015
（二）为什么要做内容营销 / 017
（三）内容营销和传统营销的区别 / 018

二、内容营销的基础知识 / 019
（一）内容的表现形式 / 019
（二）内容营销策略类型 / 023
（三）内容营销平台 / 025
（四）内容营销实施步骤 / 025

三、内容营销的创作思维 / 026
（一）内容营销类型与一般玩法 / 026
（二）做好内容营销的思维路径 / 028

第三章　广告创意思维 / 036

一、怎样才能做出高品质的创意 / 036
（一）广告创作的基本原则 / 038
（二）创意产生的原理 / 042

二、训练创意思维的方法 / 043
（一）创意资料的收集 / 043
（二）如何用潜意识思维做创意 / 044
（三）学会营造创意诞生的最佳环境 / 046

三、如何创作病毒式广告 / 048
（一）病毒式内容传播背后的科学依据 / 049
（二）病毒式广告传播的引爆点 / 050
（三）如何制造有黏性效果的广告创意 / 054
（四）病毒式广告操作要点 / 057

四、创意如何追热点 / 057
（一）如何判断一个热点要不要追，怎么追 / 057
（二）借"刷屏级"事件追热点的准备工作 / 059
（三）追热点应掌握的基本原则 / 060

目 录

第四章 广告设计思维 / 062
 一、重新认识好设计 / 062
  （一）什么是好的广告设计 / 062
  （二）广告传播的失败一般来源于糟糕的创意设计 / 065
 二、广告设计的基本认知 / 066
  （一）广告设计者应该放下自恋 / 066
  （二）要学会向广告细节的关键部位投资 / 067
  （三）广告设计不仅仅是一种视觉的工作 / 068
  （四）创新设计不仅来自设计师的灵感与巧思 / 069
 三、品牌广告设计 / 070
  （一）将品牌人格化 / 070
  （二）执行品牌战役 / 073
 四、如何设计一条能获奖的广告 / 082
  （一）采用与众不同的设计形式 / 083
  （二）打造广告在公共场合的高辨识度 / 084
  （三）广告主题与高频事件相关联 / 086
  （四）利用大家的情绪来获得关注 / 086

第五章 广告创意与设计执行技巧 / 090
 一、广告文案 / 090
  （一）好的标题文案应该具备的特点 / 091
  （二）什么样的文案能获得疯转 / 094
  （三）文案创作的4个步骤与方法 / 099
  （四）文案创作流程与写作技巧 / 121
  （五）标题的速成技巧 / 123
  （六）五招写出"有故事感"的正文 / 125
  （七）促进文案阅读的3种形式设计技巧 / 127
 二、海报设计 / 130
  （一）如何策划一份海报 / 130
  （二）海报创意及其方法 / 135
  （三）常规海报设计类型 / 139
  （四）海报设计的小技巧 / 154

三、Banner 广告设计 / 185
　（一）好 Banner 设计的要点 / 185
　（二）做 Banner 设计的 7 个小技巧 / 190
　（三）Banner 排版的 3 个常规套路 / 193

四、TVC 广告 / 198
　（一）TVC 广告中的设计元素 / 198
　（二）TVC 广告中的叙事元素 / 208
　（三）TVC 广告中的广告诉求 / 210
　（四）视频创作的十大要点 / 215
　（五）如何用逆向思维创作 TVC 广告 / 219
　（六）一份完整的 TVC 广告故事脚本样式 / 223

五、H5 广告 / 233
　（一）H5 广告创意前的基本常识 / 233
　（二）H5 常见的 8 种交互形式创意模板 / 236
　（三）H5 一镜到底的 4 个基本套路 / 240
　（四）H5 交互式视频的创作指南 / 249
　（五）刷屏级 H5 广告排版以及动效设计 / 254
　（六）H5 广告的设计与定价 / 262
　（七）三个"大众点评"的精选案例赏析 / 264

参考文献 / 271

第一章

什么是新媒体和新媒体广告

 本 章 导 言

1. 让学生充分认识新媒体与新媒体广告之间的关系,知道新媒体广告传播"新"在哪里。
2. 使学生了解新媒体的媒介特征,以及在动态发展中存在的一般规律。
3. 使学生知道新媒体广告目标的高、中、低三个维度和所对应的量化目标。
4. 使学生清晰理解新媒体广告的脑力劳动过程,以及广告产品的种类。
5. 使学生学会打造新媒体广告产品的方法,并能对应地运用到高、中、低不同目标维度上。
6. 提高学生对当前信息爆炸、技术多元、碎片化新情境下新媒体发展现状的认识,使其深刻体会新媒体创新的内容不仅仅是视频、照片或者文字,形式创新、内容创新、技术创新和理念创新才是当下环境对"出新"的根本要求。

知识要求

※ 使学生了解在合适的时间和地点,给消费者提供正确、新鲜、有价值的内容意味着什么。

技能要求

※ 学会对智慧劳动过程的掌握与管理。熟练地对基础内容和渠道进行组合设计,并转化出不同类型、不同层次、满足不同广告目的的新媒体广告产品。

一、新媒体与新媒体广告

(一)新媒体概述

新媒体是指当下万物皆媒的环境,简单地说,新媒体是一种环境。新媒体是新的技术支撑体系下出现的媒体形态。新媒体也是一个宽泛的概念,是利用数字技术和网络技术,通过互联网、宽带局域网、无线通信网、卫星等渠道,以及PC、手机、数字电视机等终端,向用户提供信息和娱乐服务的传播形态。也有人总结说:"明天的媒体才是新媒体。"

1. 新媒体的定义

新媒体是在传统意义的媒体基础上，运用数字媒体技术开发、创意，完成对于信息的传播、加工及创新的一种媒体生态。

新媒体的发展是广告业发展的新趋势，传统意义上的媒体通过电视、广播、报刊等形式完成信息传播。随着时代的变迁，不同阶段、不同时期对新媒体的形式和范围有不同界定。但就目前来讲，新媒体指的是"以数字化技术为核心的媒体"。在新媒体发展之初，新媒体是以数字技术为核心的互联网媒体；随着科技的发展，以及人机交互的实现，新媒体与人之间由单向的信息传播转为双向的信息互动。自数字媒体出现之后，新媒体有了全新的定义。现阶段，新媒体又可以定义为互动式数字化复合媒体，指的是通过具有数字化交互性的固定或即时移动的多媒体终端向用户提供信息和服务的传播形态，其本质上具有交互性与即时性、海量性与共享性、多媒体与超文本、个性化与社群化等特征。

虽然迄今为止关于"新媒体"的定义五花八门，但主要均从4个角度出发。

①主体功能性角度：如美国《连线》杂志将"新媒体"定义为"所有人对所有人的传播"。

②传播形式角度：如陈永东认为，"新媒体是相对于传统媒体而言的媒体及各种应用形式，目前主要有互联网媒体、掌上媒体、数字互动媒体、车载移动媒体、户外媒体及新媒体艺术等"。

③技术应用角度：这个角度强调媒体的技术属性，如熊澄宇给出的定义是"在计算机信息处理技术基础之上出现和影响的媒体形态"。

④社会关系角度：这个角度强调的是媒体结构中各要素的关联性，如有学者对"新媒体"的定义是："构成新媒体的基本要素是基于网络和数字技术所构筑的三个无限，即需求无限、传输无限和生产无限。"博客大巴副总裁魏武挥将其定义为"受众可以广泛且深入参与（主要是通过数字化模式）的媒体形式"。

这里需要强调熊澄宇的观点，他指出"新媒体"这一概念的相对性，强调了它的时间属性、发展属性，强调了"新"是相对于"旧"而言的，他的这些观念对国内新媒体研究影响很大。

所以，"新媒体"是指以计算机技术为基础并受其影响的各类媒体形态的统称。新媒体的边界极具模糊性，呈现出媒介融合的趋势。

2. 新媒体传播"新"在哪里

"新"是相对于"旧"而言的，它是一个发展变化的概念。相对于广播而言，电视是新媒体；相对于电视而言，互联网是新媒体。而今天，我们的媒体在网络的基础上又有了延伸，无线移动的应用及出现的其他形态，也可以说是新媒体。也有专家提出："只有媒体构成的基本要素有别于传统媒体，才能称得上新媒体，否则就只是原来基础上的变形和提高。"新媒体的"新"意指"革新"，即技术上的革新，形式上的革新，理念上的革新。单纯形式上的革新、技术上的革新称为改良更合适，不足以证明其为新媒体；理念上的革新则是新媒体定义的核心内容，是新媒体有别于传统媒体的根本。

（1）技术上的革新

现代化的数字技术、网络技术及通信技术等全新技术的出现为新媒体的发展提供了技术支持。

（2）形式上的革新

因为网络技术发展太快，由技术进步引起的媒体形态变革之快也非以往媒体更新换代所能比。从传播的视角可以把新媒体分为两类。

一类是"新兴媒体"，以网络媒体、手机媒体和电视媒体为代表，它们"依托全新的传播技术，以改变传播形态为主要的诉求点，强调体验和互动，内容生产日趋分散化和个性化"。新兴媒体目前有搜索引擎、门户网站、网络视频网站、网络广播网站、网络报纸杂志、网络出版、网络社区、QQ、微信、微博、平台小程序、各种智能手机App、博客等。如图1-1所示，未来是个万物互联的时代。

图1-1 万物互联

另一类是"新型媒体"，包括户外新媒体、楼宇电视和车载移动电视、数字电视等，这是在传统媒体上依托新技术衍生而来的，其传播形态并没有实质性的改变，但对接收信息的习惯影响巨大，画面质量也有所提高。

（3）理念上的革新

理念创新，就是要保持思想的敏锐性和开放度，打破传统思维定势，努力以思想认识新飞跃打开工作新局面。它的核心是"强化互联网思维"。新媒体只有强化互联网思维，牢固树立用户意识、融合意识、效果意识，才能占领网络传播的制高点，真正掌握舆论引导的主动权。

①树立用户意识。在传统媒体时代，由于信息的稀缺性，媒体多少有点"皇帝女儿不愁嫁"的味道。而在互联网时代，海量信息成为常态，用户分配给广告的注意力是有限的，对广告产品更加"挑剔"。在互联网上，你不在乎用户，用户就不会在乎你。只有改变过去媒体单向传播、受众被动接收的方式，充分尊重用户、贴心服务用户，精准把握不同用户的需求特点，量身定制广告产品，创造更好的阅读和观赏体验，建立与用户之间的友好互动关系，才能赢得受众。

②树立融合意识。在传统媒体时代，每种传播媒介都有自己的独特魅力，也会有自己的受众群体和生存空间。而互联网的出现，则使媒体融合发展成为大方向、大趋势。融合

的目的不在于规模的扩大，不在于内容的数字化，也不在于搭建新的平台，而是要把用户融进来、留下来。只有把传统媒体的权威、专业和品牌优势与新兴媒体的新技术、新渠道优势结合起来，加快从"相加"迈向"相融"，促使产生"化学反应"，不断增强内容的核心竞争力，扩大传播有效覆盖面，才能使广告产品更有效地传播到目标用户。

③树立效果意识。在传统媒体时代，"抢头条"是媒体竞争的重要内容。而在互联网为基础的新媒体时代，由于传播的即时化、多点化，热点事件本身不再是稀缺品，对热点的解读和判断能力才是生产病毒式传播的核心竞争力。只有创作鲜活生动、全面深刻、吸引力强的创意广告，重视用户互动共鸣，才能打动人心、增进认同、凝聚力量，才能成为引领者。

3. 新媒体的三大媒体优势

新媒体一经产生，就受到了人们的普遍欢迎。这是由于新媒体具有传统媒体不具备的三大优势。

一是新媒体迎合了人们休闲娱乐时间碎片化的需求。由于工作与生活节奏的加快，人们的休闲时间呈现出碎片化倾向。新媒体这种便捷的信息传播方式使人们可以随时随地捕获所需信息，满足了人们即时获取信息和填充空余时间的需求。

二是新媒体满足了人们互动表达的需要。新媒体在传播的诉求方面凸显了互动性特点。使用新媒体的每个人，不仅是信息的使用者，也是信息的生产者。信息的流向由单向传播变成双向互动，更接近人们日常交流的常态，提升了人们交流信息的意愿和主动性，提高了新媒体的用户黏性。

三是新媒体的使用与内容选择更具多样性和个性化。这使得人们可以选择最适合自己的信息获取方式，使新媒体能够适应各式各样的人群。利用新媒体，能够更加充分地细分市场，从而更加准确地满足不同消费者的喜好。

总的来讲，新媒体广告较之于传统的广告形式，具有丰富的表现形式、多渠道的展现模式，并且能够同信息受众展开更多的互动。

（二）新媒体广告的发展过程

新媒体的发展并不是一蹴而就的，它是随着科技和互联网的发展，逐步从雏形阶段——从线下到线上，到发展阶段——从静态到动态，再发展到现阶段——从碎片阅读到内容出新的。

1. 雏形阶段——从线下到线上

新媒体发展的雏形阶段，表现为传统网络广告形式，即传统广告从线下转移到了线上。这一阶段的新媒体广告主要指建立在数字媒体及网络技术基础之上的一种宣传营销活动，其传播媒体主要指网络媒体。但是由于受到媒体及技术条件的限制，该种方式下的广告具有一定的缺陷，首先广告形式较为单一，其次传播的信息量较小，只能单向传播，同受众的互动性较差，只能采用强制接收的方式。而且在智能手机出现之前，网民较少，影响的范围有限，所以当时的这种新媒体属于非主流媒体，仅限城市里的年轻人在使用。

2. 发展阶段——从静态到动态

科技的进步与互联网的发展，也促进了新媒体的快速成长，发展阶段的新媒体表现为从静态传播到动态传播。该种广告形态的出现是建立在网络技术不断成熟及扩展的基础之上的。该种形式的广告,网络媒体不再单一,网民不再需要事先安装插件,便能够看到整合了多种介质(声音、动画、视频等)的广告,实现了信息的双向沟通,能够更好地同广告受众交互。

该阶段的新媒体广告内容较之前阶段的网络广告更加丰富,表现形式上也逐步趋于多样化,具有更强的互动性。因而,新媒体广告因其所具有的优势而得到了营销方的认可,被广泛应用。发展阶段的新媒体广告具有主动性较强、信息发布规模大、广告内容表现形式多样、检索方便且传达效率高、受众体验度高、即时性强、互动交流便捷、交易支付方便等特点。

例如,日本本田(Honda)为其一款新型环保柴油机 Grrr 做的广告《Hate 篇》,以 Flash 动画的形式在数字互动媒体(网络、数字电视)等平台上投放,用户可根据需要随时交流,参与体验活动(见二维码 1-1)。

又如,小米论坛上的资深粉丝群体,对小米的产品测评和使用体验提出自己的意见。受众看见感兴趣的内容,还会自主进行转发,这也体现了新媒体传播的双向性、互动性,如图 1-2 所示。

柴油机 Grrr《Hate 篇》,二维码 1-1

图 1-2 小米社区

3. 现阶段——从碎片阅读到内容出新

新媒体的受众环境一直在改变,受众"永远在线",他们可能在凌晨 1 点搜索鞋子,在办公午休时间去网购化妆品,又或者在午夜时分搜索与电影中女演员同款的手镯。针对这些永远在线的消费者,企业也需要在合适的时间和地点给相应的消费者提供新鲜的有针对性的内容,这些内容伴随资讯的渠道碎片化和快速支付手段,能够轻松实现"传播即购买"的效果。因此,新媒体广告创新的重点就表现为"内容出新",即在合适的时间和地点给相应的消费者提供新鲜的内容。此时的内容不仅仅是视频、照片或者文字;事实上有超过 100 种的内容形式,例如 Gif 动态图片、语音、博文、读书笔记、朋友圈话题、短视频、在线直播、案例分析、表格/图表、问答、教程、插图、采访、地图等。

所以，在创作内容的时候，可以放宽思路，不要只用视频、照片和文章的形式，要始终坚持"你需要的内容是因为你的顾客需要"的原则。创作的内容要能给予顾客信息，抑或是启发他们，让他们耳目一新。

二、系统解读新媒体广告

（一）新媒体广告运作模式

新媒体广告运作模式可视为一个线性的三元结构模型，即资源—方法—结果。在实际运用中，资源分为资金和人员，方法是将资源转化为结果的运作模式，结果则是可量化的输出，三者共同组成新媒体广告魔方体系，如图1-3所示。

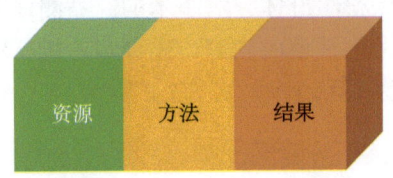

图1-3　新媒体广告魔方体系

1. 如何理解新媒体广告中的资源

资源部分由资金和人员两部分组成。资金是新媒体广告运作的预算，每一个新媒体广告的运作都需要足够的资金来支持，完整且充足的预算会让其运作更加扎实稳健，预算不足或者超支则会影响整个广告的实际效果和运作效率。此外，一个专业高效的运作团队也是必不可少的。文案、编辑、美编、策划、运营、媒介等工作岗位的相互配合会让整个新媒体广告的运作事半功倍。

2. 如何理解新媒体广告中的结果

结果部分在实际操作中往往需要一个量化的输出值。虽然许多广告主喜爱"新媒体广告的运作受到了用户欢迎，获得了良好的评价，收获了许多新用户"之类的评价结果，但实际上，他们更关注新媒体广告的运作和推广为其带来哪些实际的收益。因此，对于新媒体广告结果的量化通常可分为"高、中、低"三个维度，通过关键绩效指标（Key Performance Indicator）的方法进行考核，如表1-1所示。

表1-1　新媒体广告结果的量化考核

维　度	层　次	关键绩效指标（KPI）
高维度	品牌公关层次	曝光数、美誉度等
中维度	用户体验和黏性层次	日活、月活、单客投资回报周期
低维度	拉新获客、首次消费层次	下载激活、注册、首次消费

3. 如何理解新媒体广告媒介创作的方法

方法部分由基础、劳动、产品3部分组成，既是将资源转化为结果的运作模式，又是新媒体广告的一般方法论。这里的"基础"可理解为新媒体广告中的"基础设施",如同路、桥、机场、铁道等依靠国家强大的物力和财力支持而建造一样,广告的基础亦是如此,需要足够多的渠道和内容支持(如表1-2所示),才能满足受众的真实需求。但是只有"基础"是远远不够的,一切事物的核心是依托于人而存在的。在招聘或者应聘的时候常常会看到一些职位名称,比如文案、编辑、微信运营、搜索引擎优化等职位,这些都只是从基础层面得出的。其实这样的高度是不够的,不管是组织架构的制定者,还是实际工作者,若都处在这样一个低维度中,那么新媒体广告的发展会非常有限。放在传播学的长河之中,微信、微博等一批"新媒体"只是一瞬间的事情。50年前,麦克卢汉曾说"内容即媒介,媒介即内容",他几乎预测了之后印刷行业和互联网、各种新媒体及广告形式的所有发展。微博统领了新媒体广告市场2至3年的时间,随后逐渐被微信取代,然而微信能够统领几年?微信之后,诸如文案、编辑、运营、搜索引擎优化等职位的工作内容又是什么呢?抖音、快手火了,分走了很大一部分微信、微博的流量,可这些短视频未来又会被谁瓜分流量呢?就像马路以后是铁路,轮船之后是飞机,然后又是高速公路、高速铁路和磁悬浮轨道车,基础的日新月异,以及这些内容和渠道,都是给新媒体广告的传播提供一个介质。所以,人的智慧劳动起到了对基础的内容和渠道进行整合、转化的作用。很明显,人工智能开发、万物互联的建设、5G技术的普及等,它们的融合创造是未来10年,甚至更长时间摆在所有媒体人面前的机会。

表1-2 基础的内容和渠道

内 容	渠 道
软文	官方微博
海报	官方微信公众号
视频广告(TVC)	官方贴吧
微场景(H5)	官方网站
碎片化内容	自建外围微博号
……	自建外围微信公众号
	各个外围渠道的采买
	……

新媒体广告中人的智慧劳动过程是从策划到创意再到资源引入三步完成的。策划与创意是传统的主要脑力劳动,如头脑风暴。而资源引入需要特别注意,除了引入足够的资金和专业的团队外,引入新媒体领域内或者领域外的异业合作也都是非常好的业务拓展和创意策划方式,就像熟知的滴滴出行、共享单车等所采用的与外部平台合作的广告形式,就是这个做法的实践。业内也把这种做法叫"玩法",通常客户会很关心地问:"在传播上你们想怎么'玩'?"

通过基础的投入和智慧劳动必然就应当有劳动生产出来的产品，即新媒体广告的七类产品。

①内容类产品：每一个制作精良的海报、视频广告（TVC）、被广泛传播的文章、长微博等各种创意内容（如图1-4所示），其运作方法都是内容与策划相结合，比如各类专业媒体、支付宝出的年度总结类的信息图。

图1-4　内容类产品

②渠道类产品：自建渠道与策划相结合的微信号、微博号、头条号等自媒体或公众媒体，如图1-5所示。

③传播类产品：一个内容和创意兼具的，并具有交互式功能，且能广泛传播的"蹭热点"小海报、H5小游戏、小测验等。

④社群类产品：由管理者精心维护的一个商品粉丝圈、微信群、QQ群等群体性的商业组织，其是由社群类渠道加上一定的商业策划在新媒体上进行发布的广告，如图1-6所示。

第一章　什么是新媒体和新媒体广告

图1-5　渠道类产品

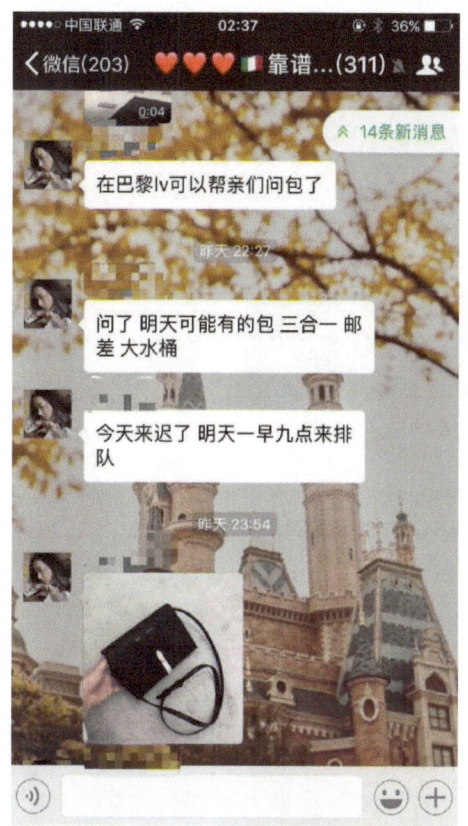

图1-6　社群类产品

⑤营销活动类产品：由管理者或主办方通过各种渠道和创意策划组织的诸如"双11"、"双12"、店庆、新客送体验金等形式的推广促销活动，如图1-7所示。

图1-7　营销活动类产品

⑥公关与客服类产品：由各种渠道和客户服务组成的公共关系维护与客户服务系统，或是由官方、大型渠道或内容加上一定的创意形式构成的公关产品，如图1-8所示。

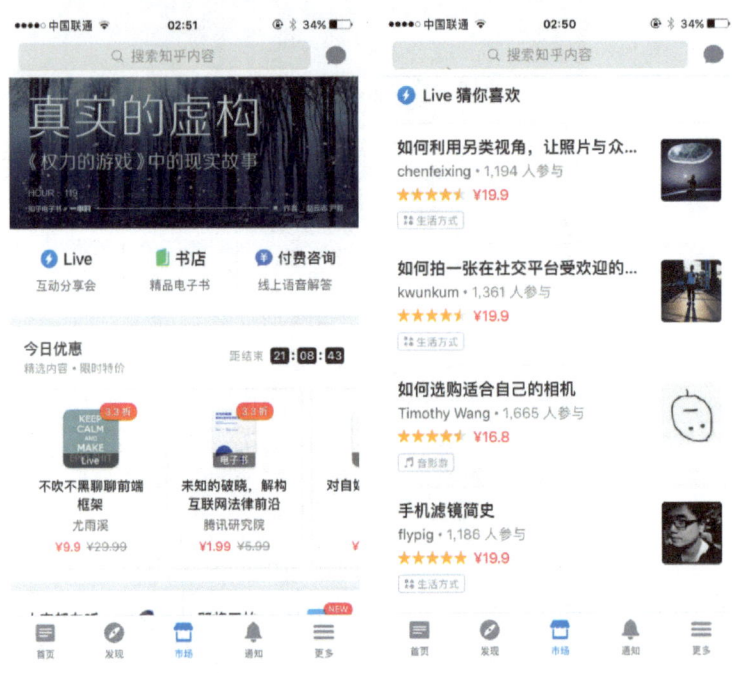

图1-8　公关与客服类产品

⑦功能类产品：具有一定实际应用功能兼具广告推送的媒体，由官方渠道开发的程序性产品，诸如微信服务号提供的功能、微信小程序等，如图1-9所示。

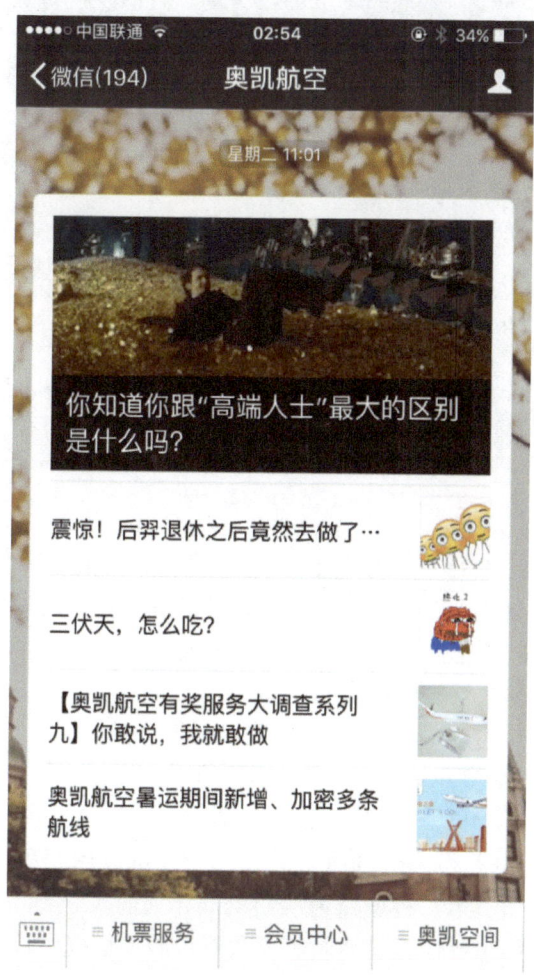

图1-9　功能类产品

（二）打造新媒体广告媒介产品

①内容＋策划＝内容产品。

②自建渠道＋策划＝渠道产品。

③内容＋创意＝品牌传播产品。

④社群类渠道/KOL渠道结合＋策划＝社群活动产品。

⑤各类渠道＋BD合作/策划＝营销活动产品。

⑥各种渠道＋客户服务＝客服产品，官方渠道/大型渠道/内容＋创意＝公关产品。

⑦官方渠道＋程序开发＝功能性产品。

需要特别说明的是，这些产品并非铁板一块，在实际工作中，很多产品之间都是相互交叉交融的，不同的行业产品重心不同，用图像来展示这七大产的话，有点像热点图，如图1-10所示。

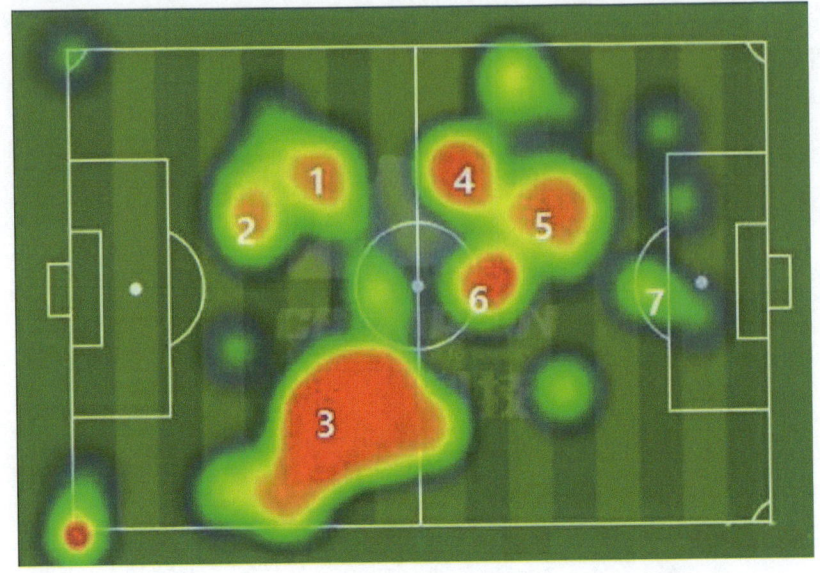

图 1-10　渠道热点图

客户们想要的就是三个维度的结果，也许部门领导会关心团队做出了哪个新媒体产品，但大老板们一般只会关心三个维度的结果，即品牌公关、用户体验与黏性、拉新获客首次消费。而在新媒体的 7 个产品中，可以明显地指向最后的三种结果，客户需要哪种结果，我们就可以应对那种结果去做相应的产品。

- 高维度结果：产品①、②、③、⑥，重点在③、⑥。
- 中维度结果：产品②、④、⑥、⑦，重点在②、⑦。
- 低维度结果：产品④、⑤、⑦，重点在⑤。

至此，已经完全把输入和输出打通。从此以后，可以用两种思路完成工作：第一种思路为从输入推导到输出；第二种思路为从输出推导到输入。实际工作中第二种思路更常见，因为老板常常告诉你想要什么，然后需要我们说服他们提供什么样的输入。

三、如何理解广告与广告植入

在新媒体环境下，广告传播方式不仅有直接通过传统广告形态来表现的，也就是通常所说的硬广告，很多时候也有通过非传统广告形态来表现的，也就是所谓的软广告。后一种形态的广告目前正以病毒式的扩散速度在广告业，特别是在自媒体广告中迅速扩张。

（一）传统广告形态——硬广告

传统广告形态的传播，通常也被称为"硬广告"，是一种强行的广告形态，其特征通常表现为直接性、强行性、单一性，是商家为了传播其商品或品牌信息，硬性向受众灌输的一种传输方式。

（二）非传统广告形态——软广告

非传统广告形态的表现是将经过加工的各种信息制作成一定格式的数字化产品，存储在新媒体中供受众浏览或下载阅读。这些被加工的信息包括资讯、政治、财经、军事、历史、娱乐、游戏、咨询服务等。非广告形态具有目的多样性、隐形传播性、内容嫁接性、传播手段创新性、受众无意识性等显著优势，是目前被普遍采取的广告传播形态。

新媒体软广告中，最主要的表现形式是植入式广告（Product Placement）。在广告行业迅速发展的产业格局下，广告的传播手段变得越发隐蔽，广告主希望抓住任何机会让消费者摄入广告，曾经被认为不适合传播广告的时机也被逐渐利用到广告传播的营销策划中，实现了广告的无间隙传播。在诸如新闻宣传、公关活动、娱乐节目、影视作品、文艺表演、网络游戏等形式的信息传播活动或过程中，受众在接触这些信息的同时不自觉地接收到企业定向发出的产品或品牌信息，并且能够留下深刻的印象。这类企业定向发出的商业信息，可以统称为植入式广告。

（三）最常见的广告植入

新媒体植入式广告范围非常广泛，几乎一切对消费者有阅读价值的内容都可以做各种类型的广告植入。按照新媒体广告植入的途径不同，目前为止植入应用最广泛的、最容易理解和掌握的形式可分为视频植入广告、游戏植入广告两种类型。

1. 视频植入广告

广告主有目的地将相关广告信息内嵌到新闻节目、记录专题片、影视作品、网络视频直播等视频中，其中最常见的广告植入物包括产品（如产品外观、产品标志、产品包装等）、品牌（如商标、包装、品牌广告语、品牌理念、品牌代言人等）、企业符号（如企业办公场所、实体专卖店、企业家、企业文化理念、企业员工、企业行为识别等）。在广告植入过程中，内容仍然是第一位的，广告是第二位的，这也是植入广告时广告主要遵循的一个基本准则。各种广告植入物首先要考虑是否符合被植入场景的需要，而不是生硬地设定场景来凸显广告植入物。只有真正达到天衣无缝的融合，广告的植入物才会被受众自然而然地接受。

视频植入广告的表现形式一般包括道具植入、台词植入、场景植入、音效植入、剧情植入、题材植入、文化植入等。在新媒体广告视频营销，尤其是网络视频媒体广告营销中，视频植入广告常常组合使用多种植入形式来最大限度地营造品牌传播的多维触点，以期达到最佳的传播效果。但无论这些植入形式如何组合，植入营销的最高境界就是文化植入，通过文化的渗透，宣扬在其文化背景下的产品，这种植入就其本质而言就是信息传播，已经超越了产品营销的局限。

2. 游戏植入广告

游戏植入广告，顾名思义就是在电子游戏产品中植入的商业广告。游戏植入广告是面向特定受众设置的广告传播模式，但是依托游戏本身具有的娱乐黏性和互动性，可以通过游戏产品的文化背景和内容、场景、情节、人物、装置等设置，综合实现广告的传播意图。所以，这类植入广告是一种品牌广告与游戏文化的深度结合，具有非常明显的传播效果。

游戏植入广告主要包括常规植入（即品牌植入）、品牌广告游戏设计、虚拟实境双向交互植入等类型。

总体上，新媒体游戏中最常使用的是视频方式，因此游戏植入广告物和植入方式与视频植入广告方式非常相似，但因游戏的交互性等特点而又具有极其特殊的植入特色。

因此，广告表现和非广告表现从来都不是泾渭分明的，甚至是对立存在的。恰恰相反，利用数字新技术催生的网络电视、网络游戏、楼宇电视、移动电视、手机电视、互动App、移动多媒体广播等新媒体，从一开始就采用多种形态一同进行广告传播。生产、消费、交易的各个领域，乃至社会生活的方方面面都抹不去这种既是广告又是信息的新型广告传播形态的渗透痕迹。在这样的充满生机、长足发展的局面下，新媒体广告已经完成了从量变到质变的过程。

总而言之，新媒体广告形态既向"即时、移动、索取、简约"延伸，又为聚合受众提供了一种精细化操作的新路径，它将"广告信息"进行采集、制作、处理、压缩、存储与应用等加工处理而成各种广告表现形态，充分发挥其技术的多样性和传播的广泛性，在信息高速公路的建设中发挥着生力军和主力军的作用。新媒体广告作为新媒体最重要的传播系统，所具有的举足轻重的作用足以影响整个文化产业乃至全社会。

 ## 课后练习任务书

1. 作业主题（根据授课需要可更换主题）

在天猫超市中任选一个快速消费品，根据其现有情况和发展需求，在下面三种媒介产品中任选其一，设计 1 个广告媒介产品。

①设计一个能够提升品牌价值的高维度媒介产品。

②设计一个能够提升产品黏性的中维度媒介产品。

③设计一个能够拉动新顾客的低维度媒介产品。

2. 作业目标

通过媒介产品的设计训练，提高学生对媒介创作方法的运用能力。

3. 作业内容

①作业要提交彩色打印稿，A4 纸打印，不超过 3 页纸。作业上需注明：课程名称、作业名称、班级、姓名、学号等个人信息。

②完成一次课堂提案。提案 PPT 为中文，要求 Windows 系统，Office 2019，PPT 尺寸 16：9；PPT 文件命名格式为班级、姓名、学号、作品名称、视频所在页数。如果没有视频，可不用填写。提案 PPT 文件需上交。

4. 作业要求

可根据作业题目和网上资料在作业中展示策略思想和创新方法，并阐释出这些策略思想和创新方法能解决什么样的挑战。通过开发创新媒介策略，阐释创意想法及如何使用所选择的媒介渠道，包括如何创建"消费者互动"，而不是仅采用简单说服的方式，并利用消费者洞察开发出新兴媒介价值，从而带动有效的沟通策略。

提交不超过 10 页 PPT，内容包括：

①展示产品或服务，其中一页需用视觉化的方式对该 PPT 进行概述。

②书面说明包括以下内容（450 字）。

- ◆ 创意想法/洞察描述：研究和数据收集。
- ◆ 策略描述：目标受众、媒介规划和方法。
- ◆ 执行描述：执行、媒介渠道和整合、时间线和规模。
- ◆ 提案时间：5 分钟。

第二章

新媒体环境下的内容营销

1. 让学生充分认识内容营销的重要性，理解什么是内容营销、为什么要做内容营销、内容营销的特点、内容营销和传统营销的区别点。

2. 让学生熟悉内容营销的基础知识、表现形式、内容策略类型，掌握内容营销平台的特点及实施步骤。

3. 让学生理解内容营销的类型与一般玩法，掌握做好内容营销的思维路径，建立内容营销是对品牌投资的价值观。

知识要求

※ 了解内容营销的表现形式及实施步骤。掌握做好内容营销的思维路径。

技能要求

※ 教会学生针对某品牌进行具体内容营销的创作与实施步骤。

一、内容营销时代的到来

（一）什么是内容营销

内容营销是一种通过生产发布有价值的、与目标人群有关联的、持续性的内容来吸引目标人群，改变或强化目标人群的行为，以产生商业转化为目的的营销方式，即围绕所营销的主体自身的价值，以新闻性、故事性、趣味性、情感性等多元化的形式，借助互联网传播等融合传播，对自身价值进行发掘、塑造、传播的营销活动。内容营销也可以被理解为不需要通过传统广告或者促销就能使消费者获得信息、了解信息，并同意成交的营销方式。

随着互联网的普及与应用，互联网用户的增速正在逐渐趋缓，增量市场即将终结，存量市场正在开启。这种现象表明，在用户有限增长的情况下，竞争者的数量会越来越多，线上的传统广告所取得的营销效果将越来越差。无论是搜索引擎广告，还是信息流、首页、网站联盟、开屏广告,其转化率都会呈现明显的下降趋势,用户留存情况也不尽如人意,投资回报率与关键绩效指标要求还相去甚远。

进入移动互联网时代后,信息规模呈几何倍数增长,大量的信息同时呈现在用户面前。此时如果再让目标群体自己寻找营销内容,他们无疑需要付出极高的时间成本,显然会造成用户体验下滑,很难让商家取得预期的营销效果。

案 例

图 2-1 和图 2-2 是最近在 QQ 音乐和网易云音乐上分别搜索李健的一首歌《贝加尔湖畔》的截图。产品的价值不是全部,我们往往有更复杂的追求,QQ 音乐的活跃用户量应该是远大于网易云音乐的,但是对李健这首歌的用户评价数,QQ 音乐有 8024 条,而网易云音乐有 62313 条,相差了大概 70 多倍。

图 2-1 QQ 音乐《贝加尔湖畔》截图

图 2-2 网易云音乐《贝加尔湖畔》截图

那么问题来了,播放器这个产品的价值应该是以最低的成本找到想听的歌、提供高质量的播放服务,但是很明显网易云音乐的价值不止于此,虽然网易云音乐和 QQ 音乐都提供播放工具的价值,但是网易云音乐还提供给用户其他的东西。

简单来讲,网易云音乐是一个音乐社区,而 QQ 音乐更像是个播放工具。在一个音乐社区里,它可以提供给用户更多更丰富的价值,比如说对青春的追忆、对恋人的不舍、对梦想的坚持,这些东西都可以在社区里得到很好的体现,让大家融入其中。这也是为什么之前杭州地铁的广告能够刷屏的原因，QQ音乐没有办法做到这一点。网易云音乐在突破传统音乐市场"二八定律"（即挣钱的永远是那20%，80%的内容生产机构都是20%的陪衬），冲破音乐版权壁垒。这时我们发现播放器只是一个数字媒体工具，真正起到媒体传播作用的是作为播放器内容的音乐产品本身，加上音乐的消费者的再加工（讨论、留言、分享）产生的新内容。它们共同构成了一个不断自增长的内容媒体生态，产生自传播、自加工效应。也就是说，我们会发现音乐的消费者中有一部分人变成了音乐新内容的加工者和传播者。这种现象源自于音乐原生内容＋社区环境设计，这才产生了音乐自生长的内容，并引发了自传播的多米诺骨牌效应。

内容营销需要关注三个问题：内容营销的主体——通过谁进行营销；内容营销的手段——采用什么方式进行营销；内容营销的客体——针对谁进行营销。

内容营销需要关联三个领域：内容产业——如何生产内容；自媒体营销——如何利用自媒体渠道产品进行营销；大数据分析——如何利用大数据进行有效营销。

（二）为什么要做内容营销

1. 产品价值可感知

2018年《舌尖上的中国3》上映，里面没有捧红某个餐馆和佳肴，而是火了一口锅——章丘铁锅。火到什么程度呢？《舌尖上的中国3》播出后，淘宝上的章丘铁锅一度断货，章丘王玉海师傅锻打的铁锅，3天内的订单就排到了2021年……这口锅之所以"种草"无数家庭主妇，是因为这口锅的诞生居然要历经"12道工序，18遍火候，1000度高温冶炼，36000次捶打……"。

但这些铁锅的工艺真的是造成消费者疯狂抢购的理由吗？不妨做个实验，把章丘铁锅的推广方式做个调整，看看会不会取得《舌尖上的中国3》的效果。假如章丘铁锅没有被《舌尖上的中国3》报道，但是它拿到了一笔巨额投资，章丘铁锅用这笔投资，在8集《舌尖上的中国3》中插广告，费用在1个亿（元）。

在15秒广告里，同样把"12道工序，18遍火候，1000度高温冶炼，36000次捶打……"的卖点口述一遍。那么，章丘铁锅可能迎来全国的抢购潮吗？

虽然没有数据佐证，但相信这么做绝不会引发章丘铁锅的抢购潮。同样的卖点宣传、更大的曝光量，为什么只有《舌尖上的中国3》的"内容营销"可以引发抢购潮，而TVC广告却无法达成同样的效果？因为"内容营销"让产品价值可感知。通过内容编织的故事、刻画的人物，把消费者拖入一个情境世界里，让消费者相信这是事实。通过《舌尖上的中国3》中这个充满匠心、情怀的故事，章丘铁锅成了"匠心""手工情怀""时间积淀"的代名词，章丘铁锅的产品价值变得可感知，唤起了用户的非理性决策。

2. 巨大的流量入口

目前很多互联网应用都开始了内容化改造。最开始的是淘宝的内容化改造，增加了"有好货""每日好店"等内容性入口，而且主页完全是以内容流为主的界面。马上，很多App应用也开始了内容化转型，比如大众点评、携程、马蜂窝和小红书等。这些消费平台为什么要拥抱内容呢？因为单纯的工具平台是有流量天花板的，用户如果只是来平台消费，那么无论是用户规模、停留时间还是消费频次，都会遭遇瓶颈。

但一旦有了内容，内容的丰富性会制造更多的造访理由。如看故事一样去看别人的消费,把选购商品变成类似刷抖音一样的享受,用户的停留时间就会大大增加;而一个个真实人的真实消费故事就是一个个信任背书,能把消费者拖入一个情境世界里,可以引发其他用户的消费欲望。所以,内容营销是一种没有上线的流量入口,只要有能力产出优质内容,我们就可以打破流量的封锁。

3. 消费行为的驱动器

2019年,内容营销领域最有名的案例是优衣库和KAWS的联名款。这个案例之所以最有名,不是因为创意很好,而是它成功地带动了优衣库的销售,并让抢购联名款这件事成了一次刷屏的事件营销。

2018-2019年,可以说是跨界营销的爆发年,人民日报&李宁,英雄墨水&锐澳,大白兔&气味图书馆,路虎&国家地理,安踏&可口可乐……为什么品牌突然开始热衷做跨界营销?其原因是品牌缺失内容感。中国目前的大部分品牌,无论在包装、广告还是产品上,都是没有温度的品牌。而每一次的品牌跨界,都是对产品的一次内容赋能,让内容驱动消费,而不是产品驱动消费。消费者抢购优衣库是因为衣服上印了KAWS,而不是优衣库的T恤只卖99元,且质量上乘。

4. 打造竞争壁垒

能产出一定量的好内容可以打造一种很强的竞争壁垒,因为内容中存在艺术创作的成分,其关键在人才团队,有创作能力的人才团队是有人才积淀在里面的。这绝不是花钱挖来个明星级创意总监,或把预算加倍就可以促成的。例如,网易的市场团队常常能产出"刷屏级"的内容营销,其背后的创作团队有着不可轻易复制的人才能力壁垒。

这种是靠多年来一点点积累内容产业经验、不断完善团队架构、不断进行试错所堆叠出来的竞争壁垒,无法用资本力量快速复制,所以叫"打造"竞争壁垒。这种能力让很多发展中企业在巨头的围堵中,仍然有很强的竞争力。

(三)内容营销和传统营销的区别

1. 满足用户需求VS广告轰炸

内容营销通过内容满足用户需求,解决用户问题,培养用户信任。当用户信任值达到一定水平,就会自发地购买产品。醉鹅娘虽然微信的阅读量才几千,微博粉丝也只有一百多万(可能在很多人眼里一百多万粉丝的博主到处都是),但是却凭借专业内容俘获了葡萄酒领域的垂直用户,其天猫店开业一年多,2018年的营业额轻轻松松地过了千万元,是典型的内容营销的翘楚!

传统营销通过广告进行密集轰炸,占领用户心智,例如,"今年过年不收礼啊不收礼,收礼只收脑白金"这句广告词大家都很熟悉,这条广告毫无创意,只会重复喊口号。后来中国广告举行年度评选,脑白金广告连续多年当选为"中国十差广告之首",然而直到现在,脑白金的销量奇迹还是无人可超越。

2. 价值吸引VS价格吸引

内容营销喜欢向用户传递产品价值。通过有趣的标题、深度挖掘的内容、产品的对比来强化用户对产品价值的关注,弱化对价格的关注,促使其产生感性消费。内容营销界有个经典案例——斑马精酿,通过一篇文章,带动了接近38万元的销售额。

传统营销更喜欢价格战,尤其是传统电商购物场景中,存在着大量同质化产品供用户挑选，消费者面临的主要问题或困难是"买哪个"。此时，价格高低，有无促销，是很多用户重点考虑的因素。

3. 更容易被分享 VS 更容易被屏蔽

内容营销引起了用户兴趣，用户也非常容易被内容吸引或打动。内容营销能更好地利用社交媒体的传播优势，扩大品牌和产品的影响。当年风靡全中国的《舌尖上的中国》系列纪录片，虽然最初目的并不是进行产品销售，但是节目每播出一期，里面的产品总能在电商平台被观众疯狂购买，节目甚至被大量分享至社交平台，节目中的产品也被大量"种草"。

传统营销却使消费者越来越不信任广告，广告的打开率越来越低，并且他们会通过各种方式主动屏蔽广告。好的内容营销，离不开内容生产。好的内容生产，要产出有价值的内容。

二、内容营销的基础知识

（一）内容的表现形式

在确认内容营销有哪些形式前，先要摆脱一个错误的认识，就是有些研究者在研究"内容营销"时，把它拆分成了"内容+营销"两部分。这时候，你可能会发现一些有趣的事情，这样的研究从起点就错了，因为这还是一个传统广告思维，仅仅套用了"内容营销"的外衣。他们的心理结构是这样的："内容营销=内容（媒体公司）+营销（广告代理公司）"，即你生产内容，我帮你营销贩卖这些内容。

正确的理解应该是这样的："内容营销"是一个词，可以理解为用内容带动营销，它俩是一个整体，内容创作之初就启动了营销工作，再说白一点就是具有营销功能的内容创作。内容既是营销内容，又是营销工具，还有自媒体功能。

在过去，内容一般由媒体公司生产，营销一般由广告代理公司负责；内容一般是用户付费给媒体公司才能获得的，比如杂志、漫画、电影等，而营销则是广告公司代客户花钱求用户看这些内容。历史发展到现在，广告发生了变化，随着内容时代的回归，内容的生产由广告代理机构加工完成（可以是广告公司，也可以是拥有一定粉丝量的某个自媒体团队）。广告代理公司用"媒体的思维+营销思维+创意思维+技术思维+艺术思维"来做内容产品。

从理论上来讲，"NAICS"产业分类标准中的内容产业的所有内容形式，都可以应用到内容营销中。我们可以把内容划分成图文内容、音频内容、视频内容、游戏内容、软件内容、活动内容等内容营销的基本形式。

1. 图文内容

一切图文信息，不论是传统的纸媒内容，还是数字媒体端的静态图文内容，都可以纳入进来。

杂志是最古老的内容营销形式。最早的品牌内容营销案例——约翰迪尔（John Deere）公司于2015年发行的客户杂志《耕》（*The Furrow*）就属于这一类型。红牛、宜家等许多大品牌都有自己的品牌杂志。

书籍也被很多品牌用来进行内容营销，这种深度的内容形式，不仅能扩大品牌影响，也能深化品牌内容。比如京东数据创新组（京东商城营销研发部专注于数据化运营的团队）编写出版的《赢在京东系列电商教程》；国内知名营销公司华与华创始人华杉会定期将公司咨询案例集结出版，比如，最著名的《超级符号就是超级创意》就是其中之一。

网易云音乐和人民日报出版社合作，将网易云音乐244条精选乐评汇编成册，由丁磊作序，推出一本名为《听什么歌都像在唱自己》的乐评笔记书。该书于2018年3月17日上线，短短3天时间里，网易云音乐商城预售的2万册就宣告售罄。

白皮书是针对行业问题所编写的专题报告，一般篇幅较长，数据较多，可以展示公司的领导者地位，将公司定位为行业领袖，包括研究报告、电子书等形式。比如，餐饮行业的知名公众号"餐饮老板内参"，联合国际排名领先的策略研究机构尼尔森，成立了国内首家餐饮消费数据研究机构"舌尖数据研究院"，并牵手美团点评，通过2年多的沉淀，4个月的研究分析，出版了《中国餐饮报告》，对中国餐饮业的消费数据进行了全面系统的分析，进一步奠定了品牌在行业中的龙头地位。

数字图文内容最常见的内容形式，包括纯文字型、纯图片型、图文型等多种类型，可以出现在企业官网、博客、自媒体等诸多渠道中。为了达到更好的营销效果，企业应该规划系列文章，提高影响力，比如方太官网的"厨FUN研究所"就围绕方太旗下的各种厨房电器创造了系列推文。

2. 音频内容

进入互联网时代，企业更多地采用在线音频进行内容营销。在线音频主要是指除完整的音乐歌曲或专辑外，通过网络流媒体播放、下载等方式收听的音频内容，目前主要指网络电台和音频小程序。

音频内容涵盖了新闻播报、有声小说、综艺娱乐、相声评书、情感生活、教育培训等类型。根据喜马拉雅研究院统计数据，2015年喜马拉雅FM收听热度排行榜前10名的内容分别是有声小说、儿童故事、音乐、综艺娱乐、相声评书、历史人文、情感生活、外语、广播剧、最新资讯。

随着移动设备的普及，网络音频已经成为品牌宣传和提升价值的重要形式与选择之一。根据喜马拉雅研究院统计数据，截至2018年6月，国内最大的音频平台喜马拉雅FM的用户数已突破8068.8万，凭借巨大的用户规模，喜马拉雅FM已与数千个品牌、媒体形成了合作关系。

声音传递信息的直观程度弱于视频和图文，但其有一个无法比拟的优势，即可实现"Eye Free"（解放双眼），随着语音控制技术的迅速发展，这种优势会被迅速放大。同时，在视频及图文的长期轰炸下，用户出现视觉疲劳，转而投向音频内容的动机也会明显增强。作为内容营销人员，及早发现并利用这一趋势，将是一个极好的弯道超车机会。

3. 视频内容

视频内容可以出现在电视、电影、视频平台、直播平台、自媒体等诸多渠道中，是近年来成长最快的内容类型，也被各大咨询公司预测为未来主流的内容形式。根据思科公司2017年发布的预测报告，预计到2021年，在线视频所生产的互联网流量将占到互联网总流量的82%。在线视频每年的收益增长率是10%，比其他任何广告增长都快。

视频行业的分类非常广泛，按照投放渠道终端差异分类，可以分为传统视频和网络视频；网络视频中，按照后期合成和播出是否分开进行，可以分为直播和非直播；非直播视频中根据播放时长分类,可以分为短视频和长视频。视频行业相关概念界定如表2-1所示。

表2-1 视频行业相关概念界定

分类	概念界定			
传统视频	基于电视等传统渠道终端传播的视频内容形式			
网络视频	短视频	基于PC端和移动端传播的视频内容形式	后期合成和播出分开进行的播出方式	播放时长小于5分钟
	长视频			播放时长大于5分钟
	直播		后期合成和播出同时进行的播出方式	播放时长不受限制

▲参考资料:《广播电视词典》

利用传统视频进行内容营销的历史非常悠久,可以追溯到1924年,即电视诞生的那年。此后,大量企业参与投资拍摄与品牌相关的电视剧、电影、动漫等,比如海尔集团投资拍摄的长篇动漫《海尔兄弟》、淘米网投资拍摄的《摩尔庄园》等,都取得了非常不错的市场反响。随着互联网的兴起,企业开始选择在PC端和移动端进行视频传播,这部分视频被称为网络视频,比如,江小白投资拍摄的《我是江小白》,就选择了爱奇艺、芒果TV、腾讯、优酷等多个网络平台同步播出。

互联网食品品牌"三只松鼠"携手功夫动漫打造了同名3D动画片《三只松鼠》,讲述了三只松鼠被山猫追赶,来到了人类居住的城市里的冒险故事,在北京电视台卡酷卫视播出。

从2012年开始,伴随着移动互联网的普及,移动短视频开始萌芽,微信、微博、今日头条等头部自媒体平台纷纷投入巨资,扶持短视频的发展,促使短视频行业迅速升温,诞生了如"一条""抖音""快手"等知名短视频平台,许多品牌也开始尝试短视频内容。

网络直播在最开始时主要应用于电子竞技领域,近几年来,随着技术的突破,网络直播行业迅速发展,开始在营销行业大展身手。和传统视频相比,网络直播兼具内容属性和社交属性。移动互联网的爆发使网络直播的便捷性进一步增强,并使网络直播更有效地发挥社交功能。

2016年4月,美宝莲在上海组织的品牌发布会上邀请了某明星和其他50位"网红",在化妆间开启直播,50位"网红"从50个视角直击化妆师为模特化妆的全过程。直播吸引了500万人同时在线收看,在短短两小时内卖出了1万支口红,转化实际销售额142万元。

4. 游戏内容

游戏营销是品牌接触16至34岁男性的有效途径。游戏营销可以分为游戏内置广告(In-Game Advertising,IGA)和游戏内容营销(Advertising Using Games,AUG)。游戏内置广告是一种典型的传统营销思维,游戏内容营销符合内容营销思维,是我们要讨论的重点。

游戏内置广告是一种在游戏中植入品牌广告的营销方式,例如,高度集成在游戏的广告牌、店面招牌、海报、服装、车辆、武器等场景中,或出现在游戏加载间隙,类似于电视剧的中插广告。比如,2017年大火的"吃鸡游戏"《绝地求生》中就植入了大量广告。

国内越来越多的品牌开始在移动端利用H5、AR等技术进行游戏内容营销。比如，支付宝玩了好几年的AR扫"福"字活动，集齐五福拼手气抢红包的跨年小游戏，年年火爆。

近年来，刷屏的H5小游戏层出不穷。比如，2017年建军节前，《人民日报》庆祝建军90周年，官方出品了一款换脸军装照H5《快看！这是我的军装照》。用户上传自己的照片，就可以生成帅气的军装照，这款H5从2017年7月29日晚发布，到7月31日下午18时，页面总浏览量（PV）超过2亿，独立访问量累计3832万。

5. 软件内容

品牌自制软件进行内容营销的成本较高，现阶段相关案例较少，但还是有品牌开始了相关尝试。比如，治疗偏头痛的美国品牌埃克塞德林（Excedrin），在它们的官方网站上为患者提供帮助追踪头痛根源的免费软件。

方太制作了一款名为"方太生活家"的App，为用户提供精美的健康食谱及世界美食指南，同时也可以供用户分享烹饪心得和生活技巧。

6. 活动内容

活动内容也是内容营销的主要形式之一，和制作白皮书一样，策划活动也需要较高的成本。活动可以展示公司的领导者地位，提升品牌在业内的影响力。比如，微博每年都会举办"微博之夜"，挖掘和盘点微博年度热点人物及热门事件。

根据马斯洛需求层次理论，可以把活动分为以下五类。

（1）针对生理需求的活动

针对生理需求的活动，我们可以理解为物质激励，是日常生活中最常见的一类涨粉活动，最经典的就是"扫码送饮料""扫码送红包"，微博上常见的"转发抽奖"也属于此类活动。对于涨粉阶段来说，该类活动吸引受众广，简单、直接、有效。

（2）针对安全需求的活动

安全需求包括人身安全、健康保障、家庭安全等，这类活动中比较典型的是健康知识讲座，尤其是针对中老年人的健康知识讲座，常常座无虚席。

（3）针对爱和归属感需求（社交需求）的活动

人人都希望得到关心和照顾，爱和归属感需求主要体现在对亲情、友情和爱情的需求上。比如，麦当劳推出的线下"麦麦体验营"活动，让父母有机会带着孩子体验麦当劳背后的工艺流程，既增进了父母和子女的感情，也拉近了消费者和品牌之间的距离。

微信情感大号"新世相"成功举办了一系列关于爱和归属感的活动，如"逃离北上广""为什么不想回家"等。2016年的中秋节，"新世相"联合科沃斯召集了10个"有故事"的用户来和自己的父亲进行直播深聊，这其中的话题包括单身、丁克、心理健康等一些"北上广"人群普遍需要面对的问题。这次直播的累计观看人数超过470万，为"新世相"带来大量粉丝。

（4）针对尊重需求的活动

人人都希望自己有稳定的社会地位，希望个人的能力和成就得到社会的承认。朋友圈盛行的投票活动，在一定程度上利用了人们的尊重需求。投票活动候选人积极转发投票链接进行拉票，一方面是想赢得比赛，获得礼物；另一方面是想让亲人、朋友了解自己某方面的才能，得到认可。

而像维多利亚的秘密（Victoria's Secret）、香奈儿（CHANEL）等国际品牌的大秀，即使高价卖票，也有大批用户争抢着想去，为什么呢？除了可以近距离看到超模外，更重要的是可以通过炫耀自己参加过此类高规格的活动，实现得到尊重的目的。

（5）针对自我实现需求的活动

自我实现的需求是最高层次的需求，通俗点说就是"我想变好"的需求。这类活动有一个共同特点，就是能够使参与人某方面的能力或经验得到提升，至少参与人"自我感觉"得到了提升。

比如，加拿大的瑜伽服装品牌露露柠檬（Lululemon），将原本昂贵的瑜伽健身课程打造成了品牌内容营销的一部分。在美国曼哈顿，露露柠檬每周固定举办2次开放式瑜伽课，每次都有400余名身穿品牌服装的女性踊跃参加，同时也会常年举办免费瑜伽、普拉提等练习班。在中国市场，露露柠檬曾在北京故宫太庙门前推出首场全民健身活动，上海、成都两地同步展开，吸引了大批瑜伽爱好者，门票一夜间售罄。

品牌一般都会尝试举办多种类型的活动，那么什么样的活动属于内容营销的范畴呢？

只有品牌（注意，是品牌而不是产品）满足的需求和活动满足的需求一致时，才属于活动型内容营销。以功能饮料品牌红牛（Red Bull）为例，红牛品牌的定位是"运动、冒险"，满足的是自我实现的需求，而红牛举办的"红牛人箭计划飞越长城""红牛花式足球挑战赛"等运动、冒险类活动，满足的也是同样的需求，符合品牌定位，所以，这类活动就属于红牛品牌内容营销的一部分。

7. PGC、UGC 和 PUGC 形式

根据内容制作主体的不同，可以将内容分为 PGC（企业生产内容）、UGC（用户生产内容）、PUGC（企业和用户联合生产内容），前面提到的包括图文、音频、游戏、视频、软件、活动等所有内容都有 PGC 形式的。

而现阶段，UGC 主要应用在图文、视频和活动内容中，和 PGC 相比，UGC 具有更高的可信度，品牌想要利用 UGC 做营销，就需要自己搭建用户创作平台，吸引用户主动创作内容。比如，知名电商品牌小红书通过搭建社区，吸引用户分享海外购物经验和口碑商品，2014年年底上线电商频道，售卖社区里口碑好的商品，购买转化率高达9%；美国运动相机品牌 GoPro 也鼓励用户在 YouTube 上分享自己的 GoPro "历险记"，这不仅使大众关注到这个品牌的相机带来的画面有多么诱人，迅速提升品牌知名度，同时也为品牌赢得了"极限运动专用相机"的标签。

PUGC 的应用范围也较小，主要应用在图文、视频、游戏内容中，比如，前面提到的《人民日报》发布的军装照 H5 小游戏《快看！这是我的军装照》就是一个典型的 PUGC 型内容，品牌提供模板，用户提供自己的照片，最后生成用户专属的帅气的军装照。为了保证用户参与度和内容质量，未来会有更多创意人尝试 PUGC 型的内容。

（二）内容营销策略类型

1. 热点性

热点性内容即某段时间内搜索量迅速提高，人气关注度节节攀升。合理利用热门事件能够迅速带动网站流量的提升，当然热门事件的利用一定要恰到好处。对于何为热门事件，营销者们都可以借助平台通过数据进行分析，比如，百度搜索风云榜、搜狗热搜榜等，都是不错的利用工具。当然热点性内容可以根据自身网站权重而定，了解其竞争力大

小和是否符合网站主题也非常重要。利用热点性内容能够在短时间内为网站创造流量，获得非常不错的利益。

2. 时效性

时效性内容是指在特定的某段时间内具有最高价值的内容。时效性内容越来越为营销者们所重视，并且逐渐被加以利用使其效益最大化。一般发生的事情都具备一定的时效性，在特定的时间段拥有一定的人气关注度，作为一名合格的营销者，必须合理把握以及利用该时间段，创造丰富的、有价值的主题内容。百度搜索引擎对于时效性内容也十分重视，搜索结果页面中也充分利用了时效性。

3. 即时性

即时性内容是指内容充分展现当下所发生的事情。当然，即时性内容策略上一定要做到及时有效，若发生的事情有记录的价值，必须第一时间完成内容创作，其原因在于第一时间报道和第二时间报道的区别比我们想象的大很多，其所带来的价值更不一样。就软文投稿而言，即时性内容的审核通过率也有所提高，比较容易得到认可与支持。不仅如此，就搜索引擎而言，即时性内容无论是排名效果还是带来的流量都远远大于转载或相同类型的文章。

4. 持续性

持续性内容是指内容含金量不随时间变化而变化，无论在哪个时间段，内容都不受时效性限制。持续性内容作为内容策略中的中流砥柱，不得不引起高度重视。持续性内容带来的价值是连续持久的，持续性内容已经作为丰富网站内容的主打内容，在众多不同类型的内容中占据一定份额。内容时间越长久，获得的排名效果相比而言就越好，带来的流量也是不可估量的，因此营销者们越来越关注持续性内容的发展及充实。

5. 方案性

方案性内容即具有一定逻辑、符合营销策略的方案内容。方案的制定需要考虑很多因素，其中受众人群的定位、目标的把握、主题的确定、营销平台的选择、预期效果等都必须在方案中有所体现，然而这些因素必须通过市场调查和数据对比分析，并且还需要依靠丰富经验才能确定。就方案性内容而言，它的价值是非常大的，对于用户来说，方案性内容中含金量非常高，用户能够从中学习经验，充实自我，提升自身行业综合竞争力。其缺点是方案性内容在写作上存在难点，需要具有丰富经验的营销者才能够很好把握，互联网上方案性内容相比而言较少，因此获得的关注更多。

6. 干货性

干货性内容是指通过不断实践，在过程中积累丰富经验而产生的总结性内容。干货性内容的创造需要营销者具有一定的实践和总结能力，具有丰富经验的营销人员才能够确保真实性，内容中能够充分展现实践过程中遇到的问题，让读者简单快捷地获得有价值的信息，能够得到学习锻炼的机会。干货性内容能够获得更多用户的关注，因为这是实战干货，也是真正值得分享的经验。

7. 促销性

促销性内容即在特定时间内进行促销活动产生的营销内容，特定时间主要把握在节日前后。促销性内容主要是营销者利用人们需求心理而制定的方案内容，内容中能够充分体现优惠活动，利用人们普遍贪便宜的人性弱点做好促销活动。促销性内容的价值往往是更加快速地销售产品，提升企业曝光率和出货量。

（三）内容营销平台

内容营销平台大体分为两种：传统媒体和新媒体。传统媒体包括报刊、户外、通信、广播、电视；新媒体包括博客、微博、微信、抖音、百度官方贴吧、论坛等网络社区。这里只介绍新媒体中的内容营销平台，按照内容营销目的将新媒体平台分为个人型、电商型、品牌型、新闻型平台。

1. 个人型平台

个人型平台包括但不限于个人微博、个人日志、个人主页等，其中最有代表性的托管平台是美国的 Facebook 和 Twitter，中国的 Qzone、新浪微博、微信朋友圈、微信公众平台等。个人型平台是指为个体提供信息生产、积累、共享的平台，传播内容兼具私密性和公开性。

2. 电商型平台

这和现在流行的个人型平台类似。同时，也可以在著名时尚博主的杂志上投稿，借助他们的影响力让普通用户更迅速地关注自己。这样，就形成了以人或品牌为主导的各种"时尚杂志"。消费者可以订阅，进而发现自己感兴趣的商品。所有这些流量都会指向销售这些产品的电子商务网站。

3. 品牌型平台

其优点是简单直接，盈利模式简单。缺点是，长期推送广告，会失去粉丝信任，长此以往会伤害个人品牌。展示型广告是网络红人最常见的盈利模式，许多名气大的红人都因展示型广告一夜暴富。在微博上排名前 10 的草根大号，每年获得千万元的收入，大部分都是靠转发微博获得的。

4. 新闻型平台

新闻型，主要针对的是博客或者豆瓣等红人。以豆瓣红人为例，一些豆瓣红人的影评或者书评写得比较好，关注者也比较多。当有新书或者电影推广的时候，就有相关机构找到这些红人，让其适时地写一些书评和影评，通过这些红人的渠道把图书或者电影的信息传递出去，推荐给粉丝和网友。

（四）内容营销实施步骤

1. 内容营销策划

如何处理品牌与内容的关系，如何最大化地实现品牌传播效果，如何与品牌整体战略相匹配？在内容营销策划阶段，一般包括四个主要方面：营销背景、产品受众、营销目标、策略与应对。

2. 内容营销的实施

第一步，内容的策划。从用户遇到的问题出发策划内容，了解用户遇到了什么问题，这一步的关键点在于给用户提供解决方案。

第二步，内容的组织。考虑给用户带来什么利益，很直接、很简洁地把它提出来（注意内容要友好、简洁、有趣）。

第三步，内容的投放。把自有媒体变成品类的入口，用内容吸引用户，让他们到企业的自有平台上来。

第四步，内容的传播。第一点是吸引用户，让他们主动获取信息，尽量避免强制推送；第二点是动作，就是刺激用户去分享，当设置一个环节、一个机制，让粉丝、用户可以分享的时候，传播就有了自营销的能力。

3. 内容营销效果分析

可以通过查看各发布平台的相关数据，如阅读数、转发量、点赞数等，分析内容营销的总体效果，并总结实施过程中出现的问题及收获的经验。

三、内容营销的创作思维

（一）内容营销类型与一般玩法

1. 知识营销

在新媒体时代，知识经济进入大众的视线，逐渐变成热点，于是众多品牌开始推广知识营销。在分享产品科普知识的过程中，品牌既实现了社会价值，也收获了商业价值，其实就是从公益到商业利益，这是社会化创意的根本。那么社会化创意下的知识营销应该如何展开呢？

首先，需要改变认知，做科普性内容。某些品牌的产品极具专业性，涉及大量普通用户难以理解的技术参数和理论数据。品牌要传播产品内容，需要在一个可以深度讨论且认知度高的平台上进行知识营销，在知识答疑的同时与受众互动，改变受众认知。

其次，需要引爆话题，做有参与性的内容。品牌首先要确定一个讨论主题，然后引导头部用户积极参与，并且与尾部用户积极互动。例如，QQ音乐与知乎合作，通过提问的方式与受众互动，产生了大量UGC（用户原创内容）。此次营销活动通过话题引爆，不仅拉动潜在客户的参与，也拉来了新用户的关注。然后还需要多维展示品牌，做整合性内容。品牌做营销要从多个维度来触发用户，因为用户存在是多维的，既有线上也有线下，不同时期用户需求也不同，品牌要针对用户的不同需求传播不同的内容，因此内容营销的整合性就产生了。又例如，特仑苏与知乎合作，线上在知乎平台进行知识科普，线下把产品外包装与知识进行整合，这样的合作催生了一个以知识为链接的创新产品，该产品的出现成为品牌引爆的事件源。

最后，需要形成品牌资产，做长尾性内容。在知识营销中，品牌线索的预埋、产品内容的科普、粉丝价值的引导、意见领袖的培养……都可以通过知识内容的互动、参与，让潜在用户了解品牌、认知品牌进而变成认同品牌。这样就形成了品牌资产，让尾部用户也逐渐向头部用户靠拢。2015年欧莱雅在网络平台上分享美妆教程，引导头部用户与品牌积极互动，培养出产品的KOL，促使潜在用户也参与其中，对品牌进行了解，增强用户对品牌的黏性，迅速提升欧莱雅的行业口碑。这就通过长尾性的内容形成了品牌资产。一方面，知识营销创立了营销的新规则，从泛娱乐化转向精细化，与关联用户进行互动，为用户提供有用的知识内容，既参与了社会，也塑造了社会。另一方面，知识营销留住了用户时间，因为知识营销为用户提供专项的知识解答，帮用户节省了时间。这两点符合社会化创意原则，因此，当品牌做社会化创意下的内容营销时，可以从知识营销入手。

2. IP 营销

IP 经济是备受关注的创新性商业形态，打造人格化 IP 是内容为王时代下引流和变现的最佳路径。人格化 IP 是能够进行无数次演变，并转化成不同形式的内容，在不同传播平台进行分发，能给用户提供附加值的品牌抽象形象。在社会化媒体时代，一切品牌 IP 都将人格化，因为消费者在做出选择时会融入更多情感因素，有温度的人格化 IP 能扣住消费者的心弦。那么社会化创意下的品牌人格化 IP 应该如何打造呢？

第一步，为品牌创造内容和话题。一个完美人格化 IP 可以催生优质内容和热点话题，为用户带来欢乐，实现用户的转化和积累。

第二步，将品牌人格化。品牌运营要让品牌具有生命力，成为人格化品牌。人格化的品牌需要做到：形象化、视觉化、有人情味、有态度、有性格，由此进行社群连接，通过独有的人格化特性催生出差异化的品牌价值，让品牌成为一种精神的化身和象征。就像锤子科技代表的是奋斗不止的精神，这体现出的是社会化创意下对人的关注大于对产品本身的关注。只有人格化 IP 才更具传播力和生命力。

第三步，将品牌社群化。触发用户标签，形成用户关系链。做 IP 化品牌首先要考虑用户圈层问题，洞察核心人群的心理，对该群体进行垂直营销。相同兴趣爱好引发相同价值观，品牌赋予产品的独特价值观，能给用户提供附加值，进而赢得有相同价值观群体的认可，品牌既获得了影响力，又拥有了市场。

第四步，为品牌赋能。如今消费者的需求从单一物质需求转化为多维精神需求。用户都有独特的情怀，品牌赋予产品的正向价值观可以触发用户心中的独特情怀；消费者将自身的情感诉求寄托在品牌之上，品牌赋予用户一种心理归属感，让用户对品牌产生信仰和崇拜。

IP 营销是建立在对用户深刻洞察的前提下的，通过人格化 IP 增强用户关联度与用户黏性，再通过共同的价值观来打造信仰型社群。因此，品牌在进行社会化创意下的内容营销时，也可以考虑先打造人格化的 IP。

3. 产品营销

内容营销不可忽视产品本身，优质的内容性产品可以让产品自带营销功能。如今，消费者对产品的认知从"清晰"变得"模糊"，用户不再重点认知产品的物理特性，而是认知产品的精神内涵，用户对产品的解读从"实体"走向"现象"。因此，单一地打造产品需要转化为打造能使用户产生情感共鸣的内容性产品。

打造内容性产品要赋予产品独特的内容性和精神属性。"私蜜食物"社区发起"人间食粮"阅读成长计划，打造"好米+好书"的产品形式，为大米这一传统农产品赋予了独特的内容性。大米与书的组合，使两种不相关联的产品变成关联产品，优质内容赋予产品独有的精神属性，消费者购买的不仅是产品本身，也是产品附带的精神属性。打造内容性产品还需要给产品贴标签。品牌先对自身进行定位，然后聚集符合品牌定位的人群进行内容性产品打造，并给产品贴标签，给用户一个购买产品的理由。2015 年，锤子科技推出了"文青版坚果手机"，贴上"文青"标签的手机展现了"文青"的情怀，表达了"文青"的精神内涵。贴上标签的产品成了实体社交工具，消费者使用产品的同时与品牌和其他用户都产生了互动，且会衍生出其他内容来促进该圈层的良性循环。

社会化创意的一个原则是产品具有独特性，打造内容性产品符合这一原则。内容性产品是具有标签的社交工具,能和受众形成关联互动,也通过用户二次传播,让内容与社会形成紧密联系,使社会不断进步、改变、提升。因此,品牌打造产品要赋予产品内容。

4. 情感营销

目前,品牌同质化问题严重,在这种背景下消费者购买行为由"心"决定。因此,品牌和消费者之间的情感联系尤其重要。企业在做营销活动时应转变思路,从"产品至上"转化为"情感至上",做情感营销,将"交换"与"交易"升华为"互动"和"共鸣",让品牌变得有温度,攻占消费者的心智市场,拉动正能量经济。品牌通过情感驱动,使用户对社会情感进行反思,产生正向价值观,由此引发购买行为所拉动的经济就是正能量经济。

2018年春节前夕,皇包车旅行通过一则广告——《陌生的儿子》,讲述了父母的一次不圆满旅行,此次情感营销点破了那些因缺乏沟通而渐渐疏远的亲子关系,传达出了品牌的关怀与温度,表明了品牌的功能性服务不能代替家人的陪伴,同时让用户感受到皇包车旅行是一种有温度的旅行方式。好的情感营销活动不止"扎心",更要唤起用户行动。那么品牌应怎样打造一场具有温度的社会化创意情感营销?

首先,品牌要找出产品的 USP(Unique Selling Proposition,独特的销售主张),在做内容策划的时候,务必要对产品进行全面的了解,对产品的特点要了然于心。

其次,品牌必须深度洞察社会情感。只有通过深度洞察后产生的内容才会打动 KOL(关键意见领袖),引起这群人的情感共鸣,从而触发圈层效应,让品牌深入人心。一个深入的社会情感洞察,一场具有现实意义的情感营销,能够搭建起品牌与消费者之间自省对话的桥梁,触发受众产生共鸣。

然后,进行 USP 与情感的精确匹配。找到产品独特卖点和消费者情感需求之后,根据产品的独特卖点,匹配消费者的情感需求,让两者在情感上产生交点。

最后,以情感内容为突破口,打破消费者与品牌的隔阂,借助社交网络传播迅速、广泛的优势,以"情感触发"的营销手段对受众进行引导,使消费者需求与品牌利益达到平衡,让情感营销带动消费。

情感营销通过对社会情感的深度洞察,找到情感释放的出口后与用户进行人性化的沟通,在该过程中让用户产生情感共鸣,同时解决社会中存在的问题,让社会具有温度。因此,品牌在做营销的时候,一定要将企业的社会责任和人文关怀融入内容之中,向社会传递正能量,做有温度的社会化创意情感营销。

(二)做好内容营销的思维路径

很多企业做内容营销的初衷都是硬广告效果下降,所以计划用有意思的内容吸引用户关注品牌。但"吸引眼球"只是内容营销最粗浅的作用,更长远的意义是制造"流量入口",打破巨头的流量垄断。一旦我们把内容营销的功能定义为"流量入口",那么就意味着这个入口不能时宽时窄、时开时合,它必须稳定地开放,为企业获取客源。所以,内容营销其实是一场长年累月的持久战,而这种持久战打的绝不仅仅是战术和勇猛意志,打的是钱,是粮草,是人才。企业想要做好内容营销,核心是要有"成本意识"。这里说的"成本"不仅是金钱成本,还包括企业内部的时间成本、创意成本,以及投资消费者的心智成本。

以下 6 个步骤决定了我们做内容营销能否用更低的成本取得更稳定的收益。

1. 选定内容赛道并持续投资

一位要拿奥运奖牌的选手，不可能今天练习长跑，明天改练短跑。这不仅会让运动员的精力分散，短跑训练和长跑训练本身就是相互冲突的，更会抵消彼此的训练效果。同理，企业在做内容营销时，也要专注于某一个内容领域，在这个领域不断精耕，成为这个领域的"头部"。

例如，新氧 App 是一家医美服务平台，它们选定的赛道是"娱乐八卦"。因为明星整容这种事本身就是爆点新闻，他们在文章里再加入一些专业的分析视角，更容易引发女孩们的传播热情。目前新氧的微信公众号已经是娱乐类头部大号，头条广告报价大约在 30 万/条。

再比如，Snake River Pool and Spa 是一家游泳池安装公司，它们把自己的内容营销赛道叫"世界上最好的玻璃纤维池专家"，在官网上解答用户的各种问题，如图 2-3 所示。

图 2-3　Snake River Pool and Spa

选定内容赛道，就是为内容营销做定位。内容赛道不能只专注于企业的产品本身，否则就变成了自卖自夸的广告。它必须外延到和企业产品相关的某个内容领域上，但同时又不能无限外延，因为和产品完全无关联的内容无法给用户带来消费联想。

可能很多企业会说，我的内容营销就是这么做的，为什么没啥效果呢？例如，中国母婴类企业的内容营销都在谈育儿知识，谈育儿知识这个内容赛道当然是正确的，但是为什么大家都没做出成效来呢？因为它们提供的内容只是普通内容，而不是极致内容。

2. 创造极致内容

内容产业的"二八法则"极为明显，不论是大到电影、综艺、剧集、游戏，还是小到 KOL、表情包，出名且挣钱的永远是那 20% 的内容机构，80% 的内容机构都是 20% 的内容机构的陪衬。制造极致内容并不是指让我们投入更大的预算和人力，而是想强调制造爆款内容的重要性要远远大于内容的输出频次。我们制造爆款内容，就是在降低用户的时间成本，因为他会觉得看了很值得、很赚，有强烈的转发欲望，而不是"又打发掉一段时间"。

举个例子，2017年，微信公众号的文章打开率是2%，按照业内的说法是"早过了自媒体的流量红利期"。但是某清水漫画自媒体，凭借两篇漫画《他们谈爱时不讲道理》《他们不谈爱时讲了一堆道理》，两天涨粉10万。为什么粉丝涨得这么猛？因为他的漫画确实是极致的好内容。

所以，不是做内容营销就行，而是做极致的内容营销才行。内容和极致内容之间的差距，就是没用和有用的距离。

3. 降低内容生产门槛

内容营销是一场持久战，我们必须想办法让整个内容的产出"标准化""可复制"。

首先，要取消一切"重工业"式的生产，也就是说，一切投入大但是产出小的内容营销模式，都要被废除。举个例子，"罐头视频"（可扫二维码2-1观看）和"办公室小野"（可扫二维码2-2观看）都是美食类的短视频自媒体，我们来看看它们之间的成本差异：可以很明显地看出，"罐头视频"的画面更精美，用户体验更好；但是"办公室小野"的创意更佳，有更强的生活感。两者的成本一个在"拍摄、分镜和后期"上，另一个在"创意构思"上，但创意是可以再生的。而且"办公室小野"的单集播放量要远大于"罐头视频"。所以，从投入产出比来看，"办公室小野"更有生命力。

二维码2-1 《罐头视频》二维码　　　　二维码2-2 《办公室小野》二维码

其次，要拆解内容营销的生产环节，让生产模式可复制。例如，新世相是情感类的头部大号，但它通过《逃离北上广》《丢书大作战》等几个内容营销，已然成为一个顶级的广告营销机构。新世相在分享他们的经验时说到，要把制造流行的能力按重要性进行排序，分别是预判力、执行力和创意能力。他们把创意能力排到了最后，而所谓的"预判力"就是预知用户会对什么内容话题感兴趣。

为了提升这种能力，他们总结了以下4种方法：

①收集并研究成功案例。

②建立高频词库。例如佛系、房价等。

③善用互联网工具。例如微博热搜、百度指数等。

④保持高密度的创意和执行。不断试错，反复迭代。

如果内容营销是一道考试题，我们就要把这道创意题变成数学题去解答。

4. 让内容沉淀成IP资产

企业做广告的最大误区就是总想换个有新鲜感的创意刺激消费者。消费者的品牌忠诚度是一场投资，一切价值投资的关键就是长期持有，不能随意变更。我们在做内容营销时，要想办法让内容营销的成果是可积累、可沉淀的，甚至形成一种IP化的资产。比如："双11"、淘宝造物节（见图2-4）、抖音美好奇妙夜（见图2-5）、百事可乐的"把乐带回家"、小米的米粉节、大众点评的霸王餐（见图2-6）……

图2-4　淘宝造物节　　　　图2-5　抖音美好奇妙夜　　　　图2-6　大众点评的霸王餐

很多营销IP已经如它们的品牌一样，渗透到消费者的生活里。如果我们现在对淘宝发起的"双11"进行品牌估值，它的价值有多大？恐怕有几百万亿元、上千万亿元吧。企业应该在不断变化的创意内容里，寻找可以一直不变的营销内容，然后持续投入。在操作上，要注意的是对于营销IP，需要持续进行微创新，呵护用户的新鲜感。我们不妨问问自己，我们的内容营销又在沉淀什么？能为品牌沉淀某些资产吗？

5. 优化消费者行为路径

如果问什么是好的内容营销，答案只有一种——"能产生市场增长的内容营销，就是好的内容营销"。用这个标准去看，行业网站上让我们惊艳的案例中，99%都是"飞机稿"，真正的内容营销反而"相貌平凡"。例如，我们看一下神州专车的这个案例。

图2-7所示的是一张神州专车内的裂变营销页面，看上去只是用了《寻龙诀》的官宣海报，没什么创意含量。但就是这次活动为神州专车带来了40万的新增用户，而且《寻龙诀》还是免费置换的BD资源，等于是零成本获客40万人。

我们来分析一下这张视觉页面，它到底好在哪里？

首先，视觉核心是"请输入手机号"、"领取专车券"、"下载神州专车APP"，它的用户行为的导向是完全指向效果转化的。

其次，它的标题是"舒淇送你专车券"，分享之后也是这个标题。这巧妙借助了明星流量，激发了人们的追星

图2-7　神州专车内的裂变营销页面

心理。

最后，底部内容是用户留言＋领券金额。尤其要说的是，这些留言都是机器自动生成的，而不是用户主动填写的。这么做就是在利用人类的从众心理，显示这个活动是真实可信的。

从这张简单的视觉页面里，我们可以看出：神州专车的这次内容营销，每一个细节都在引导用户的消费行为，而不是让用户觉得"真有趣""好感动"。内容营销中的内容，是为营销服务的，而不是营销为内容服务。

如果说流量是"水"，那么内容就是"压强"，内容可以让流量产生更大的势能，而不是困在原地；而消费者的行为路径就是"管道"，"管道"只有通畅了，"水"才能流往千家万户。

6. 产品的内容化改造

当互联网、5G、算法等技术被应用到极致的时候，人类就会进入虚拟世界，这个虚拟世界在不断侵吞我们现实世界的份额。未来的一切消费都将是"精神消费"，如果你的产品不能给人带来精神体验，那么你的产品就将被科技淘汰，而承载人类精神的东西只能是内容。当代品牌出现频繁跨界现象，背后的原因是当代品牌的"内容感缺失"。品牌缺乏新鲜感，可以用跨界去缓解。但问题是品牌主不可能天天跨界，跨界只是"内容感缺失"的止痛药。

中国李宁是在"内容感"上做得很好的品牌。中国李宁能浴火重生，成为新"国潮"的代表，不是品牌的胜利，而是产品的胜利。"悟道""重燃""烈骏""行"……这些才是李宁产品的魂，是李宁品牌能"潮"起来的根由。

再比如，西贝也是将内容和产品结合得比较好的企业。《舌尖上的中国3》上映时，西贝发起了一个投票活动：《舌尖上的中国3》里，你觉得哪一道菜最适合西贝？投票结果是"水盆羊肉"。于是，西贝研发了这道菜，并且在全国11个城市推出了"水盆羊肉"品鉴会，如图2-8所示。西贝的水盆羊肉是产品，也是内容。这道菜和西贝的黄馍馍、张爷爷手工挂面一样，成了菜品界里的"网红"，成了体验中国地域美食文化的口舌通道。

图2-8　西贝的水盆羊肉

案例　内容营销的鼻祖——米其林

你肯定听说过《米其林指南》(Michelin Guide)。去到一个陌生的城市，有人拿它当作美食景致地图；靠着它的星星评级，城市的知名度大增，餐厅的业绩也蹭蹭上涨。这本已有119年历史、名声享誉国际的红色小册子，估计很多人还不知道，它其实出自一家轮胎公司——米其林。

法国米其林兄弟（Andre and Edouard Michelin）（见图2-9）于1889年创立米其林轮胎公司。当时汽车业务和道路系统都相当不完善，为了鼓励大家多开车出游，以此增加轮胎的销量，米其林兄弟想到了一个极妙的点子——出版《米其林指南》。

图2-9　米其林兄弟

1900年的巴黎万国博览会期间，两兄弟将地图、加油站、旅馆、汽车维修厂等有助于汽车旅行的资讯，一股脑儿全塞进这本可以随身携带的红色小本本里，并且免费提供给自己的客户，如图2-10、图2-11所示。

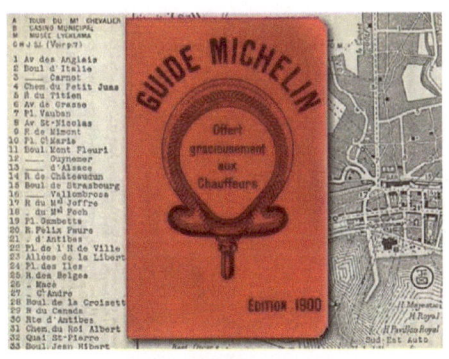

图2-10　1900年版的米其林红色指南封面

图2-11　1929年版的米其林红色指南封面

就这样毫无波澜地持续了 20 年时间，转折点出现在了 1920 年。米其林兄弟偶然间看到他们费心制作的《米其林指南》，被维修厂员工当作工作台的桌脚垫来用，这让他俩意识到：免费提供的东西，在消费者心里最没价值！营销意识超前的米其林兄弟当场做出了一个影响至今的决定：将"免费"改为"贩售"。让人拍手称妙的是，《米其林指南》于 1926 年开始将评价优良的旅馆特别以星号标示（见图 2-12），1931 年则开始采用 3 个星级的评级系统：

★获得 1 颗星的餐厅意为"如果顺路，不可不试！值得停车一尝的好餐厅"。

★★获得 2 颗星的餐厅意为"一流的厨艺，提供极佳的食物和美酒搭配，值得绕道前往，但所费不赀"。

★★★最高等级 3 星餐厅则是"完美而登峰造极的厨艺，值得专程前往，可以享用手艺超绝的美食、精选的上佳佐餐酒、零缺点的服务和极雅致的用餐环境，但是要花一大笔钱"。

图 2-12　旅馆星号标示

你肯定会很好奇，这些能影响全世界的"星星"，谁才有资格评审？背后的神秘密探，除了被严格要求有美食相关背景和细微的观察力以外，每年还要在餐馆吃 250 顿饭，在酒店和旅馆住 150 个晚上，拜访 800 多家商户，写 1100 份报告；还不得公布身份，也不能对媒体泄漏消息。费尽心思，其实都是为了树立《米其林指南》评鉴的权威性（见图 2-13）。

目前《米其林指南》已在全球 20 多个国家推出不同版本，2007 年日本成为第一个被纳入评选的亚洲国家，2008 年登陆中国香港、澳门，2016 年推出上海米其林指南，2018 年广州也被纳入评选。

图 2-13　神秘密探记录

这本一开始希望大众看了指南后,能萌生开车出门度假的欲望、以期增加轮胎耗损量的小册子,一跃成为餐饮界的"奥斯卡"。两兄弟索性每一年都会根据上一年的餐厅表现,重新评级并且出版新版本,如图2-14所示。

图2-14 米其林小册子

第三章

广告创意思维

1. 让学生能够正确地认识什么样的广告才算是好广告。
2. 广告创作的基本原则,是广告从业者最基础的职业价值观。
3. 学会寻找事物之间的内在联系是提升创意能力的重点。
4. 必须要明白收集资料在创意过程中的重要性,应该让资料收集变为日常生活的一部分。
5. 熟练掌握潜意识思维创作过程,并认真实践它。这是创意思维最重要的方法之一。
6. 了解病毒式广告传播背后的科学依据,了解哪些技巧容易引发病毒式传播。
7. 熟练掌握病毒式广告的引爆点的设计与运作,并能根据客观条件选择相适用的黏性创意手段。
8. 学会判断一个热点要不要追、怎么追。
9. 了解追热点的基本原则和工作要点。

知识要求

※ 必须要了解广告创作的基本原则。一定要熟练掌握潜意识思维创作过程,并努力让这个过程变成一种工作习惯。了解在通常情况下什么信息能够引发病毒式传播。

技能要求

※ 努力学会寻找事物之间的内在联系,这种技能可以有效提高广告创意中事物组合的意外性、合理性和有效性。寻找内在联系的能力是创意学习的重点。掌握最基本的病毒式传播技巧,并提高对热点的判断能力和敏感度。

一、怎样才能做出高品质的创意

我们在给学生授课或对职场人员进行培训的时候,往往会先给学员们介绍做广告创意的几个基本原则。这些原则包含了如何写好广告标题、如何写有内容的正文、为广告选择什么样的配图、怎么构思一条视频广告，以及如何为广告活动制作有价值的内容等。这些基本原则并不是个人经验，而是在过去20年整个行业发展，尤其是近5年新媒体环境下行业巨变产生的市场经验，是经过对一线公司的一线创意人的集体走访和实践研究得出的精华。

学员对我们的创意原则有两种完全不同的反应。有的学员会觉得找到了有效的创意工具，自己在做创意时有了一种方向感。还有一部分学员会觉得这样的原则会限制他们的想象力，认为是过时、教条的东西，不适合做出伟大的创意。他们说："讲究规则性的东西只适合安全稿，一定不适合做意想不到的大创意。"

我们会告诉他们这种想法是错误的。中国唐诗要求格律对仗严谨，但却流传千年而不衰；美国好莱坞电影超过70%的剧情都是套路性的剧情结构，却能抓住全世界观众的目光；伟大的音乐都是格律严谨且能直通人性的。越是伟大的创意越是有着科学、稳健的内部结构，越能发挥出不一样的表达力量。

什么是好广告？市面上的公司中有3种观点。在没有责任感的广告公司看来："客户认可的广告就是好广告。"这样的公司往往处在生存的边缘，活下去是他们的全部目的，他们在客户面前没有话语权，收费低廉，基本无暇做深入的研究和高品质的服务，多数处于一种劳动密集型制作公司，出售的是非脑力劳动。还有一些公司认为："除了能让客户认可，还能获大奖的广告就是好广告。"当然这样的广告对公司做自我宣传很有帮助，目前很多知名公司都是这么想的，他们一边拼命挣钱养活自己，一边树立自己的品牌形象，逐渐提高自己在客户面前的形象和议价权。但还有一类公司，他们认为："我们帮客户卖出产品、树立品牌是我们的工作。让消费者忘记我们的作品是一则广告，相信我们提供的内容是有诚意的分享才是我们要做的。"广告大师奥格威（Ogilvy）说过："使自己的技艺深藏不露，是广告公司的职责。"大师的观点在今天这个自媒体时代依旧发挥着耀眼的光芒，而且有一种螺旋式回归的升华感。

在这里先要说明的是，我们要讲的广告创意原则是建立在媒体市场研究的基础上的，调查研究的信息数据来源于以下6个地方。

第一个是电子商务公司的经验。他们对新媒体广告的实践比任何人都多，他们可以准确地测试每一条广告的最终效果。电子商务公司不受中间商的影响，他们的全部销售工作都来自于广告和流量导入。过去5年来我们一直都在研究比较成功的电子商务公司是怎么做广告的，我们从观察研究中提炼了一些原则，这些原则可以应用在所有种类的广告创意作品中。

第二个研究经验来源是线下实体店。是什么技巧使习惯网购的年轻人捧红一家实体店？今天的实体店与20年前的实体店有很大不同，因为今天的实体店是受到网络影响的，孤立的实体店已经走到了尽头。一个习惯网购的年轻人走进实体店所付出的时间成本、体力成本、经济成本必须要有其他的东西与其进行利益平衡，这在广告中一定要能直接地反映出来。

第三个经验数据来源是最近5年国内几家知名的本土广告公司和国际4A广告公司的研究成果。

第四个经验数据来源是对病毒式视频广告的研究。病毒式视频广告是随着自媒体时代的环境需要而发展壮大起来的，虽然发展时间不长，但是流传的数量和广告公司的成功经验，足以使我们摆脱对传统视频广告经验的依赖。病毒式视频自身的黏性和价值分享性可以在后台找到准确的数据分析和统计。

第五个经验来源是我们分析了 2000 多篇在社交媒体上被广为分享的文章，分别找出了它们引发人们分享的原因。

第六个经验来源是科学的研究成果。我们喜欢学习大师的智慧和专业机构的研究成果，常用前辈大师的经验去检验现代广告的效果。利用广告竞争者的智力活动弥补我们的研究盲点，是最有成效的学习方法。我们从竞争对手那里学到了很多东西，这一点非常值得推荐给年轻人学习。

（一）广告创作的基本原则

1. 广告本质的回归

内容为王的时代再次到来，广告中所提供的内容比表现内容的形式更重要。对于价钱不高、可有可无的、消费者忠诚度不高的产品，新奇的形式可能会吸引消费者偶尔的尝试。但是研究发现，更多产品的消费动机还是来自广告和品牌提供的有价值的内容。其实，有"档次"的包装也是一种"有价值的内容"，它满足了某种态度或个性表达的需要。

真正让消费者做出购买决定的是广告中所提供的内容，而不是它的形式。越来越多的广告从形式上看起来不像广告，而更像新闻、社交聊天、娱乐游戏等。你最重要的工作是决定做出什么样让消费者觉得有价值的内容，使你的消费者愿意在消费者之间分享这些广告信息。不论是生活中的小知识，还是心灵鸡汤，或是网红推荐，再或者是产品自身承诺了什么样的好处等，只要消费者认定这些是有价值的，喜欢和周围的朋友进行分享，这些内容便能和你的产品或品牌自然地联系起来并融为一体，那就是有灵魂的广告了。做出有价值的且能引发分享的内容极为重要，绝对不要靠自我猜想就做出决定。

我们一般用 5 种方法来制造出最有分享价值的内容。

第一种方法是把广告内容分享到小范围的内部群空间里，通过看留言和情绪反应，审视该广告内容的可分享价值。引发吃惊、发笑、开心、愉悦情绪的广告内容要优先考虑，因为数据统计告诉我们，能引发这 4 种情绪的广告占成功自传播广告的 73%，而且能引发吃惊情绪的广告占成功自传播广告的 25%，是最值得优先考虑的广告内容。

第二种方法是利用消费者的好奇心，在消费者已经知道的与想要知道的东西之间寻找突破口，这通常被我们称为"好奇心缺口"。数据发现，两个反映同样内容的标题，保持神秘感的那一个将比直接交代关键点的那一个获得高出 2 倍的点击率。

第三种方法是使用数字吸引眼球，巧用数字同样可能使你打造出病毒式内容。事实上，在标题中加入数字，比如"让你不再恐惧坐飞机的 7 种方法"，要比直接针对读者说教有效得多。

第四种办法是创造文通字顺、有理有据、信息丰富的广告内容，其更有分享价值。传统的纸媒研究者在数十年前就明白了一件事——长文才能卖出钱。想要制作有价值、适合分享的广告内容，长文是最有效果的。人们想要寻找的是文字通顺、有理有据、信息丰富的长文，而不是仅有 300 字的无聊短文。研究表明，随着文案的内容信息量的增加，分享的次数也会随之上升。

第五种方法是用图片、视频、动图来造就易分享的内容。视觉内容有助于提升文章的分享次数，这一结论的得出有着坚实的数据支撑。一项最近的研究发现，在 Facebook 上那些至少拥有一幅插图的文章的分享次数，是那些没有插图的文章的 2 倍。文章缩略图就更为重要了，拥有这个能让文章在 Facebook 当中的被分享次数提升超过 200%。

2. 服务于好的甲方、品牌或产品

若能为睿智的甲方、优质的品牌或高品质的产品做服务，则会使你事半功倍。首先，好的甲方能够更容易地识别出一个好的创意，沟通成本也会降低很多。若是服务的对象已经是一个很优秀的品牌了，那要恭喜你了，因为好的品牌会自带流量。在这个现有流量基础上，你的广告品质若是很好的话，那你的广告效果将得到最大限度的发挥，数据也会呈现几何倍数的增长。几万、几十万忠实消费者同时帮你传播广告，其传播的速度、覆盖面积和传播精准度，是"做梦都会笑"的结果。若能为一个好的产品做广告，产品自身为消费者所提供的利益点和可提供的产品内容，比任何其他广告承诺都更有价值，可挖掘的广告内容也是多到用不完的。

3. 表述与产品相关的信息，最好以故事形式呈现

我们发现市面上很少有广告提供的产品信息量能够满足消费者的实际需求。我们在网购的时候总是选了再选，总是觉得商家提供的信息不够全面。实体店看完商品以后，还要上网看看别人的评价和同类产品电商的价格。我们身边有很多广告设计师认为没有人会愿意看长篇大论的广告文字，这个观点十分可笑。

例如，在学校里为同一个学术讲座做了两款海报，一款是只有讲座标题和讲座人姓名、时间、地点的海报；另一款在此基础上增加了讲座人的背景资料、学术成就，以故事形式呈现，并加注了讲座内容概要。结果我们发现，在长文海报前停留的学生数量是在短文海报前停留学生的 3 倍，学生在长文海报前停留的时间也远长于短文海报的。

广告中正文或视频内容是否有诚意是非常重要的，夸张的词汇、假大空的视觉效果是不会让消费者相信你的产品价值的。大卫·奥格威为劳斯莱斯汽车做的广告讲的全是该汽车的真实内容，没有形容词，也没有"高雅的享受"这类夸张的承诺，但这则广告是广告史上最成功的广告之一。我们不应该低估消费者的智商，他们中就有我们自己和我们的家人、朋友。广告可以被认为是去说服我们的家人和朋友，所谓"己所不欲，勿施于人"就是这个道理，消费者需要你给他们提供全部商品信息。当然这里要特别声明的是，这种全面的商品信息不仅是物质的，也包含精神层面的商品信息。

比如 Orange 为脉脉做的广告《江南春人脉故事》，邀请分众传媒 CEO 江南春倾情代言脉脉，讲述他的人脉故事：从小有成就，到濒临倒闭的低谷，再到事业腾飞的人生经历，最后给出"只要我的人脉还在，白手起家并不难"的人生感悟（可扫描二维码 3-1 观看）。

相互竞争的不同产品越来越相似，生产这些商品的人都可以采用同样的科学方法、生产技术和调研资料。面对这一现象，大部分的创意人员认为，创意的功夫下在产品的共性特征上是没有意义的，消费者是不会感兴趣的。我们客户的产品讯息要先入为主地深植在消费者的心里。

二维码 3-1 《江南春人脉故事》

例如，为某创意T恤品牌做广告，我们在网络小视频中全面、简洁易懂地介绍了针织工艺和印染工艺，让消费者觉得这样的T恤是更值得购买的，讲述各种工艺的视频让消费者觉得该T恤定价合理，值得购买，并有很大一部分人为了彰显自己的知识优越感和朋友分享了该品牌的广告内容，使得当年该微商的网店销售额提高了5倍。

相比于直白的产品信息，我们的大脑更容易记住一个跌宕起伏的故事。就像很少有人能说清《三国志》中的内容，但是《三国演义》中的故事却几乎是家喻户晓的。可以说，想要营销，最好的方式是把营销的信息内容整合进一个故事中，通过故事来传播我们想要表达的内容。

再举一个跨国快餐连锁店赛百味的例子。赛百味最初的广告只是陈述赛百味的特点，就像"赛百味有7款低于6克脂肪含量的三明治供你选择"之类的描述。这个广告不仅没有人愿意分享推广，而且还很容易被遗忘。后来，赛百味用了一则征集到的故事来做宣传，叫《小伙子因为吃赛百味三明治瘦了245磅》，相信不管是想减肥的人还是不需要减肥的人，都会对这个故事感兴趣。

所以，故事能够提供一个心理上的包装，不像广告推销员那样使人厌烦，反而会让大家非常乐于接受。当然，我们在设计故事的时候，应该时刻提醒自己，故事的目的始终是传播产品信息，所以产品利益一定要与故事紧密结合，要防止传播过程中产品信息的遗失。

4. 软文广告更容易打消消费者的戒备心理

现在每个人每天遇到的广告多到无法统计，广告深入每一个人日常行为的每一个细节当中，人们几乎就生活在广告里。传统的硬性的填鸭式的广告，在第一秒就会被消费者跳过，除非你的标题和缩略图有他们感兴趣的东西。现在的广告和过去有很大的不同。过去只有传统媒体发布出来的广告，消费者才认为是广告。今天在任何地方、任何形式出现的产品或品牌信息，消费者都认定它就是广告，不管是谁发布的，哪怕是一个评论留言形式的讯息，消费者也能把它识别出来。生活在广告构成的空间环境里，现代人浏览的广告太多了，衍生出一种全新的本领——令人厌烦的广告他只要一眼就能看出。每天数以万计的品牌要争夺消费者的浏览时间和记忆空间，要想使你的声音超越这一片嘈杂，广告必须极不寻常。对于如何制造这种不寻常，我们会在创意方法中进行详解，但是让客户的声音在一片嘈杂声中被人们听到是我们最为重要的事情。不寻常的创意、值得分享的内容、软性的沟通是构成消费者放下戒心并喜欢我们广告产品的必要条件，也是能产生自传播的基础条件。

在今天的商业环境里，软性广告更容易让人觉得有教养、有腔调，委婉含蓄的沟通让人们感到舒服。简单粗暴的广告形式无法安顿彼此的灵魂。抢眼球但并不粗暴是我们要把握的原则，但我们都知道这并不容易，坚持练习，时间和数量会让我们的表达炉火纯青、恰到好处。好的广告从业人员既要精通自己的技艺，更要把自己培养成有教养的人，相由心生是古人给我们的智慧。

5. 广告内容要充满对消费者的诚意

人们不会喜欢一个举止低俗、不讲礼貌的销售人员，广告也一样。市场调研证明，人们不会被表现虚伪或低俗的广告内容吸引而去购买商品，反而会降低品牌印象，并羞于和朋友分享广告内容，直接影响广告的传播效果。广告中体现出的善意和诚意是能被消费者感知出来的，和人友善地打招呼比粗鲁低俗地讲段子更容易让消费者觉得消费和分享使自己有尊严。我们应该用好的品味和风度来吸引消费者购买产品，并分享我们的广告内容。这不代表我们的广告应该做得假装"高大上"或低三下四做献媚式的搞笑，"站着把钱挣了"是一种智慧的品牌人格。人们也不会从伪君子那里购买产品，更不希望人们误认为他们是朋友。消费者和家人在购物的时候头脑是相当严肃的，广告内容提供的第一感受是他们消费决策购买、传播分享的核心动力。

6. 广告形式与内容要同步于当下的流行文化和现代思维

大多数商品消费的主力军是年轻人，他们没有经历过战争、饥饿、经济困难时期，从记事开始就没有见过跌宕起伏的社会变革，消费观念自然与前辈们有很大不同。他们的消费观念更积极乐观，深信明天一定比今天好，只要努力就会有相应的回报。现在年轻人的网络语言和对有价值的东西的理解，和他们的父辈也不太一样，"爽"（网络流行语）这个概念对他们很有意义，实用价值不再是他们消费的主体因素。所以，在今天的中国市场上，创意型的、发展速度快的公司的员工都是年轻人占主体，他们对当前的流行文化更为敏感，他们懂得什么样的"爽"感更能刺激消费，什么样的广告内容更能成为彼此间交流、分享的话题。

7. 广告评审委员会评出的广告有许多是平庸的广告

思想的禁锢让很多比赛寄情于看不懂的艺术形式和面面俱到的产品说明的结合，即传说中的"小创意大制作"的变种。统计数据告诉我们，有争议的广告内容更能引发话题讨论带来自传播。个性鲜明的、有点非主流的态度表达，能让很多年轻人找到知己，但没有内容作为支撑的个性表达，是会被当下消费者唾弃的。让人看不懂的形式是不能为消费者服务的，艺术家个人的自我表现思维并不适合广告人才的培养。

有诚意、有价值的内容，加上符合现代人审美的个性表达和带有话题性的态度是真正好广告的成功基础。

8. 总结成功经验，并结合新内容重复使用

这是一个全新的媒体时代，内容出新已经是一种刚需，如何在平淡的日子里生产出全新的内容变得极为紧迫。明星的绯闻也只能在网上维持几天的热度，如何快速生产出新的广告内容，考验着每一个广告人的能力。找到一种好用的创意方法，不断地给它注入新的内容，是提高创意生产效率的有效方法。回想我们敬仰的广告大师们，他们都有一种固定的创意思考模式，并且把这种模式发挥到别人所不能及的极致，同时产生了个人的广告风格。我们持续使用这种创意方法，也是在持续加深消费者对这个品牌的形象认知。

一个好的广告创意方法被持续使用有两个好处：第一，只要内容是新的，是消费者感兴趣的，这种方法若能打动今天的年轻人，那么明天的年轻人、后天的年轻人依旧会被打动。因为消费者在时间的长河里是流动的，而年轻人的心态是不变的，只是形式、内容略有区别。第二，人类对好东西选择的自由度极其有限，一个被证明了的有效方法，会大大降低你的沟通成本和时间成本。

9. 广告是品牌形象的重要组成部分，要把眼光放得长远一些

所有的伟大都不是一天所能造就的，一个伟大的品牌也不是短时间就能建立起来的。已有的品牌也要有持之以恒的毅力去维护它。古人说："打江山易，守江山难。"在消费者看来每一条广告都代表着品牌的形象，哪怕是微博里的一条带有品牌名称的评论，都在影

响着品牌在消费者心目中的形象。如果我们能具有这种长远的眼光，就会避免品牌将来许许多多的麻烦事。

替客户策划广告方案要以假定客户永远经营这种产品为立足点，以高瞻远瞩的眼光来为他们的品牌树立起个性鲜明的品牌形象，而且把这种个性坚持到底。最终决定品牌市场地位的是品牌总体特性，而不是单个广告之间微不足道的差异。

10. 模仿成功的案例是初学者很好的学习方法，但不要抄袭

作为初学者，要能准确地区分模仿和抄袭。模仿的意思是深刻研究别人的方法和精髓，并参照着这些方法做自己的内容，而且能体现出同样或近似的广告效果。我们认为，模仿可能是最真诚不过的学习方式。这种主动的学习行为会随着量的积累和阅历的增加，逐步自然地摆脱模仿，形成蜕变式的成长。反之，抄袭是指不加甄别地照搬别人的东西，往往不得要领，把对方好的方面抄袭过来的同时坏的东西也抄袭了过来，再加上自己的内容就很容易不接地气，看起来四不像，往往没有原作品好。时间长了就会发现这些人抄袭了很久，他们个人却没有本质的进步，因为那是一种被动的行为，而且还被贴上了品德低劣的标签。若是被动地学习，无论他们怎样抄袭，也永远抄袭不了成功者的思想，费尽了心机，他们依然站在原点。抄袭养活了很多广告公司，但我们发现没有任何一个成功的公司或个人靠抄袭被人尊重敬仰，臭名昭著是客户抛弃他们的主要原因。

这些就是我们总结的一般原则。

（二）创意产生的原理

1. 创意原理的价值与意义

我们通常会认为，一个创意的产生具有某种神秘力量，突然灵光一现，笼罩着无法解释的神秘。其实，这种现象有着坚实的科学依据，也就是长时间酝酿在潜意识下思维运作的结果，只是很多人没有意识到这种潜意识的存在。如果真是这样的话，我们把这些过程总结出来，是否可以方便我们参照着学习并利用它们呢？答案是肯定的。为了回答"你是如何想出创意的？"这个问题，我们找到了一些方法可供分享。我们经过长期的认真思考，并对身边成功的创意者进行了认真的观察，得出这样一个观点：创意可以像工业流水线一样生产。优秀广告人的思维通常按照一种固定的流程进行创意生产，这个流程是可以复制的，并且可以不断地改进和优化，它一旦被掌握，就和生产线一样，可以源源不断地生产创意产品。

这里要说明一下，我们要谈的这些创意原理有两点值得注意：首先，这些原理讲述起来非常简单，以至于很多人不一定相信它。其次，相信它的人要想做出创意，需要付出极其艰苦的脑力劳动，很多人还没有完成一次完整的实践就放弃了，并非接受它的人就会用它。因此，学习这部分知识需要我们拿出足够的耐心和毅力。我们所追求的重点，就是让大多数创意人员成为创意思维的掌握者和改进者，让他们具备一种产生创意的能力，尽管这种能力其实很常见。

通常讲到这里会有人迫不及待地问："培养它的方法是什么呢？"在学习创意时，首先要掌握的是它的原理，其次才是方法。具体的知识细节并不是最重要的，所谓的过时的创意就是指知识内容和对事物的思维方式与时代环境不同步了，但创意的原理是没有时代之分的，这才是学习的重中之重。

在广告创作方面，一方面，我们可能知道很多营销的知识和病毒式传播的基本方法，以及上百种自媒体导流的方法，对标题写作措辞非常精通，甚至比大学广告教师的知识还要丰富；我们提起时事政治时能如数家珍，谈起八卦新闻来也如同亲眼所见，而且走遍祖国大地，游遍世界各国；我们也知道各种媒体的玩法和媒体发展趋势，可以准确地判断下一个热门自媒体平台诞生在哪里。我们可能知道行业所有的事情，但仍然无法成为一名合格的广告创意人，这就是因为我们不懂得优秀广告创意的原理。另一方面，我们看见有很多行业的领袖对以上所有的事情一无所知，但却对广告创意的原理了如指掌，在这种情况下，他们可以雇佣技术人员来帮助他们弥补不足，从而取得良好的广告效果。因此，我们会看到一些广告公司老板要比他的广告总监更擅长做广告，因为他们抓到了广告的本质。所以，对于想学习产生创意方法的广告人来讲，要学习的最有价值的知识是如何掌握创意的原理。

2. 创意就是寻找全新组合

研究发现，尽管产生创意的理论有很多，但有两条原理几乎涵盖了80%的成功广告案例。

第一条：创意其实就是对两个或两个以上的事物进行全新的组合，并且被组合事物中最少有一个事物是消费者所熟知的旧有事物，这是创意产生最重要的原理。

第二条：事物之间全新组合的能力，取决于能否洞见事物彼此之间内在联系的能力。这是造成创意质量差异的关键。

对于有些人来说，每一个事物都是孤立存在的；但在另外一些人看来，世界就像一张网，每个事物就是网上的一个节点，每个事物都和周围的其他事物有着千丝万缕的联系。当这种联系被创意人员认出时，它们可以引导创意人员总结出创意的构成原理，也就是事物之间的全新组合。这种原理一旦通过总结被重视，并被正确地应用，创意人员就可以源源不断地生产创意了。培养创意人员不断探索事物间关联性的思维习惯，就是生产创意的要点，因此建议创意人员多阅读社会科学类的书籍，这样会更有益。

总结创意构成的原理：**创意就是制造事物之间的全新组合；制造全新组合的能力，取决于能否洞见事物彼此之间内在联系的能力。**牢记这两个普遍性原理之后，接下来要做的就是训练提高洞见事物之间内在联系能力的思维方法。

二、训练创意思维的方法

本书一共提供两种广告创意思维训练的方法：这一章里仅讨论一种最长效的潜意识思维训练方法；另外一种偏向技术性，即逆向思维法，我们放在第五章中和大家分享。每种方法提供的思维路径都不太一样，但是它们达到的效果是一样的，而且它们的基础条件也是一样的，即要准备充足的资料。

（一）创意资料的收集

也许你会觉得收集资料这事再平常不过了，没什么新鲜的，但是当你仔细观察就会发现，在实际的工作中创意人员对收集资料这事的忽视程度让人惊讶。他们大多数的时候是应付了事，做创意的时候全凭个人经验和套路做事，这就是为什么市面上那么多创意似曾相识的原因。

我们可以肯定地说，认真地积累材料并不容易，它是一项非常辛苦的工作，也缺乏成就感，很多创意人员会想方设法去逃避它。很多时候，我们对没能做好资料收集工作处于无感状态，这很大程度是因为收集资料不好量化工作，公司主管急于见到作品，迫使创意人员更加忽视原始资料的积累，使得平庸的创意、套路性广告横行。倘若我们也这样做的话，就等于准备放弃做出对客户有真正价值的广告，变成一个急功近利的人。

我们必须要搜集的材料分为两种：一种是和产品或品牌直接相关的资料；还有一种是与大众日常生活相关的常识性资料。

在广告中与产品或品牌直接相关的资料，是指在对服务的对象进行描述时，能像中国古代四大名著中的重要人物第一次出场时的描述一样，每个人物都个性鲜明，他都是世界上独一无二的形象，不同于任何一个其他人物。你若能为了广告的成功，把你所服务的广告对象用实事求是的语言描述成世界上独一无二的，就算达到我们对直接资料收集的目的了。

这就是我们常说的带着诚意去服务客户的状态。很多广告创意人员的资料调研仅仅是浅尝而已，所以他们做出的广告内容和别人的广告内容看上去没有什么差异。仅仅广告形式上的不同，是无法引发消费者的消费热情和分享热情的。如果我们能够更加深入、更加透彻地去了解我们服务的对象，就一定会发现，在产品与顾客之间有一种让人意想不到的独特联系。

与大众日常生活相关的常识性资料，就是我们对生活经验的积累和总结。我们知道大部分优秀的广告人都拥有两个典型特征：第一，他们对世界的好奇心极强，对任何自己不了解的事物都感兴趣，且喜欢把它搞清楚；第二，他们愿意主动尝试自己专业以外的各种技能和知识，并习惯性地和自己专业相联系。积聚与大众日常生活相关的常识性资料之所以这么重要，是因为前文提及的第一条创意产生原理中的旧有事物，就是与大众日常生活相关的常识性资料。做创意的前提就是收集资料，收集与大众日常生活相关的常识性资料的工作是我们终身要做的工作。初入行的创意人需要紧急补充，直到养成一种生活习惯，让生活成为自己工作的一部分，这也是创意人走向工作成熟的一个重要标志。

做广告创意就是在寻找与产品或品牌直接相关的资料和与大众日常生活相关的常识性资料之间全新的组合形式。

（二）如何用潜意识思维做创意

这种思维模式一共有 4 个步骤。学习的时候要特别牢记，绝对不能打乱它们的前后顺序，要严格按照先后顺序完成这 4 个步骤，才能保证创意的顺利产出。再强调一遍，为广告创意收集资料是进行所有创意思维训练的前提条件，在这里我们假定你已经完成了资料收集，我们就可以进行这一部分的思维练习了。

1. 在头脑中消化所收集的资料

在这里我们要学会努力地阅读这些资料，读得越细越容易被我们消化。我们把已经搜集好的资料一个一个地翻出来进行"阅读"，要提醒的是，"阅"和"读"在这里可以分开理解："阅"是看、浏览的意思，是通过浏览实现知道的目的；而"读"是解读，表示分析、研读的意思，带有一定深度的思考，从而实现寻找事物的本质寓意的目的。这里"阅读"的意思是浏览这些资料并深度地思考这些资料背后的真意。

读资料的时候可以把它换到不同的环境审视它，你会发现在变换资料所处环境的过程中，它的寓意也在不断地发生变化。更多时候所处的环境是你收集的另外一份资料，变换环境就是变换资料，把两份资料放在一起看它们彼此是否合适，它们在一起会产生什么样的新寓意。这时你在寻找的其实就是两个事物之间内在的关联性。这个过程十分像拼图游戏，努力寻找两个事物的契合点，让它俩形成一个密不可分的整体。经验告诉我们，在这个过程中，当我们不用太直视的眼光去看它时，那些契合点反倒能快速地出现在我们的视线里。所谓直视就是用常规的、大家都用的眼光去看一个事物，建议换一个视角去看资料，收获会更大，效率会更高。举个例子，如果手机的开发者始终盯着手机是一个无绳电话的事实，就永远不会有智能手机的出现。其实我们的角色是资料的倾听者，如何能让自己安静下来听到资料自己发出的声音，这是一种心智的训练，是情绪的控制，是专注度的考验。当创意人员步入这一阶段时，给其他人留下的往往是心不在焉的印象。

当我们经历这一过程时将会出现两种现象。第一种现象是不成熟的创意和片断性的想法不断地涌现到我们的脑海中。把这些不成熟的、片断性的东西记录下来十分重要，不要在意它们看起来有多可笑，我们一定要克服自己的嫌弃心理，恭敬地把它们记录下来。因为这是高品质创意来临前的"基因密码"，最好把它们用视觉的形式记录下来，这有利于创意思维的二次编码。第二种要发生的现象，就是你慢慢地会对研究这些资料感到厌烦。多数人的创意失败都是因为在这里当了逃兵。这个阶段头脑十分容易疲惫，这时需要我们能不忘初心、强迫自己继续做好资料的研究工作，至少要把记录下来的不成熟的创意再审视一遍。

再过一段时间，我们将达到彻底绝望的状态。所有资料在我们的头脑中不再清晰和完整，乱作一团，彼此打架，在头脑中到处乱飞，不受控制。当我们感受到这种状态时，如果我们还能有毅力坚持不懈地把这种拼图游戏做好，那么我们就完成第一个步骤了，可以进入第二个步骤。

2. 让潜意识为我们工作

这个阶段是最美妙的阶段，经过上一个阶段的努力，我们在这里应尽可能地把手头的事情放下来，让自己的头脑主观上不再为这个事情工作。在这个阶段我们可以多做一些刺激我们想象力的事情，有利于提高我们的潜意识的工作效率。比如，下班后看看电影、听听脱口秀或阅读小说等，有利于刺激潜意识消化我们的资料。这个阶段你还会发现一个奇妙的现象，就是想停止你的创意想法并不容易，它就像失控的汽车在高速公路上飞驰。所有你研究过的资料和之前不成熟的创意都会出现在天花板上，像过电影一样到处乱飞，而且还会产生新的想法。我们要做的就是不偏执、不排斥，欣然接受它。一旦有新的好想法出来，依旧把它记录下来。

3. 让创意自己来敲门

创意会在我们毫无准备的时候就出现在我们面前。这就是创意产生的过程：当我们已经不再呕心沥血地思考它们，而且已暂停和它们的交流、寻求短暂的放松之后，创意便悄无声息地来到我们的面前了。

4. 努力让世界接纳我们的创意

当我们把刚刚想到的创意依照客观的现实要求进行创意表现时，我们会发现这时的创意并没有刚诞生时看起来那么卓越。我们把这种现象理解为黎明前的黑暗，这是潜意识创意思维训练必须要经历的过程。只有创意符合具体的现实要求，才能收获到预期的广告效果，所以我们需要付出极大的耐心去打磨它。值得注意的是，很多好的创意点子都是因为创意人员在这个阶段缺乏耐心而"流产"的。根据我们的观察，大多数广告创意人员对创意的打磨缺乏耐心，自恋的心态高于对实用的要求，这个阶段他们不允许任何人对他们的创意进行修改，因此无法很好地配合团队完成创意的落地工作。

创意人员应该学会说服自己，让自己愉快地摊开所有的创意，接受团队严格的批判和提出的修改意见。当这么做的时候，我们会发现一件令人兴奋的事情，那就是好的创意具有自我成长的特点。它会刺激所有看过它的人，不断地产生对创意的补充性想法，让创意产生新的、更好的形式和效果。这时在创意初期被我们忽略掉的重要东西都会显露出来，让创意不断攀升至新的高度。尽管有时被改得面目全非，但新创意的原动力依旧来自于我们最初的创意想法，我们认为离开这个原动力是产生不了后来的伟大想法的，就像心脏永远比肌肉更有价值。

（三）学会营造创意诞生的最佳环境

创意往往受制于时代背景，超越时代的创意表现形式难以诞生。长年累月的资料积累也是创意诞生的最重要的条件之一，一瞬间的灵感不足以独自支撑起伟大的创意工作团队。信息环境对创意工作有很大的影响，而且机缘巧合和错误的尝试都对创新有着意想不到的益处。通过总结的创意6个模式，我们可以更好、更真实地认识创意的来源，摒弃对创意的种种刻板印象，可以从现在开始尝试进行创意工作。

1. 创意传播受制于时代的相邻可能

创意人员不要幻想那种可以推动广告一夜间向前发展几十年的创新想法，在现实世界中这几乎是不可能的。时代背景严格地约束着创意诞生的内容与形式。

在自媒体还没有诞生的年代，好的广告内容和创意形式都抵不过一个好的媒体购买，旧媒体时代是一个媒介为王的时代，只要媒介够好，再平庸的广告也能被传播出去，所以在旧媒体时代大家更愿意把广告费用花在媒介购买上，好创意是锦上添花的事情。而到了新媒体时代，传播更多地依赖于内容的好坏，内容是否具有分享价值、是否能创造消费者的个人优越感变得更加重要。不论广告提供给消费者的是物质优越感、道德优越感、外貌优越感还是智商优越感，都要依赖于现实环境的客观条件，包括文化环境和技术环境。比如今天市面上流行的比基尼广告，在40年前的中国就很难被消费者和政府所接受，这就是时代文化环境的客观限制。

案例1

某广告公司为国内一家家具公司做的一次公关广告活动中，创意人员面临的创意挑战就是在有限的经费内如何提高活动带给来宾的尊贵感。在一次购物的时候，创意人员发现服装店的店员能够快速地确认服装的库存和拿乱的衣服的准确位置。经过了解，原来每件服装的悬挂纸质标签里都有一个隐藏的芯片，销售人员只要拿着设备从服装的旁边经过，该服装的所有信息都会显示在销售人员手中的设备里。广告创意人员敏锐地感觉到这个芯片的成本一定很低，如果用在活动来宾的请柬中，来宾一旦进入活动会场，在场的所有工作人员都会通过手机接收到来宾信息，并以语音方式传输到工作人员的耳麦中，会不会是个好想法？只要有嘉宾靠近自己，工作人员都能准确地叫出对方的名字、职务等信息，并给出一切私人问题的解答，如入住房间号、餐饮忌口等，充分让来宾感受到尊贵的感觉。这是一个极好的活动创意，但是在这种芯片技术还没出现、价格还没有降下来、还不能放进纸张里之前，这样的创意是不可能实现的。如果个人移动电子设备还没有普及、芯片还不能与移动设备进行信息对接，这样的创意也不可能实现。这样的尊贵体验还引发了来宾在朋友圈优越感的分享，产生一定范围的二次传播，为日常线下私人交流产生更多且长时间的社交货币效应。可见多关注当下这个时代人的习惯变化和科学技术发展，对做好创意是大有好处的。

案例2

YouTube 的三位创始人非常幸运，假如他们早十年，而不是在 2005 年建立这个视频分享网站，等待他们的注定是失败。因为 1995 年时，互联网网速还不足以支持视频的缓冲和下载，并且也缺乏成熟的视频播放平台。只有到了 2005 年，时代背景才能够支持一个伟大视频网站的诞生。

2. 广告创意传播往往需要经过漫长时间的孕育

很多情况下，广告创意不是来自所谓一瞬间的灵感，大部分好的广告创意的最终形成，都需要很长时间的思考。我们在前面广告创意资料的收集部分已经强调了它对创意的重要性，并特别强调收集和日常生活相关联的资料是一辈子要做的工作，这其实就是同一个道理。潜意识就像冰山，大量持续的思考就是水下面的冰山，它才是支撑水面冰山的根本，所以长期专注地思考对创意的产生特别重要。广告大师詹姆斯·韦伯·扬（James Webb Young）在他太太生孩子的时候，在笔记本上写下了"为什么每个男人都希望他们的第一个孩子是男孩？"，这个思考和记录成为他 5 年后人生最得意的一则广告创意的来源。发现"植物能产生氧气"的普利斯特利（Priestley），则将灵感孕育了 20 年，他在少年时期就有把蜘蛛关在玻璃瓶中的爱好，经过漫长时间之后，才最终成就了人类的伟大发现。

3. 广告创意来源于液态环境

以分子间的反应为例，固态环境里，原子间结合太紧密，很难发生各种随机反应；气态环境里，虽然原子间结合不再那么紧密，但是原子间密度太低，发生随机反应的数量太少。所以，这两种环境都很难产生足够的有机物去形成生命，只有液态环境才是分子反应的最佳环境。

同理，创意也是如此，只有在信息密度比较高，信息又能够自由流动的"液态"环境里，创意才有可能大量出现。在城市诞生以前，人类的创意数量极少；而在城市出现之后，思想的交流碰撞促进了创意的大量产生，并且创意拥有了更好的流传环境。在这里，城市就可以看作人类社会的"液态"环境。

我们在创意实践中发现，与同行针对问题的聊天是创意产生的最佳液态环境，在聊天讨论的过程中，彼此的想法会互相推进，不断攀升至新的高度。通过聊天做创意，效率最高的形式就是组织头脑风暴会议，在彼此信任、不攻击任何创意想法和创意质量的氛围中，创意就像水培植物一样疯长。还有一种促进流动的方法就是不断引进新鲜的资源，使创意人员对周围环境变得敏感，形成吸收重组的欲望。这有点像画家要出去采风，当地的人们对周围景色可能比较麻木，而来采风的画家可能会感到兴奋，引发创作的欲望。新事物容易引发敏感，产生化合作用；多去客户那里参观拜访，了解新的东西，和工人、销售人员多聊聊客户的产品，创意就在不知不觉中开始酝酿了。

4. 在广告行业要适度地允许犯错

广告界有句名言："我知道我的广告费有一半浪费了，但是我不知道是哪一半？"这说明广告的成功不是全部都可以人为控制的。有很多公认正确、安全的方案，但执行的结果告诉我们并不理想；同样有很多看起来有些风险的方案，往往会有意想不到的收获。少做一些稀松平常的、安全的创意，多做点不那么安全的创意，更有机会脱颖而出和出奇制胜。所谓创造力，是带有一定的冒险性的，要想保持拥有创造力，不论是公司还是个人，营造一个允许适度犯错的环境就特别重要，因为人类就是这样进步的。亚历山大·弗莱明（Alexander Fleming）就因为一次实验的失误，而意外发现了青霉素的杀菌效果。

5. 对成功案例进行变异是创意创新的一个捷径

创作一个世界上从来都没有过的作品实在是太难了，而且我们没见过的东西不等于这个世界上没有，对于那些刚入行的年轻创意人员来讲就更难了。我们给年轻人走捷径的意见就是，对成功案例在当下环境和条件中进行创意改造。戛纳广告节中的作品每年都会如期对全球创意爱好者进行公布，它是按照类别来分的，我们可以建一个比较大的文件夹，把它下载下来，将所有的获奖作品重新归类整理，认真分析每条广告的构成要素，如时间、地点、人物、目标人群、价值内容等。我们相信你每看到一个好的创意作品都会有很多新的想法，把那些不适合我们的内容进行替换，替换的过程中会发现牵一发而动全身，引发我们兴奋地、主动地对其他内容的改动越来越多。最终会发现这种修改变异出来的创意离原作距离越来越远了，但是它更符合我们的现实环境，更能有效地击中我们的目标客户，对目标消费群体更有分享价值。再举个例子，我们在街上看见的传统的甘蔗榨汁机和现代印刷机的工作形式是一样的，但它们的功能完全不一样。可以说，现代印刷机并不是从无到有的发明，也不是一种全新的技术，而是借用同一种技术去解决完全不同的问题。

6. 开放式堆叠平台可以产生大量创新

这里的开放式堆叠平台，说的是很多创新都可以建立在某个平台上，一层一层地累积，不断创造出新的东西，创新者自己就不用再费力搭建一个平台了。比如，微信小程序的搭建者，可以把自己的创意建立在微信平台上；大量自媒体，可以把微博作为自己的主战场。这些创新者不需要掌握自己所在平台的构造和原理，只需要站在这些已经搭建好的平台上，就可以发挥他们的创造力。现在比较流行的社交平台、直播平台、短视频平台，都是发挥我们广告想象力和创造力的主战场。

三、如何创作病毒式广告

病毒式广告是指通过类似于细菌病毒传播的方式进行自传播的广告，即自我复制的病毒式传播过程。病毒式广告是由信息源开始的，再依靠用户自发的分享宣传，达到一种快速滚雪球式的传播效果。

（一）病毒式内容传播背后的科学依据

1. 小因素引发大传播

首先，病毒式广告传播内容没有什么"一招鲜吃遍天"的绝招。对于你的内容（能否被读者分享出去）影响甚微的因素，也有可能会对文章的总体浏览量产生重大影响。举例说明：你向100个人分享了一篇文章（包含图片、视频），在4小时之后，有5%的人会将这篇文章分享给其他20个人，这20个人里面有5%的人会做同样的事情。3天之后，1900个人会看到你的内容。现在再想象一下你为这篇文章换了一个更吸引眼球的标题（或图片），这样100个人里面会有7个人愿意分享，相比之前的5%提高了40%。你或许会猜这个小小的改动会为你的文章提升几千的浏览量，但是你错了。这个看似微不足道的改动会让你的文章在3天之后浏览量达到惊人的15万，相比之前提升了7500%。

2. 到底是什么因素引发了大规模的病毒式广告内容的传播

（1）引人发笑、开心、吃惊

引发人们的积极情绪是使得读者愿意分享内容的关键。BuzzSumo分析了10万篇在社交媒体上被广为分享的文章，分别找出它们引发了人们的何种情绪。结果显示，在这些被广为传播的文章中，排在引发情绪第一位的是吃惊的内容（占25%），紧随其后的是发笑的内容（占18%），排在第三、四位的分别是开心的内容（占17%）与愉悦的内容（占14%），引发这4种积极情绪的内容已经占了总体的74%。负面情绪很难促使人们去分享内容，引发愤怒情绪的爆款文章只占6%，而让人悲伤的仅有1%。

（2）标题质量是成败的第一要素

人们读到内容之前，首先映入眼帘的是标题。除非标题足够有吸引力，他们才会想要点进去一探究竟，否则内容只能沉睡"冷宫"，更别提被分享出去。选择何种标题，对于内容传播有着不可小觑的影响力。有时候仅仅是改动一个标题，就可以让一篇文章的点击率增长1600%。

（3）针对读者的标题更容易被分享

调研公司分析了病毒式广告文案标题中最常使用的词汇，得出了两个十分有趣的结论。首先，人们最爱分享在标题中包含了"你"和"你的"这类文章，这些标题更注重针对相关受众直接分享对他们有价值的东西。其次，在标题中包含"这个"也同样会得到良好的效果，因为这一类广告标题在读者的脑海中创建了一个具体的形象。比如说在广告标题中使用"这位母亲"就比使用"母亲"这个词更有效果。

（4）使用数字能让分享价值飙升

巧用数字容易让人产生获取神秘宝典或内容干货的心理暗示，同样可能打造出病毒式广告内容。在你的广告标题中加入数字，比如说"怎样5分钟搞定厨房卫生的8种方法"，这比直接针对读者说教有效得多。调查公司在调查中要求人们选择他们最喜爱的广告标题类型，结果有36%的人都将这一票投给了数字型标题，而包含了"怎样做"的标题则得到了17%的人的肯定。这两种广告标题之所以能深受读者喜爱，是因为它们意思清晰明了，还出现了广告内容中含有实用性的信息和值得分享的内容体现。

（5）要能勾起目标消费者的好奇心

好的广告标题应该能在读者已经知道的与想要知道的东西之间寻找到突破口，这通常被我们称为"好奇心缺口"。这个术语是被卡耐基-梅隆大学的乔治·洛文斯坦（George Loewenstein）教授首次提出的。这就意味着你在拟标题的时候，既要引发读者的兴趣，又不能直接点出答案。实践证明，两个反映同样内容的标题，保持神秘感的那一个将比直接交代关键点的那一个获得高出2倍的点击率。

（6）广告受众普遍爱分享长文案广告

大多数人认为病毒式内容都是一些有趣的短新闻或者是可爱的讨人喜欢的图片，又或是只包含两三个单词的表情包。但是传统的纸媒作者在数十年前就明白了一件事——长文案才能卖出钱，在过往的研究中也已经证明了这一点。有趣的是，同样的事情也发生在社交媒体当中。想要炮制病毒式广告内容，长文案是最有效果的。人们想要寻找的是文字通顺、有理有据、内容丰富的广告信息，而不是仅仅只有几百字的空泛信息。研究表明，随着文章的内容的增加，分享的次数也会随之上升。2000～3000字的广告内容最能够得到读者的喜欢。

（7）插图、动画、短视频更能造就病毒式内容分享

视觉内容有助于提升广告内容的分享次数，这一结论的得出有着坚实的数据支撑。一项研究发现，在Facebook当中那些至少拥有一副插图的广告的分享次数，是那些没有插图的广告的两倍。文章缩略图就更为重要了，图片更能激起人们的好奇心。好的缩略图能让你的广告内容在网络社交平台上的被分享次数提升超过200%。广告内容中本着短视频优先原则，其次是动画，最后是图片，短视频和动画形式的内容更适合现代人轻松阅读的习惯。

（8）借助知名人士进行传播

想让你的广告内容进入病毒式传播的快车道，最有效的方式就是让知名人士向他的粉丝们推荐你的内容。你可以通过社交媒体与这些网络名人取得联系，不过如果能够在现实生活中与他们有交情就更好了。根据调查公司的研究，在对于有影响力人士进行评估时，37%的内容营销者认为名人个人在社交媒体上的推荐是最能带动分享热潮的。

（9）努力制造惊喜，并且避免惊吓

制造惊喜能够让你的文章走向病毒式传播之路，但是在惊喜与惊吓之间只有一线之隔，要小心别越界。虽然人们经常阅读那些令人震惊的内容，但是他们不会想要与别人分享。惊吓他人的东西放到公众平台上会让人感觉不适，容易引发受众对分享者的道德、情商的质疑，为了维护个人形象，大家也就不会去主动分享这些吓人的信息了。所以，广告内容过于惊吓，可能会弄巧成拙。

（二）病毒式广告传播的引爆点

要引发消费者自发的传播行为似乎很难，其实背后只要找准关键点，轻轻地一碰，就会像多米诺骨牌一样瞬间倾倒并产生连锁反应，像病毒一样迅速爆发式传播。这个关键点，就是"引爆点"。病毒流行式传播并不神秘，它的核心就是制造突然的全面爆发，这才是它的本质。想实现突然的全面爆发，就要找对方法，把有限的资源用在关键的影响因素上。制造流行的病毒式广告是完全可能的，我们发现引发病毒式广告传播的因素有3个，它们分别是：有黏性的吸附力、关键性人物和环境的影响力。

1. 能够自产生流量的广告一定要有黏性的吸附力

病毒式广告传播的表现是突然的全面爆发，那么为什么一条广告会在一夜之间变成了一种流行形成全面的爆发呢？事实上全面爆发只是一个表面的现象，而在它背后是有规律的，即非线性增长，也叫几何级增长。几乎所有的流行性病毒式传播都是以这样的表现呈现的，这就是黏性的吸附力产生的几何级增长所带来的影响。如果我们在广告中也能制造出这种黏性的吸附力，就能产生同样的效果。病毒式广告传播的黏性告诉我们，广告信息如果想要快速地传播，光靠良好的广告内容干货是不够的，有时我们在某些似乎微不足道的地方对信息做一下改进，就会让信息变得令人不可抗拒。

病毒式广告传播中黏性的吸附力，表现为易传播，能自发传播，能在人与人之间相互快速传播。在同等条件下，附着力越高的信息引爆流行传播的可能性越大。广告如何实现黏性的附着力呢？研究发现，大多数时候，我们对已有广告内容的表述方式、视觉呈现进行适度的修改，就能收到黏性的吸附力的效果。如让信息具有视觉化、具象化和可操作化的特征，就容易让人记住，并愿意传播。只有这样才能引发非线性的几何级的增长，实现突然而全面的爆发。

2. 找到传播中起关键作用的人物

上面探讨的是广告作品有黏性的重要性，这里要说的是与作品配套的传播方法。把有黏性的广告信息给到关键的人物，让关键人物帮我们传播，这和做好一个有黏性的病毒式广告作品同样重要。研究发现，社会中存在一些能发起流行潮的特殊人物，传播的不同阶段其实是有不同的人起着重要的作用，而病毒式传播中有三种特殊人物是必不可少的，他们就是：意见领袖、网络红人、推销员。

（1）流行第一步，找意见领袖

在这里要说明的是意见领袖并不局限为那些内行的专业人士，确切地说，应该是有一定影响力的内容价值发现者。这些人只要消费者认为他们的观点是专业的、可信赖的就够了，从而形成第一波由意见领袖个人进行分享式传播的用户增长。这就是找意见领袖的作用，因为他们的意见又会对其他人产生很大的影响，我们通过意见领袖的用户来引发第一波传播。意见领袖的分享相对比较谨慎，他们对产品的体验和日常公关活动给他们留下的印象、传播费用，是他们传播的重要的考量内容，毕竟他们多数不是靠脸吃饭的。比如：小米手机的第一批核心粉丝是精心挑选的刷机达人；若做手机推广，可以找专门做手机评测的达人。

（2）流行第二步，找网络红人

仅仅有意见领袖做小规模的传播还不够，他们的影响面和力量毕竟还是有限的，只能做第一波的传播。想要进一步发展，就要在第一波传播之后，把广告信息传播到处于人脉节点的网络红人。什么是人脉节点呢？我们在社会人际网络当中所得到的信息并不是平等的，人和人的联系并不均衡，它不是一个平均值，或者说其实20%的人掌握了80%的人脉资源。而那20%的人就是网络关系中的人脉节点，每个网络红人都起到了一个核心的人脉节点角色。关键的人脉节点，就像是流行传播中的声音放大器，这些网络红人让广告内容能和更多的人联系起来。找网络红人的经验告诉我们，产业化的网络红人传播少不了推广经费，但也有很大比例的推广是成长期的网络红人通过意见领袖的推荐或是个人使用经验，发自内心的喜欢引起的自发分享行为。

> **知识点 "六度人脉理论"**
> 该理论指出世界上任何两个人之间的间隔平均仅为6度,即经过6个左右的人,你就可以认识任何你想要认识的人。但有人指出,并不是每一个人都与其他人之间仅存在6度之隔,它的实际意义是有个别特殊关键的人与其他所有人相隔仅几度,而大部分人就是通过这几个人与世界联系起来的。

(3)流行第三步,选择推销员

网络红人在进行传播的过程中,会把信息传递给各色各样的人,这其中就有一部分人是那种爱分享、爱传播的用户,发现什么好东西都会主动积极地介绍给别人。这种人非常常见,这就是推销员。这种推销员不是商场里看到的推销员,而是在日常生活中和你关系较近的、能够说服你的、影响你的那种人,比如你的同事、朋友、家人等,他们一般同时存在于你的微信朋友圈中,他们在特定的时候都能起到推销员的角色。这一部分人的行动靠的是我们所提供的广告内容价值和广告黏性。

3. 营造环境的影响力

是不是有了具有黏性的广告内容和准确找到传播中的关键人物就掌握了病毒式广告传播的全部要素了呢?显然不是,因为我们有可能忽略了环境对我们的影响。我们每一个人的行为,包括传播的行为都不是孤立的,而是深深地受到我们所处的外部环境的影响。我们自己对环境的敏感度其实远远比我们想象的要强烈得多,我们可能觉得自己受环境影响没那么大,但是科学家证明其实环境塑造了我们绝大部分行为,传播行为也一样。

这里要提一下著名的"破窗理论",源自心理学著名的关于环境对人行为影响的实验,是指假如一个房间的窗户破了,如果没人去修的话,很快其他的窗户也会莫名其妙地被各种各样的人打破。这在传播学上同样如此。我们要利用和创造恰当的时机、条件和地点进行传播,来影响用户的行为。同时,还要注意传播人群的规模也会影响传播效率。

(1)外部环境能给我们带来暗示

我们要注意时间、地点、当时的条件,这些看起来不起眼的因素都会影响一件事情能否广泛传播。

案 例

某明星每次想要上头条总是上不了,一上头条就会出现一个更大的事件把他压过去了,是不是很倒霉?其实这就是我们说的制造流行的时机不对,因为时机不对就一直上不了头条,也就不能让信息流行起来。

iPhone7上市电商平台的预售页面设计就非常有意思。试想一下,只要在页面上给一个预售链接,预售链接被点击了以后反馈成功不就可以了吗?但是这些预售的页面都没那么简单,页面上都有一个倒计时的时间显示,还有一个预约人数的增长量,以及你的预购排名数,这些数字不停地在变化。想想他为什么加这些东西?因为这些东西是一个环境,要知道这些环境是能够影响人们的心理活动的，提示我们"我得赶紧买，这么多人都排队了"，从众效应或者稀缺效应都在这个过程中起到了作用。这就是我们受到的环境影响，促使我们决定一件事情是否要采取行动。

案 例

全球最大的连锁酒店公司Airbnb就是一个非常典型的案例，Airbnb发展成一个全球的跨国公司，成了一个流行现象，也应用到了环境的影响力。最早的时候，在Airbnb网站上出租房间的房东都不会太认真填自己房间的说明，给房间拍的照片也都是手机随便一拍，看上去很不体面，这其实就是个破窗效应，大家的照片都很糟糕，介绍也都不详尽，要租房子的用户一看环境不好，不愿意租，那怎么办呢？Airbnb想出一个办法，就是利用环境影响力，公司花钱请专业的摄影师去一家一家地给这些房子拍照片，这些专业摄影师拍的照片一上传，房间的质量看起来立马就"高大上"多了，所以想租房子的用户一看房间照片拍得好，他们就去网站上面租房子。而其他房东一看人家照片这么好，自己可不能太差，他们也就开始认真地拍照片，认真地写房间说明，结果，就使整个Airbnb的出租率提高了好几倍。这就是利用环境影响力，通过改变细微环境影响力制造的流行。

（2）群体环境的规模会影响传播的效率

我们知道了外部氛围带来的影响，但是还有一个环境因素会影响人的传播行为，那就是传播人群的规模。传播群体的规模大小会影响到传播的效率，这是环境影响力的另一种情况。

这里有个神奇数字150，是什么意思呢？在认知心理学中有一个概念叫"通道容量"，就是说我们每个人的大脑能够处理和记忆的信息其实是很有限的，我们大概能够稳定处理的人际关系，也就是150人，一旦突破了150人，大家交流沟通意见要达成一致的效率就会低很多。以此类推，在一个小于150人的圈子中，我们比较容易达成共识，也比较容易影响别人的意见。换句话说，如果我们想要让大家都觉得一个事情好，我们就得要控制这个圈子的人数，当我们能够把小规模的多个这样的小圈子控制起来，就可能触发进一步的大规模的流行传播。比如小米手机，最开始就是在一小撮的铁杆粉丝发烧友中建立口碑，人数少比较容易达成共识，而他们认同小米手机以后再往外扩散就比较容易了。

案 例

我们来看看Facebook的案例。Facebook在创办的过程中也用了相同的方法，Facebook能取得成功一方面是因为它的产品特别好，产品也很有黏性；但另一方面，广告传播运营也是很重要的一个原因。它在广告运营中有个重要的方法，就是它不是突然间大规模地对所有人进行Facebook的推广工作，而是只在很小的社团里、一个学校里面推广，只有当这些小规模的用户不断积累，积累到全校剩下的人都会加入的时候，它才开发下一个学校，在下一个学校的时候又是从一个小规模群体来开始的。这就是群体规模的大小，对制造流行趋势产生的很微妙的影响，而到最后再去看Facebook社区用户平均好友也就是120人左右。这个和150定律其实是不谋而合的，这说明了能够彼此影响的数量大概就是这么大的一个规模。

（三）如何制造有黏性效果的广告创意

创意能否有黏性，取决于内容，更取决于表达方式，表达观点的方式差异可以带来传达效果的大不同。研究发现：一个人一旦事先掌握了某种知识，就常常忘了其他人是不理解这种知识的。与人分享知识的困境就在于，我们无法理解不具备这种知识的人的心理状态；广告中为消费者提供的选择太多反而效果不好，因为选择过多会导致决策瘫痪；在做广告的时候，我们习惯于直接告诉消费者事物的真相，但是常常会忘了提醒消费者他们需要这些事物的真相。另外我们要知道，对单个个体进行交流的方式在对一群人交流的语境中往往是没有效果的。下面就具体探讨一下这些问题。

1. 简约的信息供给

做广告时我们要假定消费者对我们所宣传的内容知识一概不知，要让这样的人都能看懂我们的广告，一定要提供人人都能看得懂的图片与文字信息内容。做广告创意的时候应该努力"找到创意的核心"，要让主题突出，一定要避免多余因素的干扰，不论是文本内容信息，还是画面视觉信息和听觉信息都应该有主次关系，而文本、图像、声音之间也要主次分明、轻重有序。这样做的好处是，不论消费者看一条广告的时间是长是短，他都能获得最重要的信息。若这些关系不明确，就会产生信息的混乱，造成因信息接收过多而导致选择决策瘫痪的情况，因为我们在信息混乱的情况下很难做出明智的决定，而且还会产生选择性恐慌。广告中承诺的好处太多或消费中需要付出的行动太多，也会降低消费者的决策信心。还有就是要善于利用消费者已有的知识体验，比如对于不懂得什么是西柚的人来讲，把它形容成小型的柚子，要比说它是柑橘型亚热带水果容易理解得多，有时候简单的类比会好用很多。简单的行动、简明的受益点、简洁的信息接收方式和甄别体验，会给人们提供购买和分享时的决策快感，有利于人们启用最原始的蜥蜴脑快速地做出决定（蜥蜴脑是人脑中掌管与理性无关的部分）。

2. 意外的信息制造

传递信息时最首要的问题就是如何吸引别人的注意。要吸引别人，最基本的方法就是打破常规，一成不变的感官刺激往往让我们视而不见。人脑天生对意料之外的信息或答案特别敏感，人们习惯的知识认知一旦被打破推翻就容易记忆深刻，这就是所谓的认知缺口。为了制造意外来吸引消费者，我们需要找到人们知识上的缺口。认知缺口一旦呈现，在消费者心理活动中的表现状态是：当我们想知道一些事物的真相却无法获得时，我们会执拗地想消除这种痛苦，把我们的知识缺口填满。这就给自发地阅读完广告内容带来了机会。

比如，当我们知道汝窑瓷器很珍贵时，就十分想知道它到底有多珍贵，并且非常执拗地查资料、翻看历史，当知道最近一次国际市场上拍卖出来的汝窑瓷器价格依旧超出了自己的心理预期，就会对这个价格和汝窑瓷器的观感终生难忘，这就是意外信息带来的黏性。创意就是旧事物的全新组合，当我们把两个外在完全不相干的事物以内在的合理性组合在一起时，就会制造出这种信息的意外，不论是故事的荒诞，还是图像在视觉上的冲突，都会让人牢记不忘。

3. 可视化的内容呈现

抽象的东西往往很难让人理解并记忆，同时也让人与人之间的交流变得困难，因为每个人对抽象事物的理解都有一定的差异，并且抽象的事物不太容易引发我们和生活中具体事物的联系。如果要让一个抽象概念能被人们记住，就要把这个抽象概念转化为人们日常生活可视化的具体行为。为什么我们要具体化抽象概念？因为具体能让大脑保持专注。我们可以思考下面这两个问题：第一，请列举出人类过去10年来所做的5件蠢事。第二，想出过去10年来你自己所做出的5件蠢事。对比一下，哪个会想到的更多呢？答案一定是后者，因为问题聚焦在你自己身上，事情就显得更为具体。经典的儿童读物往往是黏性最好的范例，一般经典的儿童读物讲的都是很深刻的道理，但由于画面和故事情节非常具体，所以3岁的孩子听几遍都能大致地复述出来。天生具有黏性的广告都充满了具体的视觉形象和词汇。如果想要让自己传达的信息能被人牢牢记住，那么就要将一切抽象的概念转化成人们日常生活中的具体行为。我们大脑中已有的知识和印象是黏性的附着面，广告中某个观点或者创意与这些知识的联系、联想越多，就越容易黏附在记忆中。把广告信息转化为勾起消费者过往的经验回想，就是最好的具体的可视化内容呈现。

4. 可信的表述方式

说到可信，我们一般都会相信身边亲友的推荐，或是专家的权威意见，以及自己信赖的明星代言。当我们没有专家和明星推荐的时候，该如何让消费者相信我们的内容呢？现代人对广告信息的辨识度极高，冰冷的数据和自我鼓吹无法取信消费者，也很难直入人心，但是生动的细节表述比一大堆数据更有说服力。把冰冷的数据和自我鼓吹的内容置入更人性、更日常的语境中就会大不一样，就像在和自己的家人聊天一样，有温度的表述出这些内容就会完全不同，学会用家人间的沟通方式与消费者聊天特别重要。对于广告的可信度打造，还有一条途径就是与消费者进行思维互动，让消费者自己检测可信度。比如，1980年美国里根总统（Reagan）与卡特（Carter）进行总统大选辩论时，里根没有和大家列举高失业率、高通货膨胀的数据，而是轻描淡写地提问说："你有没有比4年前更好？"于是每个听讲者都会扪心自问地验证自己的处境，这比统计数字更加打动人心，更容易取得信任。这个例子说明，我们常用一些外部的权威和统计的数据来增强说服力，并不是最好的。因为在黏性观点的世界里，生动的细节更具权威。

案　例

一项针对各大企业的2万多名员工所做的调查问卷发现，仅有37%的人知道公司的目标和宗旨，仅有20%的人对公司的目标充满热情，仅有20%的人完全信任自己的公司。数据很清楚，也很抽象。而科维做出的类比则让人印象深刻："一个球队11名球员中，只有4个人知道哪个球门是自己球队的，11名球员中只有2名在乎输赢；11名球员中只有2人信任自己的队友。"

5. 情感的行为推动

研究发现，在广告中提供的信息仅仅让人相信还不够，还要转化为行动。如何让消费者在乎我们所提供的信息呢？很多创意都是用一种借景生情的手法，将创意与已有的情感牵线搭桥。最可靠的途径是唤起他人对自身利益的热情。被称为史上最强广告写手的卡普尔斯（Caples）说，公司往往着重介绍产品特色，其实最应该强调的是产品效益，也就是说围绕一个中心议题:这对你有什么好处?

要唤起消费者的情感回应,可以帮助他们换个视角并带动他们思考问题,这样可以让在日常生活中被他们忽略的问题呈现出来,唤起他们的同理心和彼此的情感共鸣,就有了行动起来的原动力。

比如,慈善机构也精于此道,你捐的钱物不是给"贫穷的非洲大陆",而是给一个特定的孩子。这是因为统计数据只会把人脑切换到分析模式,这时人对情感诉求的反应就会大为降低。

6. 故事的优先价值

其实一个好故事天生就具备了简单、意外、具体、可信、情感等特征,这些特征就是前面谈到过的大部分因素。而故事具有模拟和鼓舞的双重力量,想要让自己的创意与观念更能被人所牢记,那么,就从讲一个好故事开始。进入自媒体时代有一种故事优先的广告理论,其实不论是文章类广告、平面广告,还是视频广告,讲好一个故事是最为有效的传播方式。因为没有人有兴趣拿出时间来专门阅读广告,除非是有紧急的购买需求。故事作为一种娱乐形式去影响消费者的潜在消费行为是最为有效的,也是最容易在一条广告里把简单、意外、具体、可信、情感等因素进行综合运用的一种手段。

案 例

招商银行 VISA 留学信用卡广告《番茄炒蛋》刷屏级视频,在网上热议了半年有余。视频的故事倒是很简单,不会做饭的留学生想靠厨艺撑场面,情急之下向妈妈求助成功,后来才意识到自己和中国相差 8 个小时,母亲是深夜起床做菜给儿子演示的。产品和广告弱关联、巨婴人设、文案 slogan 是整个广告的特点,那我们来看看它为什么这么热(详见二维码 3-2)。

二维码 3-2 《番茄炒蛋》招商银行 VISA 留学信用卡广告

① 无图(视频)无真相。社交媒体的传播需要素材,比如一张图(或者截屏),或者一个视频,我们如果想引爆一个话题,就必须要有一个内容,之前可能是一段话(段子手),现在,在所谓的读屏时代,用户更在意图片和视频。

② 吐槽点(话题性)。素材形式定了,内容怎么做呢?所有的社会化传播,都要预埋好吐槽点。除了一部分人是因为被感动转发的,很多网友都在吐槽这个剧情不真实,不符合留学生的生活,进而再深入讨论到一个社会现象——"妈宝",即特别依赖母亲的男孩,缺乏独立性,什么事都要问妈妈。大家对海外留学生活的吐槽,再到对"妈宝"这种现象的吐槽,甚至是对品牌缺乏关联性的吐槽,所有的吐槽点都成为这条视频二次传播的免费渠道,不停地通过社交媒体的圈层进行扩散。

③ 剧情感动。大家开始关注和吐槽后,等于参与到了这次传播中,那参与感怎么体现呢?就是剧情反转。开始是感动,尤其是男孩意识到时差问题之后的那种自责的表情,大家都开始相信这是一个真实的故事。

④ 公众情绪。所谓"公众情绪",实际上就是社交媒体的亿万网民怎么看这件事。换个角度来谈可能更容易理解,比如危机公关要成功,实际上做的就是管理好或者引导好公众情绪。

当每个人都被这个视频感染的时候，公众情绪就是一股非常强大的力量。这也是微信朋友圈的威力所在。

（四）病毒式广告操作要点

病毒式广告是通过提供有价值的产品或服务，"让大家告诉大家"，通过别人为你宣传，实现"营销杠杆"的作用。病毒式广告营销已经成为网络营销最为独特的手段，被越来越多的商家和网站成功利用。

那么病毒式广告营销是怎么操作的呢？

1. 病毒式广告营销所需要的基本条件

①提供有价值的产品或服务。

②选择合适的传播载体。

2. 病毒式广告传播的发力点

①选择免费的服务项目。如微博、博客、微信及一些大型的网站所提供的免费广告服务平台。

②巧妙地结合热点话题，侧面出击，对企业产品、文化进行合理的包装。

③优化传播路径。路径越简洁越好，最好是做到点对点，目前有很多平台就有这样的一个特点，加以利用能很好地做到这一点。

④事件策划。策划运作一个大范围或局部（或行业范围、圈子范围）轰动的事件，促使人们热议，或借用有热点的话题演变作二次传播成为变种事件，其特征在于迎合时代人心理需求，如好奇、欲望、需要、贪念、贫乏等。

四、创意如何追热点

可以说，追热点已经是现在很多内容制造者的一剂救命良药了。毫无疑问，这是一个人人追热点的时代。内容制造者需要热点带来更多爆文，读者也更喜欢阅读、谈论和热点相关的话题，所以一拍即合。我们没有必要解释追热点的重要性，也完全没有必要去抵触热点，它只是众多广告传播和营销方法中的一种。

（一）如何判断一个热点要不要追，怎么追

热点来了，我们需要很快地做出反应，因为时效性对于热点非常重要。

1. 如何判断一个热点要不要追

一个热点事件出现，我们首先要决定的就是这个热点要不要追，而且是要快速决定。不是所有的热点我们都要去追，也不是所有的热点都适合我们去追。所以，对于热点，首先会有一些判断标准：热度→传播度→话题性→相关度→风险度。

热度——这个热点的火热程度或被关注的程度。

传播度——热点光有热度是不够的，还需要有一定的传播性，比如新鲜、有趣、有用、有情感、有态度。热点也可以具有《疯传》一书里提及的提供社交货币、有诱因、带情绪、具有公共性、有实用价值、故事性，或者热点具有现在社交媒体流行的社交货币：提供谈资、帮助别人、展示形象、帮助表达、社会比较。

话题性——这里说的是热点本身的话题性，比如有争议、有漏洞、有群体指向、情绪激烈、开放话题、与人相关、有延展性等。

相关度——相关度包括两个方面：一是行业/产品相关度，二是和目标用户的相关度。简单地说，如果一个事件特别火，但不能和你的行业/产品相关，那就意义不大。同样，你看到的热点在目标用户眼里未必是热点，或者压根就不感兴趣，那就是非常弱相关的。

风险度——追热点也是需要考虑风险的，这一点很多营销人会偶尔失去理性，导致热点最后反而给品牌造成伤害，损坏企业价值观。

有了标准之后如何判断？用最简单的方式，从1分到5分，对各个评判标准进行打分。5分到1分依次对应：高、不错、一般、一点点、基本没有。

其中有一个是不一样的，就是风险度，它的打分正好相反：1分（高）、2分（不错）、3分（一般）、4分（一点点）、5分（基本没有），风险越低越好。将评判标准做成表格，如表3-1所示。

表3-1 判断热点评判标准

如何判断热点要不要追					
目标热点	热度	传播度	话题性	相关度	风险度

当然，根据实际情况你可以增减一些判断标准。

最后，将各个判断标准和对应分值做成雷达图，这样每个标准可以很直观地进行对比，越是完整的雷达图价值越高。

举个例子，比如"欢乐颂2"和"AlphaGo大战柯洁"两个热点一定要二选一的话，基于我们的定位给各个判断标准分别打上分数，在Excel中做成雷达图，如图3-1所示。

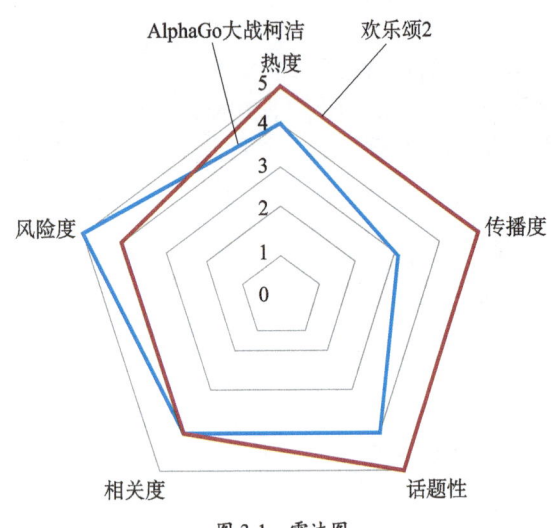

图3-1 雷达图

最后根据雷达图的直观呈现，我们选择做"欢乐颂2"的热点。

需要注意的是，为什么要用雷达图来呈现？因为雷达图的呈现会更直观和均衡，像今日头条的头条指数用的也是雷达图。另外，千万别直接把各个判断标准的分值相加，然后比大小，这种做法没有意义。因为其中任何一个判断标准不行，都会直接影响追热点的效果，比如尽管最终你的分值很高，但如果"风险度"是1分，那也不能做。

2. 以一个什么样的角度/切入点去追这个热点

当决定追一个热点之后，会有多个角度去切入这个热点及关联你的行业，那么最终以什么样的角度/切入点去追这个热点会比较好呢？这里也有一些判断标准。

覆盖度——因为既然选择了这个热点，那么热度肯定是比较高的。而这里的覆盖度是指这个切入角度所能覆盖到的人群。

传播度——指这个切入角度的传播度。

有话题性——这里除了热点本身的话题性，更多的是这个切入角度的话题性如何。

相关度——同样，也指这个切入角度与产品的相关度和用户相关度。

风险度——指这个角度的风险。

同样的，我们需要从 1 分到 5 分，对各个评判标准进行打分，做成表格。例如，如表 3-2 所示，要求就两个基于热点的选题二选一。

表3-2　追热点评判标准

用哪一个热点选题					
选题	覆盖度	传播度	有话题性	相关度	风险度
刘洲成：如果早点给我 1500 万元，我怎么会打老婆？（选题 1）	4	4	5	3	4
"刘洲成家暴"：虚伪，一块道德的遮羞布（选题 2）	3	4	3	2	4

最后，生成雷达图比较一下（见图 3-2），答案就出来了。

追热点的意义不在于追，而在于热点，目的应该是成为另一个热点，所以我们其实更喜欢说是借势，或者是网络嗅觉。人们永远都喜欢去看那些发生热闹的地方，这是人性，当碰到热点时，你是否想过这个热点要不要追？

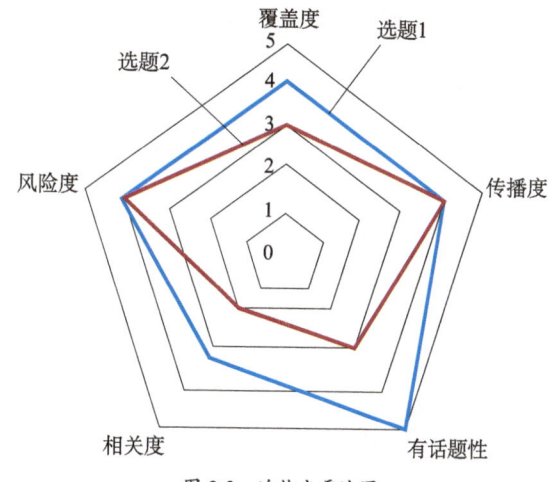

图 3-2　追热点雷达图

（二）借"刷屏级"事件追热点的准备工作

很多人会问如何做一个"刷屏级"事件呢？在此想要说明一点，应先想想如何利用"刷屏级"事件做点儿事！

如果公司中随手能拿来"柴静级"的媒体人，又能让各大视频网站给你首页推荐，还有别人拿不到的数据及资料，那么做成这件事并不难。如果公司连营销费用都很难挤出来的话，那么应想想如何追那些"刷屏级"事件，跟着沾点儿小光吧！

那么，如何追一个"刷屏级"事件呢？

1. 你想和该事件有什么样的联系

以柴静举例，她提到的与环保相关的企业（机构），与母婴、健康、医疗等相关的企业都可以追热点。追热点可以是简单地转发并发表观点，突出企业的态度；追热点可以是截取部分观点，进行再加工，呈现出新内容。追热点可以用不同的形式开展，例如对方采用的是视频形式，那你可以做成游戏的形式；追热点可以在不同的平台开展，对方在微博发布，你则可以在微信朋友圈中发布。至于表现形式，可以是促销等实际行动，也可以是舆论的引导。

2. 要有可以追热点的客观条件

①相关渠道的账户和基础运营。例如，微博、微信。

②运营人员对基本工具的运用与熟知。很多专职做微信运营的小伙伴，竟然不知道微信有哪些基本功能、有哪些常用的排版工具；不知道到何处去寻找热文，不知道整个环境的规则与潜规则。如果这些基础的知识都没有掌握，就不要想着用"刷屏级"的事件追热点了。

③技术的配备。这个技术不一定是专职的，只要在有需求时，短时间内完成相关需求即可。

3. 你的刷屏战场在哪里

如果在微博中开展活动，图文消息要胜于其他展现形式。如果主战场在微信，是用自己小号还是微信公众号？是在朋友圈还是个人对个人/群？如果需要下载App，是否要放到应用宝上？诸多细节，自己要认真想好。

4. 对外问题的应对

无论活动成功与否，遇到提问与质疑时，既不要给出"僵尸"回答，也不要给出公关意味浓厚的"糊弄"答案。而是有问题时不回避，主动解决问题；问题解决不了的，就明确告知对方问题解决的大概期限。

（三）追热点应掌握的基本原则

1. 不好玩的内容传播不起来

互联网时代的内容营销，要由一个很有意思的话题引出来，最好用无指定品牌的事件，不再是以前那样硬邦邦的。一个内容大家觉得很好玩，就会有兴趣继续关注，或者转发给自己的朋友，病毒式、非线性传播就出现了。在这个过程中，品牌是可以植入这个内容当中的，消费者就可以自然而然地接受。

2. 小事件也能引爆社交网络

例如，吉列的手动剃须刀。中国男性刮胡须时使用得比较多的是电动剃须刀，而非手动的湿剃，一个原因可能是工作比较忙，另外一个原因就是中国男性的毛发没有白人这么密，比较好剃，这些都是从男人的需求角度上看的。但是经过很多访谈之后发现，女性对手动剃须的男人更有好感，这就是一个很好玩的话题点。于是吉列找了一位兼具性感和话题性的女明星，让她在微博上提出一个开放性问题：她的作曲老师胡子很长，她想送他一把剃须刀，但不知道对男人来说，手动的和电动的哪个更性感？接着，以一系列参与和互动性很强的玩法邀请大家一起参与进来。整个过程都围绕着"性感剃须"这一话题点，最后再引入产品的电商平台。当月，吉列的手动剃须刀销量创造了历史新高。

第二年，吉列来了一个角色反差，这一次他选择的明星是高圆圆，借用了"偷拍私房视频"的视角，视频被疯狂转发，病毒式地横扫各大门户网站、视讯平台、新闻频道和微信微博，最后再把完整版的广告放出，二次引爆将销量提到新高。

3. 整合式地说"人话"

任何一个产品的说明，都得用潜在消费者听得懂的话传达给他们。就像剃须刀，你说功能一二三，大部分人就会想：关我什么事。要转化成他们喜欢的内容形式，从他们的爱好中植入，不管是游戏、足球还是段子，有了兴趣，才有可能会去看、去阅读，介入这个话题当中。

4. 了解人性能让你的热点更有效果

大部分人,名义上是追热点,其实还是在做自己的硬广告,只是复制了一幅图而已。为什么客户就不关注呢?因为客户只关注什么产品对他们有用,以及怎样让他们的生活变得更美好、更幸福和更加充实。因此,要记住,人们一般首先关注的是他们自己,至于外界的其他很多东西其实是不关心的。

我们应该弄清楚人们是怎么想的。人类有八大基本的"欲望"。有数据显示,这8个欲望产生的销售额比其他欲望产生的销售额加起来还要多。

这8种欲望是:①生存、享受生活、延长寿命;②享受食物和饮料;③免于恐惧、痛苦和危险;④寻求性伴侣;⑤追求舒适的生活条件;⑥与人攀比;⑦照顾和保护自己所爱的人;⑧获得社会认同。聪明的广告人可以通过广告内容唤起我们这些内心的欲望,所以策划的过程中如何激发用户的这些欲望显得尤为重要。

课后练习任务书

1. 作业主题

旧事物寻求新组合的图形练习。

2. 作业目标

提高寻找事物之间内在关联性的能力。

3. 作业内容

完成一张4个图形同构或置换练习,把两个表面完全没有任何联系的图形进行结合,但在结合后能让观者理解其相互存在的内在关联性。

4. 作业要求

①完成2个人物嘴巴置换图形设计,要求人物形象可辨识即可,不必画全身体,嘴巴用一个不相关的事物进行替代。

②完成2个意近似形替代,自主选择两个物品作为主体形象,再对主体物品最吸引眼球的部分用其他意思近似的事物进行夸张式替换。

③4个图形设计要完成的总体目标为:突出"1+1 ≠ 2",也就是"图 + 转换元素 = 新视觉效应",通过元素的转换,能感受到设计的可塑性,置换的效果越荒诞、越幽默越好。

④作业要提交黑白打印稿,A4纸(不超过1页)。作业上需注明:课程名称、作业名称、班级、姓名、学号等个人信息。

第四章

广告设计思维

1. 让学生了解可视性和易懂性在商业广告设计中的重要性。

2. 学会正确认识设计在广告中应有的态度、地位，对设计的克制和管理都是设计工作的重要组成部分。

3. 品牌思维既是设计者的工作格局，也是工作技巧。人格化设计应融入意念表达，品牌战役设计要保持宏观思维。

4. 与众不同的形式设计语言、高辨识度视觉效果、利用高频事件的情绪引发关注等，都是获奖广告普遍具备的设计特征。

知识要求

※ 了解赋予品牌人格的基本方法，知道品牌战役设计者应注意的要点。了解设计的克制与管理对广告设计成功的意义。

技能要求

※ 努力提高同一创意概念下不同形式的视觉语言表达能力，并学会用视觉语言驾驭阅读者的情绪。

一、重新认识好设计

（一）什么是好的广告设计

在生活中你可能会遇到很多让人抓狂的广告设计。比如：看完某个广告很开心，但你不知道它兜售的是什么东西；或者作品审美丑让你开始怀疑广告里产品的品质和品位，等等。这些设计给营销活动和消费者都可能带来很多现实的麻烦和经济损失。那么什么是一个好的广告设计、怎么做一个好的广告设计呢？这一节就从心理学的角度探讨什么才是一个好的广告设计。

第四章 广告设计思维

一个好的设计是不会让消费者感到困惑的,所以首先要让消费者很容易就知道这个广告出售的是什么商品。直白一点说,就是广告卖的是什么要具备可视性。

如图 4-1~图 4-4 所示的例子就都具备可视性。

图 4-1　奔驰——启动灵魂引擎(1)

图 4-2　奔驰——启动灵魂引擎(2)

图 4-3　HTC(1)

图 4-4　HTC(2)

好的设计另一个特点就是易懂性,就是通过设计让目标消费者知道你的创意意图,说白了就是要明确地告诉消费者你的广告展现了什么样的消费受益,如图 4-5~图 4-9 所示的例子就具备易懂性。

图 4-5　千叶珠宝

图 4-6　中国移动

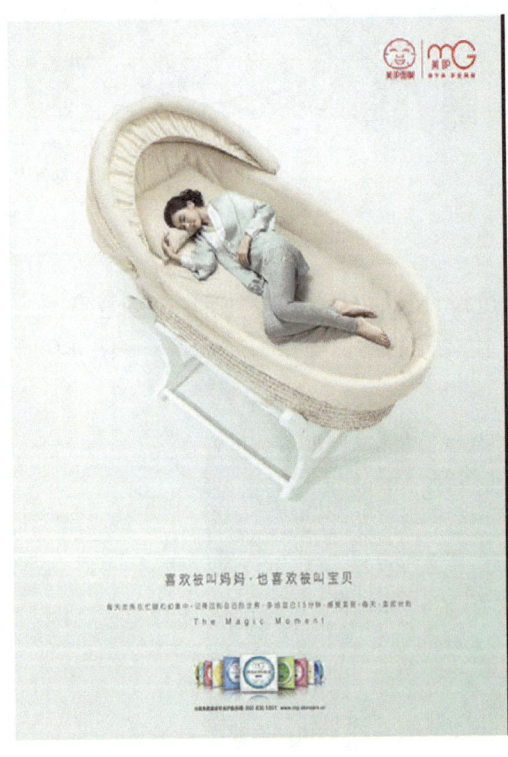

图 4-7　美即面膜（1）

图 4-8　美即面膜（2）

一个好的设计，要兼顾可视性和易懂性。所谓可视性，就是让广告受众知道这个广告在宣传什么产品。所谓易懂性，就是要让广告受众明白你的设计意图，受众能在瞬间解码你的设计，知道购买它会有什么样的好处。

图 4-9　VISA 留学服务卡

  这说起来并不复杂,但为什么我们身边有那么多的糟糕设计呢?因为很多广告都是客户指挥美工做的,客户都是执着并熟知自己所在行业和产品的人,他们天然地以为,所有人都应该和他一样了解这个行业,所以他们设计出来的广告往往都击中不到"消费者真实的渴望"。但一个优秀的设计师必须要以人为本,假定受众都是从来没有接触过这类商品的人群,而不是业内人。

  例如,当年纯净水刚开始盛行时,所有纯净水品牌的广告都说自己的纯净水纯净无菌。消费者不知道哪个品牌的水是真的纯净或者更纯净的时候,乐百氏纯净水在各种媒介推出卖点统一的广告,突出乐百氏纯净水经过 27 层过滤,对其纯净水的纯净性提出了一个有力的支持点。这个系列广告在众多同类产品的广告中迅速脱颖而出,乐百氏纯净水的纯净给受众留下了深刻印象,"乐百氏纯净水经过 27 层过滤"很快家喻户晓。"27 层过滤"非常有画面感,给消费者一种"很纯净,可以信赖"的印象。27 层净化是指什么?是其他纯净水厂家达不到的工艺吗?非也。其实其他厂家也是一样的,只是别人没有这么生动且有画面感地说出来而已。

(二)广告传播的失败一般来源于糟糕的创意设计

  在大公司里很多设计人员有一种普遍心理,那就是认为设计只有好和不好之别,但设计没有对错之分,只有策略才会犯错,所以不管是产品销售,还是品牌推广,只要传播效果不好,设计师们就会认为这是因为策略人员太愚蠢了,或者受众品位太低。但失败的经验告诉我们,广告传播的失败往往来源于糟糕的创意设计。设计有没有把策略意图和创意想法准确地传递给目标受众才是广告设计传播的关键。创意和设计是一个整体,设计是创意的呈现表达,即使是错误的策略和创意,只要设计表达够精准也能吸引到一定数量的人群关注和传播,只是不一定达到理想的销售指标。如果目标消费群体持续不关注和传播广告中的内容,这并不是广告受众品位低的问题,也不是策略部门的问题,而是广告创意设计者的问题。

  受众不是机器,不能要求受众做出违反人性自然规律的事情,比如要求受众有高度的耐心看完一支不符合他们审美习惯的广告,或者转发一条影响个人品位形象的广告,这几乎是不可能的,肯定会引发传播排斥。所以在设计广告的时候,就要充分考虑到受众的心理感受，不要挑战人性的自然规律。把错都归罪在策略部门或广告受众身上，会忽略广告设计本身的缺陷，导致广告的失败事件不断地发生。那怎么才能找到问题的本质原因呢？我们有一个好方法，即"5个为什么"，就是说在面对问题的时候，要刨根问底，连续问5个为什么，直到找到最根本的原因。这个办法就是为了督促人们深入地思考，查看是不是设计表达本身出了问题。

二、广告设计的基本认知

很多广告公司都会遇到这样的问题，广告创意设计部门经常和客户策略部门互骂，客户策略部门经常说："你们就知道美观而不考虑客户需求。"创意设计部门说："你们就知道客户要求，从来不考虑消费者的审美需求。"我们经过吸取多年广告公司的管理经验和深入研究，给出的答案是：设计者应该放弃自恋，因为设计者设计的广告常常不是客户和消费者想要的，要站在客户和消费者角度思考问题，就得放下自恋；要学会向广告细节的关键部位投资，它会让你事半功倍；广告设计并非只是完成一种视觉体验，设计时应该满怀谦卑的态度，这样才能缔造广受赞誉的广告；广告设计和创新是可以管理的，是有一套行之有效的流程，掌握了这套流程和管理方式也能实现广告设计的创新。

（一）广告设计者应该放下自恋

广告要设计消费者需要的有价值的广告内容，而不是设计者自己喜欢的广告形式。广告设计者一定要站在消费者角度想问题，抛弃自恋。可能你会觉得这个观点并不新鲜，因为我们天天都在提消费者需求，不过想要做到这一点并不像看上去那么容易。设计师必须要"接地气"，要让自己做的广告设计对多数人而言是渴望看到的广告。学会换位思考和角色扮演很重要。广告作品刚设计出炉时，设计人员特别容易像一条"疯狗"，不允许别人提意见，因为是自己设计的，自己喜欢，这极易让设计走向错误的方向。

案 例

曾经在国内某著名公司担任创意总监的 A 先生，几年后离开了这家公司开始自己创业，创业初期他认为自己就是一个设计师，为了节约成本，自己冲到设计第一线亲自参与广告设计。一年之后公司陷入了危机，原因是其设计总是让客户不满意，也收不到理想的效果，耗费的人力成本巨大。为了转变局面，他退出了设计部门，把设计工作交给了专业的设计人员来完成，而自己不再参与具体的设计，这样才能舍弃自恋。他学会了把握设计的方向，只要确定客户要的是面包，他给出的不是馒头就好。事实证明放弃自恋更容易把事情做对。他以一个公平且高标准的眼光去评判最终的广告设计质量，设计出了消费者和客户都喜欢的广告作品。这个案例说明了设计师要懂得妥协和听取旁观者的意见。

那么什么样的广告设计，消费者和客户才喜欢呢？首先，设想消费者观看广告的真实场景。比如 Orange 为美克美家旗下的 Zest Home 恣在家品牌在北京水立方举办了一场大型"沉浸式"品牌发布会。100 米的环形大屏幕、别出心裁的"沉浸式"节目内容，让每位来宾体验了一次刺激的"颅内高潮"。就以其中一个小环节为例,环形大屏幕所演示内容,是经过和客户反复沟通才决定用的"轻波谱色彩"概念。那么问题来了,什么是轻波谱色彩?这只是开会人员的一种感受性描绘,没有人见过,美术理论书里也没有。设计人员找来几千种近似的色彩进行比对,利用排除法日夜奋战,就为寻找那一点点感觉上的差异。考虑到活动中对来宾"沉浸式"体验最深的记忆,就是这个环形大屏幕所演示的广告内容,所以在几千种色彩中选取了和"轻波谱色彩"描述最接近的一个绿色的色彩区间,然后才开始展开视频广告的设计与制作。在这过程中设计师们几乎达到了走火入魔的状态,连吃饭、上厕所、说梦话都在探讨"这个是不是轻波谱""那个是不是轻波谱",午饭期间走在路上看见一个颜色也会探讨"那个颜色算不算轻波谱?"就为了让广告的表现和品牌的定位调性契合得更精准些,让用户感觉到品牌的差异和诚意。这样做是否值得呢?答案是肯定的,品牌已经给出答案了(可扫二维码4-1观看)①。

二维码4-1 《Zest Home 恣在家(水立方)品牌发布会》

好的广告应该让目标消费者感到舒服、如沐春风,但这不包括有特别需求的、极端的、少数的特例。追求广告细节设计只是表象,**更重要的是每一个广告设计者和广告客户都应当记住生活中感觉到舒服的那一刻**,比如一首歌、一阵清风、一个美丽的城市,然后记住这一时刻自己的感受,在合适的产品上将它转化成广告的意念,塑造出一种广告的氛围,再加上对广告细节的苛求,才能让消费者感觉到广告内容表现出来的诚意。这就是我们的第一个观点:设计师要抛弃自恋,要设计消费者需要的广告,要塑造广告产品使用场景的氛围。

(二)要学会向广告细节的关键部位投资

向广告细节的关键部位投资,它会让你事半功倍。这种投资不仅仅是金钱的投资,更多的是精力、时间和反复尝试新手段的投资。宁可在广告投放经费上节省点钱,也不要牺牲广告的细节。因为新媒体时代是一个内容为王的时代,内容不好,再好的平台渠道也依旧传播不出去。例如,一家非常优秀的广告公司花费在广告制作上的时间和资金只有30%,剩下的70%都消耗在作品效果的测试和细节的打磨上。这和很多广告公司花大价钱联络和客户的感情,目的是拉业务形成鲜明的对比。好的广告品质就是最好的业务公关货币,要知道设计一条让客户丢脸的广告就是在给客户找麻烦,甚至会让客户丢饭碗,做好广告的品质才是最重要的。

国内的一家名列前茅的广告公司老板曾经在介绍他们如何做出那么多业内口碑极好的广告作品时说:"好的客户很重要!这不是说要求客户的广告理解水平有多高,而是好客户对作品的要求非常苛刻。你看到的只是我们最后呈现的结果,过程中所经历的痛苦消费者是看不见的。好作品都是打磨出来的、都是逼出来的,当客户要求不高时,整个团队也就懈怠了。所以,我们很注重客户的选择,如果总是挑容易应付的客户业务来做,我们公司就不会有今天的成绩。知难而上、不计代价地挑战自我极限,是我们锻炼团队的重要手段。正因为这样,在我们偶尔做一些容易应付的客户业务时,职业习惯和现有的工作能力总能给客户带来意想不到的惊艳效果,依旧习惯性地认真打磨作品让自己满意。"

---

① 作品欣赏网址:https://mp.weixin.qq.com/s/kMtpcfins9OFTbthTDiCKg。

如果你是广告设计师或是设计主管,可以反思一下自己是否也能花费这么大的精力在细节的打磨上。这就是我们要强调的观点:投资到广告细节比找关系拉业务重要得多,你应该通过反复试验、不断打磨设计对传播的细节影响,让设计细节与广告整体和谐一致,让消费者体验达到最佳的状态以接收广告中的信息。

(三) 广告设计不仅仅是一种视觉的工作

广告设计师应该满怀谦卑之心,并要有道德感。我们该如何理解设计时要有谦卑心呢?广告公司的工作是生产广告,广告并不是什么救世主,它只是营销活动的一部分,广告就应该保持它本来就应该有的样子。很多广告过分追求高科技、夸张、奢华,而我们应该抛弃这种想法,将重点放在如何让广告设计适合消费者,且有道德感。广告设计工作者经常克制不住自己想成为"明星"或者"英雄"的冲动,或者创造"大制作"的冲动,也许这样更容易获奖,以及获得更高的利润,但是这是不对的。设计师就应该扮演好他们销售服务者的角色,设计师必须抛弃个人主义的想法,将重点放在如何让设计合适且有道德上。

细心的广告设计者都会发现,多数的一线大品牌在产品包装设计和广告设计中 Logo 元素普遍用得比较小。有人说这是审美需要,其实我们并不这么看,因为即使用大的 Logo,优秀的设计师也能把画面设计得很好看。而事实是,一线的大品牌对自己的产品和品牌是自信的、对消费者是谦卑的。大大的 Logo 则会强迫消费者接受品牌传播内容,这对消费者是粗暴的,甚至可以说是缺乏道德感的。

对设计师来说,谦卑的设计就是要学会克制,让消费者忽视设计的痕迹,把目光聚焦在核心诉求上。用奥格威的话说:"好的广告就是不引起公众注意就把产品推销掉的作品。应该把广告诉求、受众的注意力引向销售的产品。"设计的目的是让广告更加有效,有节制、谦卑的设计是几乎所有广告大师和设计大师们都推崇的理念。

新媒体时代世界太过嘈杂,随着物质的富有,消费者从关注别人的看法,转变为更关注自身的感受。在这种社会环境下,无意识的设计逐渐成为设计的主流价值观,其含义是谦卑的设计,设计应该掩藏在产品消费者感受和产品功能的背后,不该喧宾夺主。比较有代表性的广告设计是无印良品"完美天地线"的品牌形象广告以及产品广告,如图 4-10 和图 4-11 所示。

图 4-10 无印良品形象海报

图 4-11　无印良品产品海报

（四）创新设计不仅来自设计师的灵感与巧思

有效地进行设计管理也能实现广告创新。设计创新可以是一种管理方式，我们一般认为的管理就是组织的管理、公司的管理，其实创新本身也是需要管理的，如果有了一套行之有效的管理流程，创意也会源源不断地产生。在外部环境上，可以建设一个开放式的办公环境，有助于主创人员随时随地进行设计交流。在公司安排一个方便画草图的地方，因为手画草图可以很方便地被修改，每一次修改都是新的探索。

对于广告创新设计的量化管理，最典型的例子是 Orange 集团，他们在推出一支广告之前，平均一般会设计 2000 张草图，而且每一张草图都由手绘完成。公司设计总监 Ken 认为：设计师要抛弃计算机带来的便利感，只有手绘才能发现画面设计的缺陷，而在这个过程中一定会诞生新的不错的创意表达方式。所以，很多大规模的广告公司都将创意和美术制作分开，让创意人员用手绘稿与美术制作人员进行对接。

这里介绍一下广告设计创新管理通常采用的 4 个步骤，分别是确认核心创意、确认技术、确认作品、确认执行。

第一步，确认核心创意。创意通常在创意阶段就已经完成了，但到设计阶段要根据实际情况再次确认创意的准确度或是否需要修正创意，因为设计使用场景会反向影响创意也是常有的事。在这个过程中不断设计草图，设计师要和其他主创人员一同不断打磨创意，直到多张草图完成之后就可以进入下一个步骤了。

第二步，确认技术。这个步骤要求技术开发人员和广告设计人员共同探讨创意实现的可能性、探讨技术实现的成本大小、设计技术优化等内容。比如，和技术人员商量围绕某个创意有什么样的技术可以运用在这上面，或者在可支配的预算范围内是否可以针对这个创意开发或改良某种技术。这一步很重要，不论是视频广告、互动广告、静态广告还是公关广告，形式有时就是创意的重要组成部分。

第三步，确认作品。这个步骤会彻底地完成广告作品的设计工作，同时还要确认法律、知识产权、风险性等内容，开始接洽制作部门，商讨成本、制作流程、完成日期等问题。

第四步，确认执行。在执行之前还有反复检查作品的视觉效果、小范围测试消费者的反应等内容。

这就是设计创新流程的4个步骤，虽然很简单，但是只要操作得当、管理到位，它就可以实现设计的创新。该如何操作呢？关键是要跳出这个流程来看，以整体来审视这个流程，不要为了开发而去开发，应该是先有了制作一个广告作品的想法，并且以此为目标，再反复尝试新的表达形式，然后再寻求技术的支持与开发。换句话说，技术、流程都是为广告创意服务的，广告是为消费者服务的，明确了这一点，广告设计创新管理才有意义。再强调一点，广告设计的创新是可以通过设计创新管理来实现的，通过一个行之有效的流程设计，广告设计的创新就会诞生。

也许你会觉得这样管理出来的设计，在新媒体时代的广告环境中，是不是显得设计速度过慢了。我们经过研究发现并非如此，首先设计管理可以根据时代需要，进行不断地迭代升级改造，让它反应更快。其次研究发现，反应慢的公司多数都是体制架构和工作流程造成的速度慢。这里给出的方法是策略、创意、文案、设计（美术）、技术等人员一起工作，打破部门之间的流程壁垒，让整个工作效果更好、速度更快。经过公司的实践证明，这样改造后的工作效率非常高，平均每个单项任务可以缩短2/3的工作周期，作品品质也得到了大幅度地提升。当然这种管理模式还可以继续不断地迭代升级下去，让设计生产更快、更好。

三、品牌广告设计

现实生活中我们会发现50元一件的T恤没人买，而某个知名服装品牌200元一件的T恤却卖得火热。这就是品牌所造成的价格差异。普通商品价格会受到供需关系和市场价格通识的支配，但是品牌会让商品摆脱这种支配。当商品变成了品牌，企业不仅控制了定价权，还与消费者建立起深厚的情感。如何将商品打造成品牌，是广告活动中每个环节的每个从业者都应该认真思考的问题。这里探讨将商品打造成品牌的设计思路。

（一）将品牌人格化

商品或机构的名字本来是没有人格的，但通过广告行为可以赋予品牌人格特征，有效地区分它与别家的商品或组织机构。这种人格可以是温柔的、坚毅的，也可以是活泼的、严肃的。比如奔驰给人以一种庄重感；宝马给人以一种驾驶的乐趣感；百事可乐给人以年青时尚的感觉；联想给人一种有修养的感觉等。产品一旦有了品牌的人格个性，就更容易吸引到符合这种个性的消费者的关注。当消费者爱上一个品牌时，就会愿意多支付一点钱让自己开心，让品牌发展得更好。虽然这些品牌的产品并不比其他品牌产品的实物价值高，但你会主观认为它更值得购买。很多品牌产品价格远远超出了它的物质价值，但仍然吸引着大批为之疯狂的消费者。为什么呢？因为这就像品牌和消费者谈了一场"恋爱"，品牌用自己的人格魅力征服了消费者的心。我们都知道在谈恋爱的开始阶段，个人的外在形象很重要，超过50%以上的人用第一眼印象决定了是否继续谈下去。

既然品牌个性这么重要，那么如何赋予品牌个性呢？挖掘独特卖点、巧妙借势和情感塑造等手段，是赋予品牌个性的有效方法。

1. 挖掘独特卖点

独特卖点，也叫独特的销售主张。通过强调产品特有的卖点，可以成功地吸引消费者。这个理论适用于广告的各个层面，但体现在设计上可以解释为三点：一是产品那些特殊功效是否可视化，为消费者提供的独特利益点是否通过视觉能被感知；二是这个特点能否以视觉的形式表达出来，是该品牌独有的，或是竞争品牌不能用或不曾用过的表达形式带来的新视觉体验；三是这种视觉体验必须具有足够的力量吸引消费者关注它，并引发他们购买与分享。

案 例

从奔驰汽车的《骑士精神》表现高贵的精神气质（扫二维码4-2观看），再到身边的农夫山泉《大自然的搬运工》（扫二维码4-3观看）、淘宝《春碗》（扫二维码4-4观看）等，都是挖掘独特视觉语言的精彩应用。

二维码4-2　奔驰《骑士精神》

二维码4-3　农夫山泉《大自然的搬运工》　　二维码4-4　淘宝《春碗》故事4则

对于这些品牌来说，产品自身就带有独特的产品功能，有别于同类别的其他品牌。消费者感知到这些独特的产品功能，自然就会被吸引过来。

但是大部分产品没有这么强大的独特卖点，反而各个品牌的卖点都差不多，消费者看不出品牌之间的差异，这个时候就要给自己产品贴上独特的视觉标签。虽然是独特的，但也不是你的品牌所特有的，则可以选择产品所具备的一个重要优点，把它看作品牌的独特视觉卖点，让人们加深对这个优点的视觉印象，把这个通用优点转化为品牌专有的个性。

比如本来纯净水之间没有什么区别，曾经的饮用水第一品牌叫乐百氏，它在起步阶段打出赢得胜利的广告是：一个长长折页广告上面画27层过滤网，一滴水经过这27层过滤网，到最后一层打出广告语"足足27层过滤，让您喝得更放心"。其实它和娃哈哈等同类产品的生产过程并无太大区别，但别的品牌没有表现出这个视觉卖点。可见找到同类产品中没有人表现过的视觉语言手段，同样可以打造出品牌的独特视觉卖点。进入新媒体时代，人们逐渐忘记了20多年前的乐百氏长广告。2017年百雀羚品牌在手机端利用交互技术和故事内容的吸引，再度掀起了一股长广告的热潮，引发广泛的关注和转发。其他品牌再想用这个表达方法就要另辟蹊径找新的视觉内容的形式了，否则在同一个时代后来者是不会有好的传播效果的。

2. 巧妙借势

如果找不到独特的视觉卖点也不要紧，还可以采取借势的方法。借势，也称比附，就是强行与行业龙头或者著名品牌挂钩，借他人的势头宣传自己的美名。这种方法被应用得非常广泛。

案 例

◆**标题借势案例**：在酒行业里，"塞外茅台，宁城老窖"，借用了茅台的名号；中国台湾"包种"茶的广告是"北包种，南乌龙"，巧妙借用了乌龙的名头，等等。

◆**内容借势案例**：吉列的手动剃须刀（见前述）。

3. 情感塑造

如果用上面两种方法还是找不到个性设计的手段，那还可以寻求情感的个性塑造。这种方法和产品本身没有任何关系，只需要将画面设计与消费者的情感或者价值观进行链接，通过树立温情、庄重等情感，或者拼搏向上、永不服输等价值取向的品牌个性，获得消费者的赞同。

案 例

◆ 市面上首饰品牌琳琅满目，仔细研究前10位的首饰品牌，品牌诉求不外乎浪漫爱情和优雅华贵两种。诗普琳作为新兴的首饰品牌该如何树立自己的品牌形象呢？这是摆在Orange广告公司每个创意人员面前的重要难题。一个新兴品牌要想拉近与消费者的心理距离，首先要从情感入手，让消费者认同品牌的价值观，在情感上依赖品牌的个性。诗普琳选择了浪漫的爱情这一难以逃脱的首饰魔咒，但是一样都是在说浪漫的爱情，诗普琳如何才能说出不一样的爱情情感塑造呢？诗普琳尝试回答这个问题，什么是爱？爱是一种表达。该如何让这种爱的表达与众不同？如何让爱具体可触……答案是：爱，是每年的行动。浪漫得如童话般的纯爱故事，爱是每一天、每一年的行动，而不是婚礼上的那句誓言。每年一次的婚礼，每年一次的交换戒指，每年一次地认认真真说"我爱你"，用仪式为爱情保鲜，用誓言为婚姻加固，用年复一年的行动证明"永远"。一辈子真长，什么样的誓言经得起时光的考验？什么样的永远，才是真正的永远呢？广告公司携手诗普琳珠宝，打造《第51次婚礼》，"时光汹涌，爱更汹涌"（可扫二维码4-5观看）。

创作者通过洞察消费者，提了一个51次婚礼的概念。"我们这里讲了一个很重要的点：有很多女人，她们是不相信男人的，但是她们相信爱情。"创意总监说："执行在这里要做足文章。"创意团队紧紧抓住这个点，出了一套永远不说永远的概念。然后创意人员画了一些脚本，大家都知道金婚是50年，但是创意人员设计了51次婚礼，她说："我要的不是你婚礼上说的那句誓言，我要的是你每一年的行动。"导演让故事的主人公在故事里说"我发誓今年会好好爱你"这么一个想法，创意团队给品牌卖的是一个爱的行动概念，把产品和爱的行动紧紧地连接到一起，塑造了行动派的产品个性。这样的视频广告塑造了一个能引起广泛情感共鸣、表达差异性极大的可视化爱情，很好地区隔了与其他品牌的个性差异，形成了一个潜意识语言：爱，要看你的行动，有诚意的行动、经得起考验的爱情就像诗普琳珠宝。

二维码4-5 诗普琳《第51次婚礼》

◆母亲节前夕，在触宝电话的公益广告《让爱多说一分钟》中，一位在大城市打拼的年轻女白领，因忙于工作而疏于同母亲沟通，不知道母亲得了阿尔兹海默症。当她回到家中的时候，发现母亲为了留住美好的记忆而留下的便笺和视频，这才恍然惊觉，原来自己在为工作奔波的时候忽略了对母亲的陪伴。触宝电话的Logo，只在观众情绪波动到达巅峰的时候适时出现，对观众进行了意识植入。《让爱多说一分钟》在母亲节当天播出（可扫二维码4-6观看），全网播放量就达到了1亿次。这个案例也是把品牌和人性中最朴素的情感进行链接，借此树立起品牌有温度的情感个性。

具有人格视觉识别力的品牌更容易吸引消费者，并建立深厚的感情。品牌广告设计的使命就是让消费者感觉到品牌有生命，且有独立的人格特征。挖掘独特卖点、巧妙借势和情感塑造等手段都是可以让品牌倍受欢迎的有效方法。

二维码4-6 触宝电话《让爱多说一分钟》

（二）执行品牌战役

广告战役是将品牌人格和广告诉求创意送达消费者的关键步骤，这不仅是视觉、文案、构图、主题的有效结合，更是平面广告、视频广告、游戏广告、交互广告、自媒体广告、线下传统广告等多种广告形式的统筹调度。相比于单个广告模式，广告战役更有力度，更令人印象深刻，组合花样也更多。这种组合方式既包含创意的部分，也包含了很大比重的设计内容。

案例　百雀羚的《只在北纬30°可见的风景》

对坚守天然理念的百雀羚而言，天然与季节无关，也可以与所处的地方无关。天然，不仅仅只关乎护肤，更是渗透到肌肤之下的内心深处。洞察到都市里的种种不天然，百雀羚在早春三月发起一场草本营销革命，以向天然致敬的名义守护天然。

1. 只有被选中的人，才能看到北纬30°的风景

为了推广天然理念，百雀羚这次用一条"正儿八经"的宣传片一举占领了"北纬30°"草本产地。而广告创作团队的任务不仅是"守护天然了解一下"，还要让各位路转

粉，粉转深粉，加入"这里的天然我们来守护"阵线联盟，如图4-12所示。

那么问题来了，虽然内容很真材实料，但怎样才能引起消费者的注意呢？那就是——告诉对方，你对我而言是一个特别的存在！"天然不刺激"的百雀羚，玩起营销来却刺激得很！这次创作团队颠覆粗暴的硬广告投放模式，在朋友圈广告投放上耍了点小心机！在北纬30°地区投放120 s完整版视频，而在非北纬30°地区则只投放30 s预告版广告。《只在北纬30°可见的风景》，话题一出立刻引起网友关注，不少网友纷纷表示"原来我是被选中的人"！如图4-13～图4-16所示。

图4-12 《只在北纬30°可见的风景》（1）

图4-13 《只在北纬30°可见的风景》（2）

图4-14 《只在北纬30°可见的风景》（3）

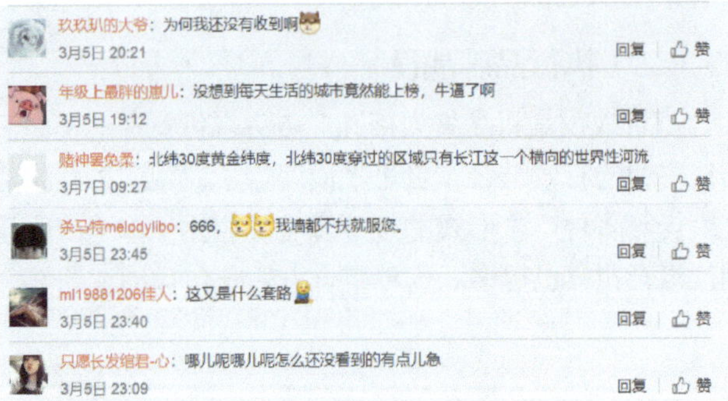

图4-15 《只在北纬30°可见的风景》评论区（4）

 **魔都生活圈** V 🔥
3月7日 21:31 最后评论 来自 iPhone X
还好我大魔都稳稳坐落在北纬30°附近，不然错过了这一场好戏。帝都魔都的万年大PK，在北纬30°这件事情上，魔都还是拉回一票了，是时候秀优越一下 @吃喝玩乐在北京😎

 **乐活在杭州** V
3月7日 21:42 最后评论 来自 微博weibo.com
北纬30°这条神秘而奇特的纬线，刚好穿过仙气满满的杭州。既有漂亮的山山水水，又有酷炫的高楼大厦，难怪这么多人都要逃离北上广，来到大杭州……这个仅限北纬30°可观看的纪录片，走心又暖心，想去视频中神秘的仙境一探究竟，你们都看到了吗？❤

图 4-16 《只在北纬 30° 可见的风景》评论区（五）

2. 品牌跨界合作，这里的天然我们来守护

"向天然致敬"，不只是致敬，必须落实到行动中去。因此创作团队叫上了滴滴拼车、良品铺子、苏泊尔、比亚迪等品牌，一起发起守护天然的行动。每个品牌都从自己的角度，传递天然而舒适的生活方式与态度，号召自家粉丝一起守护天然，如图4-17、图4-18所示。

图 4-17 《只在北纬 30° 可见的风景》活动海报

图 4-18 《只在北纬 30° 可见的风景》跨界合作海报

3. 百雀羚的车是开往天然的车

3月的某天午后,对于女生们来说,适合看一部电影来陶冶情操。而更多的女生割舍不下沐浴阳光的机会,百雀羚北纬30°天然专线就这样启程了,载着天然、阳光、三月的少女梦（可扫二维码4-7观看）。

百雀羚选择了最简单有效的方式，不需要逃避生活的城市，不去惧怕习惯的公共交通，而是把天然感植入日常，脱胎出一场新颖的天然之旅。旅程无须过多焦虑与准备，仅需要打开你的所有感官，因为你将感受到来自天然的力量。

巴士装置营销屡见不鲜，但是能真正行驶的营销巴士或许谁都想了解一下。响应着精致女孩的号召，这趟旅程也将细节抠到了极致，如图4-19、图4-20所示。

二维码4-7 《百雀羚巴士影院纪录片》

图4-19 《只在北纬30° 可见的风景》（巴士影院）

图4-20 《只在北纬30° 可见的风景》（巴士影院内景一）

2018年3月8日的下午，有一个巴士站披着春天的保护色悄然出现在西湖边。天然之旅的巴士站也利用了天然的环境优势，只是熟悉的等车位换了花草皮肤后更像是等待治愈的能量站了。在等候百雀羚巴士的间隙，人们不再只顾低头玩手机，而是享受拍照和被周边景象吸引，治愈都市人的不天然行动已经蓄势待发！

当瞩目的网红百雀羚巴士转弯后进入视线，少女心蠢蠢欲动。巴士外观设计成被花草包围的复古影院，扑面而来的少女感让等车行为也有了愉悦的记忆。进入电影院是准备去看别人的故事的，而当踏上巴士影院，仿佛有一个美好故事需要我们来亲自演绎，满眼的绿植与顶部的白云营造了纯天然的意境。

而影院的BGM也是纯天然无损音质，由一位元气的小姐姐配合着简单的吉他和弦缓缓吟唱天然，如图4-21所示。

图4-21 《只在北纬30° 可见的风景》（巴士影院内景二）

4. 售票处

想观影首先要获取影票（见图4-22）。设计有天然感的影票藏着满满的小心思，撕开影票，里面藏着一张百雀羚面膜！观众可以在观影的时候敷上百雀羚面膜，感受真正的天然惬意。

图4-22 《只在北纬30° 可见的风景》（巴士影院内景·草本能量售票处）

5. 饮草室

在这一家服务齐备的影院中，虽然它不贩卖爆米花和可乐，但有鲜花和快乐！在这里可以喝一杯天然草饮并和阳光分享一个八卦，如图4-23所示。

图4-23 《只在北纬30° 可见的风景》（巴士影院内景·饮草室）

6. 北纬30° 天然周边能量站

影视周边也展示着楚雄原产的空气，深山的一股清流，接地气的天然香氛，草本能量环……讨巧的创意细节都为治愈不天然而花着心思，如图4-24所示。

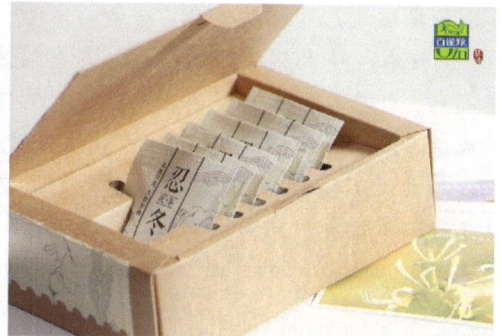

图 4-24 《只在北纬 30° 可见的风景》（巴士影院内景·能量站）

7. 天然片场

所有崇尚天然的女生在百雀羚的电影世界中都是女主角，所以在天然片场可以演一个小"鲜"女，可以演一部独立电影，如图 4-25 所示。

图 4-25 《只在北纬 30° 可见的风景》（巴士影院内景·天然片场）

8. 清新放映厅

影厅内部打造沉浸式的坐听享受，闻着草本的熏香，舒适的观影座四周布满了各种花草，真正在全感官的天然意境中享受用 VR 观影百雀羚天然大片，如图 4-26、图 4-27 所示。

图 4-26 《只在北纬 30° 可见的风景》（清新放映厅）　　图 4-27 百雀羚宣传品及产品展示

百雀羚这波广告活动开启了全新的体验营销模式——混合现实全感官体验式营销，集VR观影技术、纯天然植物环境、草本茶饮香氛、城市天然景区等多种感官体验于一体，打通五感，让虚拟信息与现实世界贯通，构建出完整的体验闭环。此次营销不但用心地挑选了北纬30°的杭州作为落地城市，更率先突破常规传播介质，大胆改造移动巴士并定制体验场景及互动形式，打破传统落地形式在空间维度及物理维度的局限，依靠流动媒体的灵活性，覆盖更广范围的受众。

▲完整案例网址 https://www.digitaling.com/projects/26275.html

通过这个例子可以证明任何一个广告战役都不是孤立的，是多种媒体和传播渠道的有机结合，要注意这种结合不是盲目的。当你需要策划一场广告战役时，传统的方式是，首先要想出一条引人入胜、令人难忘的广告，然后将广告中的关键视觉和文案提取出来贯穿到其他媒介的广告执行中去。而新媒体技术为设计人员提供了新的、及时的手段，这种新手段产生新的设计方式，那就是先有一条主体广告，然后让其他广告媒介作为这次广告战役整体组合的一部分起到推动或铺垫作用，还可以让它成为二次传播的加工场和工具。就像诗普琳的《第51次婚礼》和百雀羚的《百雀羚巴士影院纪录片》都属于这一种。

要执行好广告战役，必须遵守以下3个原则。

1. 持久的主题

首先要有一个明确而且能够持久的主题。吉祥物、品牌标语及背后的动人故事都是可以支撑多年的好点子。

案 例

肯德基爷爷、麦当劳小丑、迪斯尼动画人物等象征人物；耐克的"Just do it"、戴比尔斯钻戒"钻石恒久远，一颗永流传"等品牌远景；还可能像因特尔"灯～等灯等灯"的声音；或者某种味道，等等。

找到一切能代表品牌个性的东西，并持久使用它。这些内容随着战役的不断深入，将会转成消费者潜意识里的认知，只要提到某个行业就会自然而然地想起这个品牌。

2. 视频优先

视频广告中包含的其他广告形式所不具备的特点是设计元素的多维立体化表现，如图像、声音、音乐、特效等。如果专注做好一则优秀的视频广告，可以为多媒体广告战役中的其他广告形式提供助力。比如视频广告的主视觉形象可以用在平面广告、户外广告、交互广告及社交广告上；视频中的音乐、语言对白、声音标识等，也可以用到音频媒体平台的广告中；视频还可以是公关广告活动中不同的新玩法所聚焦的核心内容，也可以是视频直播、互动广告等内容传播的重要组成部分。更重要的是这些元素的提取与视频应用能让多媒体广告战役保持一致。

案 例

张涵予为红星二锅头代言的广告《不甘平凡的我们》,在电视广告上播出之后,各种平面广告、户外广告和网络广告都从中取材,甚至连电台广告也播出了张涵予充满磁性的声音,如图4-28和图4-29所示(扫二维码4-8观看)。

二维码4-8　红星二锅头《不甘平凡的我们》

图4-28　红星二锅头平面广告

图4-29　红星二锅头公关活动广告

3. 整合传播性

无论哪种广告都应该和广告战役的主题保持一致,不断强化商品在消费者心中的整体印象。保持整合传播一致性包括使用相同的视觉元素或视觉理念,广告结尾使用相同的视觉内容形式或使用相同的视觉风格、广告结尾使用相同的主题语或愿景等。

案 例

佳得乐的广告战役,每条广告中都包含相同的元素,主要包括闪电击中佳得乐瓶子的视觉隐喻和响亮的主题句——"当你'渴'望胜利"。在电台广告中,还选取了电视广告中的原创背景音乐,搭配相同的播音员,并在电台广告的结尾加上了这句主题句,如图4-30～图4-34所示(可扫二维码4-9、二维码4-10观看)。

二维码4-9 《Fierce》佳得乐

二维码4-10 《2018佳得乐》

图4-30 佳得乐（1）

图4-31 佳得乐（2）

图4-32 佳得乐（3）

图4-33 佳得乐（4）

图4-34 佳得乐（5）

四、如何设计一条能获奖的广告

在这个时代我们每天接收大量的信息，我们的大脑习惯性地过滤掉大部分信息内容。"酒香不怕巷子深"已经成为过去，毫无存在感才是大部分人不得不面对的事实。广告传播对象不仅可以是产品、企业、机构，也可以是广告人自己。一个叫好又叫座的广告，不仅可以提升竞争力和市场占有率，也可以帮助提升自我的社会影响力，让自己获得更多的机会。其实每个设计师自己就是一个产品，把自己树立成一个品牌，获得更高的利润是每个设计师要面临的具体问题。

一条能获奖的广告一般由创意和设计两部分构成。研究发现各个广告竞赛对创意的理解和要求都有所不同，这和赛事评委的组成结构有关。但对于能获奖的广告，从设计角度来看，在各种比赛中体现出来的规律性非常明显，且大同小异。不论是重视大创意小制作的赛事还是小创意大制作的赛事；不论是文化性的赛事还是商业性的赛事；也不论是社会性的赛事还是官方办的赛事等，作品能否为评委与评委之间的交流互动提供话题和谈资很重要。

要想引起评委的重视，首先要在设计中融入社交货币。那么什么是"社交货币"呢？我们知道货币是支持经济活动的媒介，正是因为货币的存在人们才可以进行商业活动。同样社交货币是支持社交活动的媒介，能够为人与人之间的互动提供话题和谈资。举个简单的例子，很少有人会有兴趣谈论普通的日常网购内容，但是如果每次登录网购平台都能随机领取一张电子"福"卡，集齐5个不同的福卡，就可以换一个节日大礼包，大家就很愿意多问一句："你今天领到什么福了？"网购平台的这个电子福卡就是社交货币。

我们从设计角度来看一个获奖广告作品中的社交货币应具有以下四个特点：采用与众不同的设计形式、打造广告在公共场合的高辨识度、广告主题与高频事件相关联和利用大家的情绪来获得关注。

（一）采用与众不同的设计形式

广告想要能在评委之间自动传播，就要与众不同。视觉上能带出与众不同的新奇感就变得非常重要了，它使评委们在看到你作品的第一眼，就决定是否有兴趣认真深入地看完这支广告。画面中"虫子咬人"没人会关注，"人咬虫子"就会引起关注。广告想要引起关注就要与众不同，如果一件广告作品的表达形式能够让观看者觉得与众不同，广告本身连同观看者就会变成一个话题源，从而引发评委之间的传播和讨论。

比如20世纪90年代末农夫山泉广告说"农夫山泉有点甜"，它让我们有一个潜意识的对话——当我们听到这句话时，心底会有这样的自问自答（几乎发生在一瞬间）："矿泉水怎么会是甜的？哦，不是橙汁般的腻甜，而是泉水的甘甜！好吧，我要尝一尝。"在这"有点甜"的心理暗示作用下，于是我们就真的喝出甜味了，并且会和别人交流这种甜味。自己也感觉自己和喝纯净水的人们喝的是不一样的水，引发彼此之间关于水的讨论话题和争论。这是什么水？为什么有点甜？真的有点甜吗？我要不要试一下？你试过了吗？感觉怎么样？真的和纯净水不同吗……

所谓的"与众不同"，其实就是要求广告作品能够提供区别，打造观者与观者之间不同的感官体验。比如一般民宿租赁都表现得像家一样的感觉：温馨、浪漫、有爱、分享等。然而2017年爱彼迎民宿租赁网站与芝加哥艺术博物馆合作，高度还原了梵高的卧室，并且给艺术爱好者一个入住机会。这给广告的观者带来完全不同的视觉体验形式，也让消费者变得与众不同，因为房间真的可以出租，项目为博物馆吸引了一大批参观者，增加了数以万计的社交媒体粉丝，并且赢得了价值600万美金的媒体报道。如图4-35所示，这支广告获得了2017年戛纳广告节创意实效金狮奖。这种"与众不同"，让购买产品的人拥有了可供聊天的"话题"，也让评委在评审过程中产生了"话题"，可以说一件作品的效果好坏来源于人们提到它的次数。

图 4-35 爱彼迎 2017 年夏纳广告节 创意实效金狮奖

另一种"与众不同"的方式是在广告设计的观看者中划分人群，打造差异化、小众化的审美。比如用摇滚乐的设计元素表现某种社会态度；再比如利用芯片技术将贵宾信息植入到请柬中，客人在经过电子屏海报时能得到个人专属海报、活动指南，或者得到礼宾人员尊敬的称呼和贴心服务；再或者某些特殊事件内容能勾起评委会的集体情感共鸣或喜好。这种类似"特权"的专属设计内容，同样可以成为话题，引导大家的讨论和传播。不管怎样，研究一下历年的获奖作品和评委会的构成情况总是有好处的。

（二）打造广告在公共场合的高辨识度

我们这里提到的"公共性"原则，就是指广告设计作品要能够在公共场合（包括评审现场）被人轻易地识别出来。不然做得再好别人也不知道，更别说引发传播和得奖了。

比如 2017 年获得夏纳广告节海报类最大奖项的汉堡王海报（见图 4-36、图 4-37），其设计概念为：汉堡王自 1954 年开始就坚持使用炭火烧烤汉堡中的肉制品，所以汉堡王店铺的失火概率远大于其他快餐厅。这组汉堡王的广告直接呈现了汉堡王的救火现场，也是在传递着品牌理念："我们拼命也要让你们吃到最好的口感！"这组海报的辨识度极高，在众多的作品中脱颖而出。不用细读海报的内容，也能在一堆海报中一眼就看到这组海

图 4-36 汉堡王 2017 年夏纳广告节 全场大奖（1）

图 4-37 汉堡王 2017 年夏纳广告节 全场大奖（2）

报,并让人产生好奇心理。要说设计技法,这可能是 10 元的拍摄成本,再加 5 元的图片拼接成本,但创意思路表达清楚了,大奖自然也就妥妥得了。

当然还有下面这组大制作的《JBL 降噪耳机》,视觉识别度也非常高,如图 4-38 ~ 图 4-40 所示。

图 4-38 《JBL 降噪耳机》2017 年戛纳广告节银奖(1)

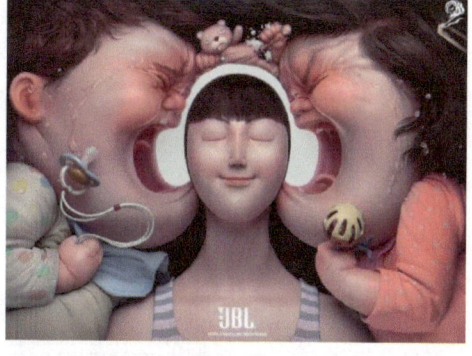
图 4-39 《JBL 降噪耳机》2017 年戛纳广告节银奖(2)

图 4-40 《JBL 降噪耳机》2017 年戛纳广告节银奖(3)

其设计概念为:只要有 JBL 的耳机,任何嘈杂的声音都会不复存在!不过这样看来 JBL 是有安全隐患的,毕竟如果没有听到女朋友的抱怨,很有可能你以后就只能跟耳机过一辈子了……

所有外界的危险,对于 Nutcase 来说都可以轻松应对。《NUTCASE 安全头盔》的表现手法是大家熟知的插画风格,但夸张式的表达手法——上天入地或是水里,让画面看上去很有视觉冲击力,"辣眼睛"的级别让人过目不忘,如图 4-41 所示。

图 4-41 《NUTCASE 安全头盔》

高辨识度的目的，其实就是要让人们可以轻松地从一堆广告中认出你的广告作品，这一点对任何类型的广告作品都一样适用，比如视频广告开头和结尾的差异性，以及片中是否树立了一个让人难忘的具有符号感的视觉形象等。

（三）广告主题与高频事件相关联

试着将广告的主题内容与生活中经常出现的高频事件相关联。人类大脑有一个特点：一件事情之所以能出现在脑海里，是因为看到了与另一个熟知的事物相关联的事物。这种引起关联思维的现象叫作"寻找事物之间的关联性"。所以，在广告的设计中，尝试把产品与生活中经常出现的高频事件做关联，可以提高作品被提及的频率，也就更容易被大家讨论和传播。

举个美国奇巧巧克力的营销方案例子。为了提高市场占有率，奇巧巧克力推出了这样一则广告：一个人拿着咖啡去找奇巧巧克力，而另一个人则拿着奇巧巧克力去找咖啡。因为"喝咖啡"在美国人生活中属于高频事件，而广告的每次播放，都在强化着奇巧与咖啡的关系。广告推出后，奇巧一年后的销售额就增加了30%，品牌价值也从3亿美元飙升到5亿美元。

（四）利用大家的情绪来获得关注

利用图像和文字来唤醒消费者的情绪是最常见的，是广告中常用的经典技巧。但视觉上若能唤醒评委的情绪，那效果就更加明显了。中国人常说"百闻不如一见"，虽然见的不一定真实，但是人们还是愿意相信自己的眼睛，有亲身经历感，这就是利用大家的情绪来唤起话题讨论的理论依据。

例如，Orange团队凭借《宝贝回家》手机应用程序广告，在2013年戛纳广告节的移动通信类中赢得了1个金狮奖、2个银狮奖，这一应用程序将每台智能手机变成了寻找失踪儿童的利器。在中国，每年有2万多名儿童失踪，其中的大部分儿童被拐卖。对于家长来说，在偌大的国家里找回自己失踪的小孩的希望如海底捞针。"宝贝回家"公益组织帮助这些家庭在他们的网站上刊登失踪儿童的照片，但是收效甚微。所以创作团队有了这样一个想法，利用手机应用程序让所有智能手机用户成为志愿者，拍下疑似被偷拐的儿童的照片，运用面部识别技术与"宝贝回家"网站中失踪儿童数据库的照片进行匹配。这支广告唤醒了评委会所有人的情绪，让所有看过这支广告的人都心绪难平，获奖也就是顺理成章的事了，如图4-42所示（可扫二维码4-11观看）。

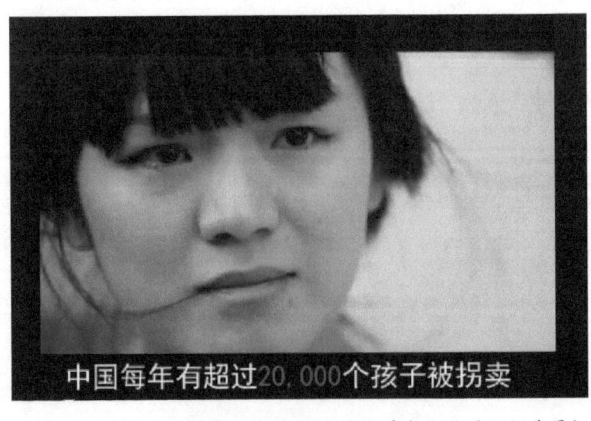

图4-42 《宝贝回家》2013年戛纳广告节金狮奖（视频截屏）　　二维码4-11 《宝贝回家》

再例如，1991 年 5 月，中国青年报摄影记者解海龙到安徽革命老区金寨县采访拍摄希望工程系列照片时，在张湾小学发现了课堂上的苏明娟，她有一双特别能代表贫困山区孩子渴望读书的"大眼睛"。这幅画面为一个手握铅笔头、直视前方的大眼睛小女孩、原标题为《我要上学》的照片发表后，很快被国内各大报纸杂志争相转载，民间人士也把这张照片称为"大眼睛"，这张照片也被选为中国希望工程的宣传图片。中国摄影杂志在纪念中华人民共和国成立 50 年的时候，将这张纪实照片选为 1949 年以来最具影响力的照片之一，如图 4-43 所示。

图 4-43　解海龙摄影作品《我要上学》

因此在设计广告视觉感受时，可以适当注入一些对人们行为有高唤醒的情绪因素，比如愤怒、敬畏、幽默、紧张、唯美、丑陋等。这样会让广告很有看点，大家看完当然也更愿意去传播、交流和分享。

课后练习任务书

1. 作业主题（根据授课需要可更换主题）

选择当年各大国际广告大赛的（金、银、铜奖）获奖作品一个，保持原创意思路不变进行再设计，即改换成其他类型或者形式的广告作品。

2. 作业目标

锻炼学生驾驭不同形式语言的能力，促进学生对不同类型广告设计的深度了解。

3. 作业内容

①作业要提交彩色打印稿，A4 纸，不超过 3 页纸。作业上需注明：课程名称、作业名称、班级、姓名、学号等个人信息。

②再根据设计作业成果，完成一次课堂提案。提案 PPT 为中文，要求 Windows 系统，

Office2019，PPT 尺寸 16∶9；PPT 文件命名格式为：提案类别、班级、姓名、学号、作品名称、视频所在页数，如果没有视频可不用填写。课后 PPT 文件需上交。

4. 作业要求

以下类型作品可任选其一完成。可以改变原作品的类型进行再设计，也可以保持原作品类型不变，进行形式视觉语言改变再设计。

（1）平面类

可根据作业主题题目（保持原作品创意）创作一个平面广告，做到突出、吸引人和独特。提交不超过 5 页的 PPT，内容包括：

◆ 一个平面广告作品。

◆ 300 字的文字说明，含文化背景信息和情境；作品洞察和策略阐释、目标受众、简报相关参考信息。

◆ 另需打印 1 份 A4 尺寸作品，用于现场展示和课后提交。

提案时间：3 分钟。

（2）设计类

可根据作业主题题目创建品牌识别，并说明该品牌识别如何契合简报（保持原作品创意）及品牌如何发展。

提交不超过 5 页的 PPT，内容包括：

◆ 设计作品一份，包括一个 Logo/品牌识别，含 3 个视觉部分，展示该 Logo/品牌识别实际情况下的样子。

◆ 150 字的文字阐述，解释该品牌识别如何与简报（原创意）相契合。

◆ 150 字的文字阐述，解释该品牌如何发展。

提案时间：3 分钟。

（3）影视类

可根据作业主题题目将创意（保持原作品创意）拍摄并剪辑成一支 60 秒广告，作品中应使用原创拍摄内容。

提交不超过 5 页的 PPT，其中必须包含以下内容：

◆ 不超过 60 秒的视频，所有字幕均为中英文。

◆ 文字阐释（300 字），含视频内容概述及文化背景信息和视觉情境阐释。

提案时间：3 分钟。

（4）公关类

可根据作业主题题目创建一个创新的公关策略，展示如何与甲方（保持原作品创意）的品牌价值联系起来、如何与大众互动等。

提交不超过 10 页的 PPT，内容包括以下 2 项。

①文字阐释（450 字），包括：

◆ 创意思想描述：可能产生的行业影响。

◆ 策略描述：目标受众、目标媒介、公关规划、方法。

◆ 执行描述：公关活动、时间线、规模的执行。

②需至少使用 2 个以"公关"为主要驱动力的元素或渠道；其中一页为视觉化概述。

提案时间：5 分钟。

（5）数字类

可根据作业主题题目创建一个以数字为引导的整合社交媒体活动，利用相关平台和技术，打造一个契合技术发展的创意解决方案（网络和/或移动），推动品牌发展。

提交不超过 5 页 PPT，内容包括：

①列举 3 个以数字平台为主导的组成部分，这 3 个组成部分可以是社交媒体执行或为其他数字主导执行。

②文字阐释，包含以下部分（每部分 150 字）：

◆ 活动概述。

◆ 创意洞察：如何在使用社交媒体平台和技术的情况下，通过创意解决问题。

◆ 解决方案：使用了哪些平台、技术和工具，为何使用这些。

◆ 如何产生效果：该数字解决方案如何能回答客户简报（保持原作品创意）并解决他们面临的问题。

提案时间：3 分钟。

第五章

广告创意与设计执行技巧

    1. 了解标题文案应具备的特点和写作技巧，熟悉能引发疯传文案的基本特征和创作步骤。

    2. 熟练掌握文案创作流程与创作技巧，并熟悉写出有故事感的文案的基本技巧。

    3. 学会策划管理一份海报的创作流程与要点，掌握海报创意与设计的基本方法和技巧。

    4. 明白优秀 Banner 设计的要点，并熟练掌握 Banner 设计的小技巧和版式套路。

    5. 熟练掌握逆向思维技巧进行 TVC 广告创作。

    6. 熟悉 TVC 广告创作的 10 个基本要点。

    7. 了解 H5 广告创意的基本常识和常见交互形式，并熟悉 H5 一镜到底的基本套路。

    8. 学会 H5 交互式视频的创作方法。

    9. 了解刷屏级 H5 排版及动效设计的特点，并熟悉 H5 设计的类型与定价。

知识要求

※ 了解标题文案写作技巧和疯传文案的基本特征。掌握策划管理一份海报的创作流程与要点。明白优秀 Banner 设计的要点。熟悉 TVC 广告创作的 10 个基本要点。了解 H5 广告创意的基本常识和常见交互形式。

技能要求

※ 熟练掌握逆向思维技巧进行广告创作。掌握文案创作流程与创作技巧。掌握海报创意与设计的基本方法和技巧。熟练掌握 Banner 设计的小技巧和版式套路。学会 H5 交互式视频的创作方法。

一、广告文案

    广告文案有两层含义：一是为产品而写下的打动消费者内心，甚至打开消费者钱包的文字；二是专门创作广告文字的工作方案，简称文案。这里指第一个含义。广告文案是由标题、正文和附件组成的，是广告内容的文字化表现。在广告设计中，文案与图片、图形同等重要，广告文案具有较深的影响力。

（一）好的标题文案应该具备的特点

什么样的文案才是好文案呢？既然要说广告文案，就要把广告文案先搞清楚，回到文案的本质。广告文案的本质是浓缩信息，把信息说清楚，降低消费者的选择成本和注意力成本。我们将以下三个大点归结为一个好文案的必备要素：准确简单传达信息；具有传播性；具备策略性。

1. 准确简单传达信息

一个好文案应该准确地传达一个信息，不要误导消费者，产品或者品牌本身想要传播什么信息，文案就应该准确简单地传达这个信息。无论是从信息本身，还是从消费者这个接收信息的群体来说，准确地传达信息就会产生准确的结果。

> **要点**
> 内容上——文字精准传达，不玩小创意。
> 形式上——不要炫技能，方便阅读。
> 实事求是，该怎么表达就怎么表达。

这一点虽然看起来很简单，但是往往很多文案都在这条定理上犯错误，下面举几个例子。

①很多文案喜欢用谐音替换一个字或一个词。例如，"机惠难得"，将原来的"会"字替换成"惠"，想要传达优惠的意思，同时又传达机会难得的意思。这类例子很常见，很多文案喜欢这样写。当你想要用一个词表达两个意思时，这两个意思必然都会在传播上减弱。为什么不用两个词来准确地传达两个意思呢？非要将其中一个字替换掉，展现一下文案的小创意，这无疑是在帮倒忙。如果将"机惠难得"替换成"超级优惠，限时三天"会不会更好些？

该怎样表达就怎样表达就是了，准确传达信息。如图5-1所示，想要用一个词（质因有你）表达几个意思，必然都表达不清楚。

②很多文案会在文字和字体上搞些花样。例如，如图5-2所示，本来简简单单的一句话，通过调字体，调些小花样，弄得不易阅读。消费者根本不知道从哪里开始读，文字也很难识别。既然是文案，当然传播最重要，能准确简单地传达一个信息的就是好文案。

2. 具有传播性

好文案要具有自带的传播性质，即一段文案不依靠媒介的曝光也能自己传播。

例如，你在央视某频道的热播剧前投了一个15秒的广告，投放一个月，那么这个投放期结束后，你能保证你的广告能有多大影响？所以，无论什么广告，总会有一个投放期，而文案也只能随这个投放期曝光一段时间，曝光过后，文案就不能在消费者眼前刷屏了，影响力将大大减弱。而如果在这段投放期，一些广告的广告词经过一两次曝光刷屏后，就能让消费者记住，那么这些广告文案就是好文案。能被消费者记住，就能不借助于媒体而自行传播，能自行传播的文案，就能影响产品销售。那么，什么样的文案能自行传播呢？

图 5-1　用谐音替换字或词示例

图 5-2　在文字或字体上搞花样示例

（1）语句创造一些记忆点

这些记忆点可以用文字韵律、文字所代表的原始符号、减少字数等方法来实现。

①文字韵律。我们可以在一段广告词里加一些韵律，比如押韵、叠词、对仗等。这些手法都不是为了使文案读起来有文化内涵，而是使文案能更容易被消费者记住。因为消费者记住了就会主动传播，主动传播就会促进销售。比如我们烂熟于心的恒源祥广告词"恒源祥，羊羊羊"。句子短，还押韵，在消费者面前播个两三次，就被记住了。这里不讨论这句文案传播品牌的要点是否正确，单从传播性来说，这句文案就是好文案。

②原始符号。我们借助人类文化本身的有力的原始符号，来让文案更好地传播和记忆。这些原始符号是本来就存在于人们心里的。比如以前有个宝宝金水的广告词"洗呀洗呀洗澡澡，宝宝金水少不了"，这句词就是利用童谣改编而成的，原本这首童谣就存在于每个人的心里，当广告一播放，人们立刻被这熟悉的旋律吸引，听个两三遍就记住了。这就是利用原始文化符号的例子，利用消费者本来已有的认知，达到让人记忆的目的。

③减少字数。实在想不出好的文案，就尽量减少字数。在没有利用文字韵律、原始符号等一些记忆点的情况下，一大段自己写的文字是很难被消费者记忆的，所以删减字数是最好的办法。这类经典短文案也有很多，例如，怕上火，喝加多宝；送长辈，黄金酒；金利来，男人的世界，等等。

（2）充分利用差异、口语化和符号

前面所说的让消费者记忆不是单纯的自己记忆，而是为了让他们去传播。当我们利用了一些文字手法让消费者记住了广告标题文案后，就要想方设法让他们去传播。试想什么样的文案，才具备很好的传播性呢？其实，当消费者记住了广告词后，很可能会主动传播,所以我们需要在一段标题文案里仔细打磨添,加一些技巧,让消费者记住后再去传播。这个时候就要利用到差异、口语化和符号。

①差异。在写一句核心文案时,我们可以尽量写出产品或者品牌的差异。这个差异不只是我们要传递给消费者的,其实也是消费者想要传达给他朋友的。因为当这个消费者给同伴介绍产品时,他也需要一句能说明白这个产品好处的话,而这句话早就由我们文案人给他设计好了,他记住后就会去传播。

②口语化。众所周知,口语其实是最具备传播性的语句,很多俗语口语一直传播了几百年,几千年,直到今天我们仍然代代相传。比如"酒香不怕巷子深",就是这样一句简简单单的语句,可以传播几百年。为什么?是因为这句话讲述了一个道理吗?讲道理的格言警句这么多,为什么那些语句我们记不住?其实还有一个原因,就是因为这个语句用词简单,语句简单,就像一句顺口溜,很好记,听一两遍我们就记住了。

③符号。文字本身就是一个符号,用于传播一则信息。所以利用那些原本就扎根于人们心里的符号,可以增加文案的传播性。这些符号一出现就能引起人们的注意,并且很容易被记住。它们可以是深植于心的文化符号,可以是一些大 IP,也可以是一些话题,等等。

3. 具备策略性

当然,好文案还应具备策略性。什么是策略?这里的策略是为了完成品牌目标而谋划的营销手段。其中涉及很多营销学知识,这里就不展开叙述,直接说明几个要点。

(1) 文案要跟着营销目标走

文案人始终要记住的一点就是跟着营销目标走,文案是完成一个营销目标的工具之一。目前很多文案人都在犯这样一个错误:根本不清楚本次广告活动的营销目标,而是根据自己的理解写文案。比如,本次广告的营销目标是扩大品牌的知名度,需要投放一系列公交站海报。那么这些海报该怎样传达信息?什么信息又是最重要的?既然是扩大知名度,无疑品牌名和 Logo 是最重要的两个元素,所以这两个元素应该很明显,路人瞄一眼就能看到。但是实际上,很多文案人会搞一套花里胡哨的文案,介绍了一堆产品信息和卖点,并没有把品牌名称放在最突出的位置。甚至把 Logo 放在一个角落,不仔细看根本看不到。这就是没有搞清楚营销目标,没有策略性。

(2) 逐渐累积品牌资产

好文案应该不论什么情况下都要为品牌着想,始终在累积品牌资产。比如品牌近十年的核心定位已经规划好,那么文案应该始终有个限制,时刻围绕品牌定位展开写作。其实生活中有很多趣味性很足的"段子",一些品牌想要借助这些段子来达到富有趣味性的感觉,于是文案人就根据一些段子拟写了一些跟品牌没有关联的文案,然后将这些文案投放于市场。这些文案就不是好文案,因为这些文案是在消耗品牌,而不是在建设品牌。

(3) 具体营销场景下,要具体创作

我们在创作文案时,根据不同营销场景,往往创作的文案差别很大。例如户外广告是注意力广告,不仅视觉设计,连文案也要最大限度地吸引观众的注意力,这些广告就是硬广告,那么在文案上,能简单就简单,该曝光品牌就只曝光品牌,该说明促销信息就简单地说明促销信息。

(4) 利用一些诱导性的心理学知识

在文案中我们还可以添加一些诱导性的心理学知识,当然这不是欺骗消费者,而是利用消费者的好奇心理。例如，一个 H5 或者一篇微信公众号的软文，有时也可以用一些标题党的手法来仔细写一个好标题。毕竟这类媒体有个前提门槛，如果标题不好，用户根本不会点进去。利用人称代词、数字、疑问等，来勾起用户的点击欲望。当然我们这里说的标题党不是那种文不对题的标题党，而是稍微用一些诱导性的话语。

（5）分析用户需求，写他们能感受到的文案

不论什么营销活动的文案，我们都是先分析这种场景下的用户需求，根据需求再来写文案。比如要通过一系列海报搞一个促销活动，则应先分析这次促销活动针对的人群，他们想要的是折扣、奖品还是其他的需求，然后在文案中就重点突出这些信息。

（6）创意性

创意性对于好文案来说是一个必备要素，一个广告的创意往往也是文案人想出的。互联网媒体跟传统媒体有很大区别，传统媒体采用的是高频率强力曝光，而互联网有自发的传播性，内容好的、有创意的广告可以自发传播。所以在创作互联网广告时，增添一些有创意的玩法，效果可能会意想不到。

以上就是我们所认为的一个好文案的必备要素，包括三个大点：准确简单传达信息、具有传播性、具备策略性。当一段文案能准确地传达信息，能被消费者迅速记住，还能精准地完成营销目标，最后还会去主动传播，这样的文案就是好文案。

（二）什么样的文案能获得疯转

什么样的内容才能让用户乐于分享，获得病毒式传播？

回答这个问题的最重要的一个前提是：你得首先写出一篇精彩的文章，这一步无法省略和无法被取代。你要坚信，好内容始终有价值。下面的 9 个方法，能够帮助我们的文章在社交媒体上获得更多、更有效的分享转发。

1. 长文章比短文章更容易在社交媒体上被分享

在移动互联网时代，手机阅读等是浅阅读，写短文章更易满足越来越失去耐心的读者吗？根据对 1 亿篇社交媒体上发表的文章的分析，前 10% 获得最多分享的文章，绝大多数是长文章。从平均字数来看，长文章获得的分享转发量也高于短文章。3000～10000 个单词（字）的文章，在社交媒体上获得最多平均转发分享量，有 8859 次（见图 5-3）。

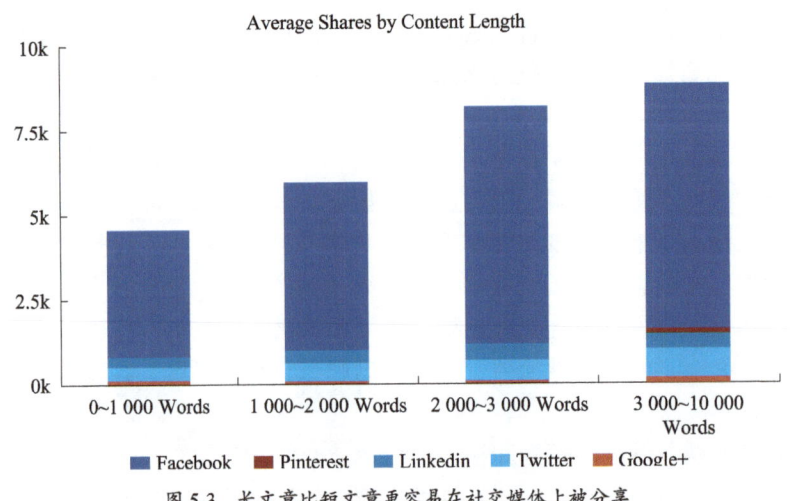

图 5-3　长文章比短文章更容易在社交媒体上被分享

社交媒体上绝大多数文章都是少于1000个单词的。这说明生产优质的长文章，是一片蓝海市场！所以撰写有一定深度、经过细致研究、有洞察力的文章，是你脱颖而出的好机会。需要指出的是，这项大数据研究结果跟《纽约时报》的数据不谋而合：《纽约时报》被Email分享最多的文章，多数是长文章。这背后的一个"原理"是：尽管用户喜欢看那些短平快的东西，但他们喜欢分享的，还是有调性、显智商的长文章。

2. 文章有照片可增加分享转发率

视觉的重要性，在今天不言而喻。社交媒体上的文章，插入和不插入图片，分享转发率差了不止一半，如图5-4所示。

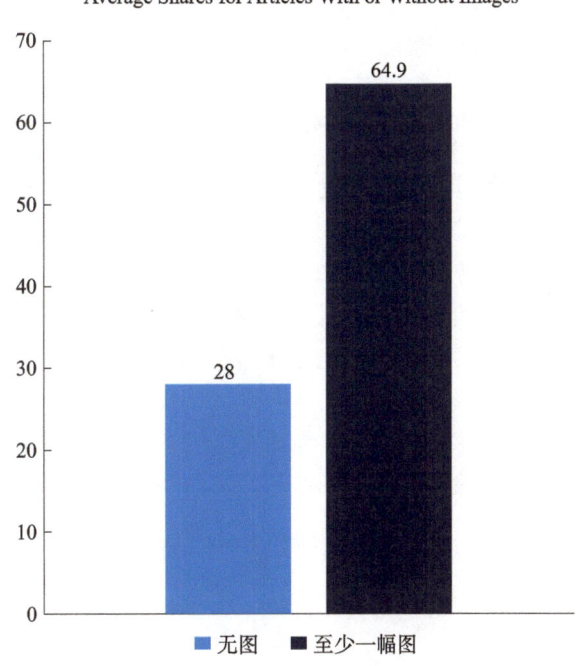

图5-4　文章有照片可增加分享转发率

在文章中至少插入一张图片，平均分享转发率为64.9%，明显高于无图文章的平均分享转发率28%。

3. 文章能勾起用户敬畏、大笑或乐趣，让用户产生自我陶醉

分析了10000篇最多分享转发的文章后，发现这些文章能引起用户的情绪变化的类型依次是：敬畏（25%）、大笑（17%）、娱乐消遣（15%）、高兴（14%）、共鸣（6%）、愤怒（6%）、惊奇（2%）、悲伤（1%），其他情绪类型占15%，如图5-5所示。

《纽约时报》曾调查过2500位读者，分析他们转发文章的动机，总结出的动机如下。

◆ 分享有价值或娱乐性内容给他人。

◆ 定位和展示自我形象。

◆ 维护关系。

◆ 自我实现。

◆ 通过分享转发他人文章，借他人之口表达自己关注的议题。

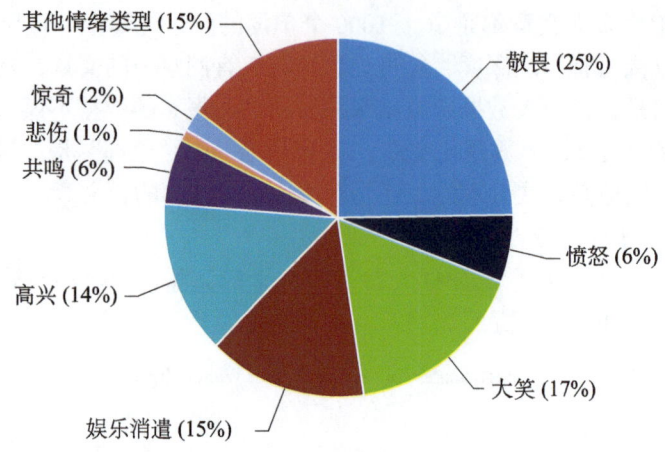

图 5-5　能引起用户的情绪变化的类型

最多被分享转发的是那种小测试,比如"你最应该做什么工作?"那些分享转发这些小测试的朋友,真的关心这种小测试吗?其实多数人只是通过参与这类时下热点话题,表明自己"与时俱进"在关注这个议题、对外传达自己是什么样的人。比如,微博、微信上火爆一时的"美国同性恋合法化""7 月签",都属于此类。总之,文案要好玩、有趣、有立场,没人希望分享转发的内容会打扰到自己的亲朋好友。

4. 用户喜欢分享转发清单和图表

以清单、图表、"怎么做""什么是""为什么"开头的文章和视频中,哪类最容易获得分享转发?答案是清单和图表,如图 5-6 所示。

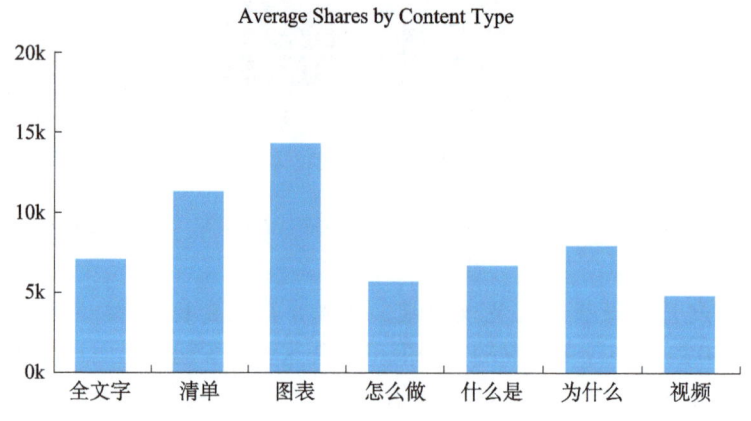

图 5-6　用户喜欢分享转发清单和图表

像《10 个写出阅读量 10 万+微信公众号文章的方法》这类清单式文章,能给用户最简单直接明了的干货,便于阅读。图表式文章也有便于阅读和理解的优点。总之,记住一点:长文章是很好,但你要通过清单、图表等方式吸引读者读下去,别从开头到结尾全是文字,这样会把人吓跑。《时代》周刊年年搞"10 大"系列文章年年火,差不多就是这个道理。

5. "10"是清单式文章的神奇数字

刚提到《时代》周刊的"10大",大数据研究也表明,在清单式文章中,含有"10个""10大"这类字眼的文章容易获得更多分享,平均分享转发数量是10621次,比排在第二位的数字"2""3"的平均分享转发量高出4倍,如图5-7所示。

图5-7 "10"是清单式文章的神奇数字

所以,如果你打算弄篇清单式文章,记得试试用"10"这个神奇数字。

6. 用户更倾向于分享那些看起来值得信任的作者的文章

社交媒体上的文章,作者署名和不署名,身份公布不公布,也会影响文章的分享转发次数。

在Facebook上,作者是否署名和身份公开与否对文章分享量影响并不大,但在Twitter、Linkedin、Google+上有差别,用户更倾向于分享那些看起来值得信任的作者的文章(见图5-8)。不管是在哪种社交媒体上,署名都不会让分享转发量更低。所以,在社交媒体上发文章,最好标注作者名字和身份。

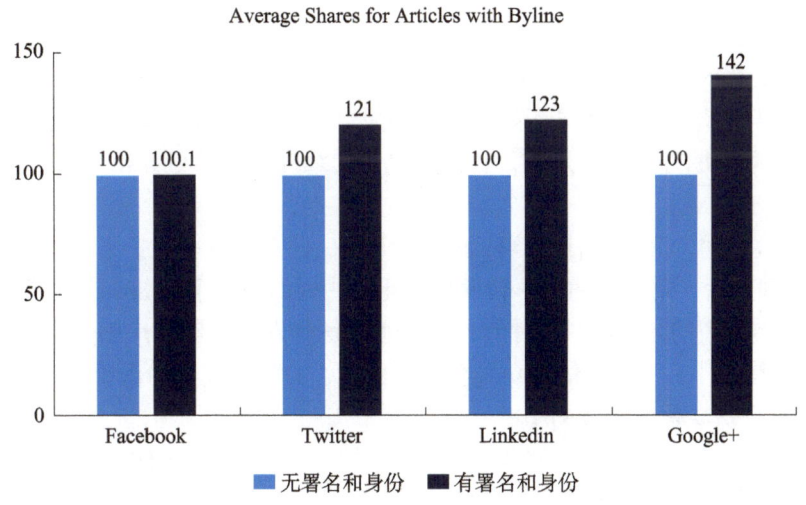

图5-8 用户更倾向于分享那些看起来值得胜任的作者的文章

7. "大V"分享转发你的文章会带来乘数效应

如果有微博、微信"大V"转发你的文章,那么他们给你带来的传播效应,绝非普通人分享转发所能媲美(注:大V是指在微博、微信等社交平台上,拥有众多粉丝的用户)。

我们在社交媒体发表文章时，可能很难遇到拥有数百万粉丝的大V分享转发，但对那些有影响力者，还是可以动些脑筋的。图5-9所示的是拥有0~5个有影响力者分享转发文章后带来的平均分享量，可见"有影响力者"对推动分享转发还是有重要价值的。

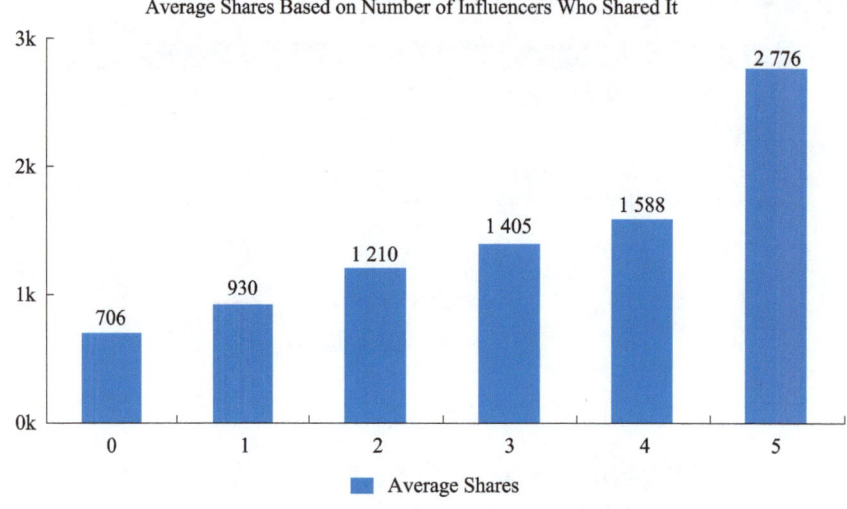

图5-9 大V分享转发你的文章会带来乘数效应

怎么能让这些"有影响力者"分享转发你的文章，一个办法是提前动手，提前跟这些有影响力者产生一定联系。

例如，你想写一篇《如何才能写出让人乖乖掏腰包的广告文案》，那可以先去看看微信、微博上发表过、转发过此类主题文章的那些"有影响力"者，从高到低做一个排序，然后再去联系这些人，告诉他们你在写一篇关于广告文案的文章，"有个小问题想咨询下您/您所说的观点，会用在我的文章里……"人们都喜欢分享他们参与的事情，不管是直接参与还是间接参与——看看你的微信朋友圈，有时候你被一些朋友发的东西烦透了，那是他们公司鸡毛蒜皮跟你却完全无关的事情，但这些事是这些朋友参与的，他们无论是出于真心还是出于职责，多数情况下都会分享转发。因此，写文章时，不妨尽可能让更多"有影响力者"和亲朋好友参与进来，让他们成为文章内容的参与者和"生产者"。

8. 旧文章可适时重新推广

大数据研究表明，文章在社交媒体发表三天后，分享转发率在接下来4天平均会下降96%。发表一周之后，第四周的分享转发量会比第一周的至少下降86%。在不影响用户体验的前提下，结合新的热点事件/时节，适时通过各种方式重新推广旧文章是非常管用和必要的。这也是为什么一些微信公众号会推出目录、关联阅读等的重要原因。

9. 星期二是分享转发的最好日子

尽管在不同社交媒体上，星期几的分享转发量并不同，但总体上看，星期二是一个最好的日子。如果你有一篇重磅好文要发布，不妨试试选择在星期二发布，如图5-10所示。

第五章　广告创意与设计执行技巧

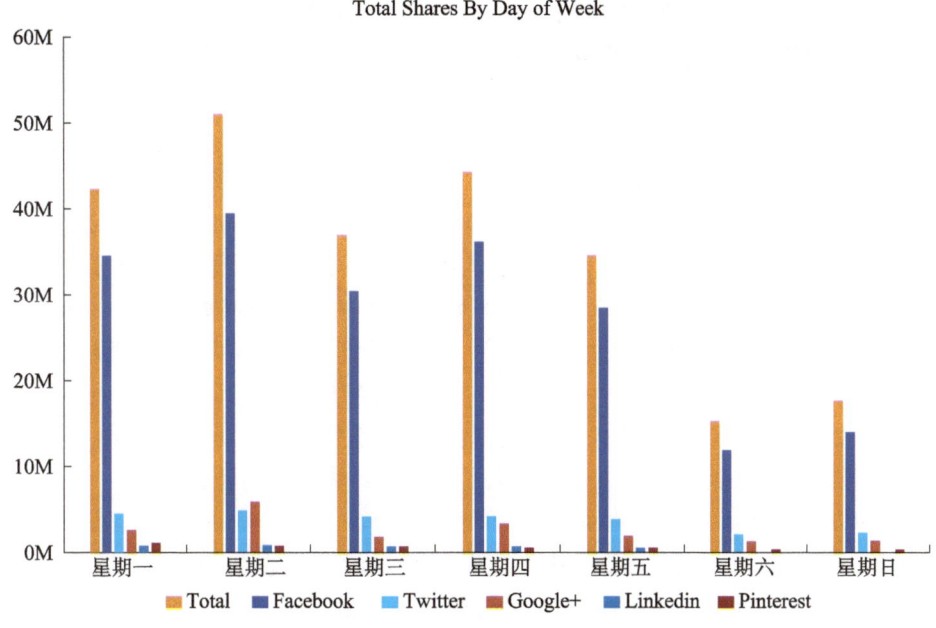

图 5-10　星期二是分享转发的最好日子

最后切记：万变不离其宗，会被疯狂分享转发的"爆款"文章，一定是有好内容的。

（三）文案创作的 4 个步骤与方法

如何能写出让人忍不住下单的好文案呢？这一定是很多文案者心底难言的痛，为此多少黑丝熬成了白发。到底怎么才能写出让用户忍不住下单的文案呢？下面我们将推荐 3 个超级实用的步骤与方法。

1. 标题吸引眼球

标题 3 秒法则：如果一个标题不能在 3 秒内吸引别人点开，那么它将永远没有上场的机会。在这样一个注意力稀缺的时代，标题对于文案的重要性已经不言而喻。我们总结出了 10 大写标题的方法，对应具体案例，希望对读者理解标题的写作技巧有所帮助。

10 大写标题的方法：数字符号；疑问反问；追热点；实用干货；引用对话；惊喜优惠；戏剧冲突；好奇悬念；对比法则；对号入座。

（1）数字符号

如："成立两年，这家创意热店多了 4 个合伙人，还开了 1 家分公司"（TOPic 广告公司）。因为表现方式不同，我们的大脑会优先识别数字，标题使用数字，就能够增加辨识度。而且带有数字符号的文章让人觉得信息量大，数字的魅力在于能够很好地总结和概括，激发人们打开广告获取有价值东西的欲望，而且简单明了，非常利于手机阅读。

案例 1

修改前：一线城市生活省钱指南

修改后：月薪 8000 如何在一线城市活得更体面？

标题修改前很普通，虽然是干货，但缺乏刺激感。修改后红遍北上广的原因有两点：一是有具体的数字，后面提到的一线城市对前面的 8000 这个数字有缩小的效果，因为二、三线城市这个收入的生活都很紧张。二是还能活得体面，这是消费者互相转发的原因，更有利于这个话题的传播。因为省钱没什么可炫耀的，自己偷偷看了也就算了，但是如果能让这事变成体面的生活，那就值得炫耀一下，显示一下个人智慧消费的优越感了。

案例2

修改前：菜场阿姨教会我一个人人都该懂的赚钱道理

修改后：月入3w+的菜场阿姨，教会我一个人人都该懂的赚钱道理

通常我们会认为菜市场阿姨处于社会底层，收入又低工作又辛苦。对于修改前的标题谁愿意听一个靠辛苦赚钱的卖菜的阿姨指点人生呀，她要是会挣钱早就不在那卖菜了。修改后月入3万元以上，这比普通大学毕业的城市白领的工资要高好几倍，立马让年轻人再无优越感。而且会激起读者"这是人人都该懂的道理，我竟然不懂，我是不是应该看看？"的心理。怕被阿姨在智商上超越自己，是多少年轻人的恐慌呀，但现在阿姨智商、经济都超越你，你要不要虚心拜读一下？有些人转发也是中年人对年轻人的一种调侃，以此来暗示年轻人：谦虚点，大学毕业没什么了不起的，你不懂的还很多。

（2）疑问反问

疑问句式可以很好地引发读者共鸣，如果恰好读者也想要知道答案，他就会点击阅读。而反问的语气会更强烈些，往往会打破读者的过往认知和思维误区，引发读者的思考。

案例1

修改前：探寻百万级大号首批粉丝活动秘籍

修改后：百万级大号的第一批粉丝是如何获得的

案例2

修改前：揭秘石榴婆报告篇篇10w+原因

修改后：石榴婆报告篇篇10w+是怎么练就的

相信所有广告人都有这个疑问，为什么别人广告阅读量都可以有10w+？都希望去学习其精华和经验，提高运营技巧和阅读量，增长粉丝量。这就戳中了用户痛点，修改后的标题会让他们怀着解决问题的心态去阅读。读者不关心原因，他们更关心有什么办法让其广告阅读量也能有10w+。

（3）追热点

这里可以借助名企、名校、名人、明星、牛人KOL、大事件等。特别是现在流量当道的粉丝经济时代，名人效应产生的话题量可不能小看。

案例1

故宫出了条开运红绳，姚晨、景甜、吴奇隆都在戴（一条）

案例2

修改前：近10年最成功的10位互联网大佬：最失败的项目是什么？

修改后：雷军、王兴、刘强东、周鸿祎等10位大佬，最失败的项目是什么？

（4）实用干货

这类标题的收藏和阅读量较高，属于告诉读者有破解方法的文章。

总结梳理某个细分领域的内容，将内容包含的知识进行非常简化的提炼，让用户一眼看上去认为这篇文章足够"干货"，而且还能节约时间，提高效率。诸如"8个规律""一篇长文""10分钟""22条结论""4个问题"都用数字体现了非常清晰的利益点。

案例 1

男友镜头里的你特别丑？有这简单 3 招就不愁了

你只需 8 分钟就能学会的创意神器

案例 2

修改前：为了留住司机，滴滴雇人打车：这些厉害的互联网公司，初期都是咋推广的？

修改后 10 万＋：你一定不知道，滴滴、美团、陌陌是如何积累种子用户的？

不得不说，修改后的标题的确好！首先它突出了 3 个互联网公司——滴滴、美团、陌陌，它们的拥护者看到了肯定会想点进来看一眼。而且，指向性也更明确了，你说厉害的互联网公司，它们是谁？不明确嘛！再看后面的表述，"初期都是咋推广的"也不如"积累种子用户"明确、有吸引力。毕竟推广是个大概念，涵盖的范围太广了，而积累种子用户则不同，这是很多创业公司的痛点，他们迫切地需要知道如何积累用户。

（5）引用对话

标题想要有共鸣，引用对话是最常见的一种标题类型，最简便快捷的方法就是把"你、我"这两个字加进去。这种对话可以是好友间的对话，就好像读者就在你的对面，有代入感——这篇文章是专门写给他看的。

案例 1

修改前：最值得推荐的 10 部爱情电影

修改后：你一定要看的 10 部爱情电影

以上两个标题放在你的面前，你会看哪个？在信息爆炸的当下，为什么那么多条信息中，大家要看你的呢？所以你一定要给大家一点推动力。

案例 2

修改前：全气候电池革命性突破锂电池在低温下性能的局限

修改后：我们发明了"不怕冷"的锂电池

修改前过度使用专业术语会让用户摸不着头脑，想直接跳过。该篇文章是想强调锂电池的局限，取得了革命性的突破的意思，无非就是电池不怕冷了。修改后的标题简单明了，比如对手机一冷就出问题而有感触的用户会对这篇文章很有兴趣，专业人士看到也会觉得行业有了新的动态，这样受众面更广。

（6）惊喜优惠

优惠类标题是我们最常写的标题。很多人都会放一个促销政策，再加一句煽动号召。我们也可以在写优惠标题的时候，先告诉读者产品的最大亮点：人气旺、销量高、明星青睐、媲美大牌等。然后营造稀缺感，触发读者害怕失去优惠的心理。

案例 1

修改前：欧美当红款包包超低价秒杀中

修改后：INS 上晒疯了的设计师包包，居然只要 1 元钱

（7）戏剧冲突

例如，"熬夜对身体不好，我建议通宵——上美团，夜宵马上到"（美团外卖）。

戏剧化的核心，就是制造矛盾，制造冲突，制造反差。这个技巧最常见于故事型标题中：某个人有着种种矛盾的标签，或者在极端艰难、戏剧化的场景下，做了一些反差非常大的事情。

案例1

她只用了10分钟，就搞定了500万元投资

10分钟和500万元有矛盾冲突点，融资少则一两个月，多则几年。读者看到这个标题，一定会想：文章里会有独到的方法。

案例2

修改前：百万用户推广秘籍

修改后：如何不花一分钱把用户做到100万？

修改前后对比：修改前的文案是普通的管理推广文案，做过推广的人都知道，想要涨粉不花钱是不可能的，可是大家都希望成本越低越好，这里突然出现"可以不花钱效果又这么牛"，自然会让用户想一探究竟。

（8）好奇悬念

当你激发用户的好奇心之后，不立即揭示答案，而是启动一个看上去不直接相关的话题。本来对方注意力已经被你吊起来了，心中有悬念，但你却没有揭示，则用户对答案的渴望会上升。

案例1

女大学生抽奖中了3万斤西瓜！领奖时懵了……

（9）对比法则

这类标题主要以产品或者观念的差异点出发，通过数字对比、矛盾体对比、与常识相违背来制造冲突和比较。在标题里通过比较，放大描述对象某一方面的特点，看上去似乎有点夸张却也不觉得浮夸，让用户更有点击进行进一步了解的欲望，如图5-11所示。

图5-11 对比法则

案例1

修改前：应届毕业生的职场技巧

修改后：毕业两年薪资年入百万秘诀

修改前没有吸引力，而修改后的文案用了夸张的数字法则，效果放大更加吸引人。

案例2

修改前：杭州将迎来低温降雪

修改后：史无前例低温降雪袭击杭州，请备粮过冬

想突出南方比北方冷，前面已经成立，但是冷到什么程度，加了后面一句，更形象、本能地产生恐惧感，更有冲击力。

（10）对号入座

比如："别人公司开的是年会，你开的只是会。"

这个"对号入座"，可以是自己，也可以是你熟悉的一类人。这个法则会让很多人有代入感，比如星座、地域等。又比如朋友圈里经常有与巨蟹座有关的文章，巨蟹座的人就会转发，有的人甚至转发给相关的人。再比如说重庆好，重庆人就会自发地转发起来。

案例1

修改前：在北京的生活状态

修改后：北京，有2000万人在假装生活（2017年阅读量接近千万的爆款文章）

经过修改，很多漂在北京的人开始思考自己是不是在假装生活？什么是假装生活？这就引发观众主动地对号入座了，并同时在想"万一是我，我该怎么改变？"

案例2

修改前：天外有天、人外有人

修改后：你以为你很牛，其实是你圈子弱、平台低、对手怂

以上就是我们要介绍的10大写标题的方法，这些方法确实能大大提高标题的点击率，但是如果只是强行利用各种手段技巧，你可能就会成为一个纯粹的标题党。这一点，我们仍需谨记！

那么，当消费者被标题吸引，打开文案之后，怎么才能激发消费者的购买欲望呢？

2.激发消费者购买欲望

尤金·舒瓦兹在《创新广告》中说道："文案无法创造购买商品的欲望，只能唤起原本就存在于百万人心中的希望、梦想、恐惧或者渴望，然后将这些'原本就存在的渴望'导向特定商品。换言之，文案不能创造购买欲，而是能激发购买欲。"

我们归纳了几种激发消费者购买欲望的方法：文案要有画面感；揭示后果诉求；制造繁荣和流行；让消费理直气壮；自我实现的优越感。

（1）文案要有画面感

人类所有直观的体验和感受都是先由我们的感官去感知的，我们用眼睛去判断美，用鼻子去闻，用耳朵去听，用嘴巴去尝，用身体去触碰。那如何能调动顾客的感官呢？

①动词、名词要比形容词更有画面感。例如"漂亮"一词，尽管是一个约定俗成的形容词，但依然会引发歧义和不解，有人会解释为"五官比例或身材比例完美"，有人会理解为"年轻有活力"，也有人理解成"人格有魅力"。最直接的方法就是站在顾客视角，具象化地告诉顾客，使用这个产品时他的感官都会有什么样的体验，并让这些体验成为具有画面感的文字。

例如："御厨一滴滴往面粉里加水，和成了世界上最硬的面团，又用斧子砍成了面条，

卫公吃了几口，险些噎死。"（摘自王小波《红拂夜奔》）

即使用了"最硬的面团"这类形容词，观者仍然无法共感。但"砍"字这个动词一出，画面感就让"硬"这个抽象的概念跃然纸上了。

再如：市场上的红星二锅头，同样是一款历史悠久、受众偏"70后""80后"的烈酒产品。该营销案例将产品与兄弟情链接，用词充满阳刚色彩、硬汉风格，其中"灌进喉咙""放倒兄弟"等动词的使用，不仅符合烈酒产品的调性，也让情感表现更加激烈和热血，如图5-12～图5-14所示。

图5-12　红星二锅头海报（1）

图5-13　红星二锅头海报（2）

图5-14　红星二锅头海报（3）

②比喻能让读者的脑袋轻松一些。在文案所要激发的概念能在头脑中产生清晰的视觉画面感时,最容易让人产生印象。文字抽象,画面具象,所以现代人爱看电视电影,因为看书费脑,读了文字,得理解,得靠想象力将它转换成能理解的画面。而比喻是最好的文字视觉化的转换器,读者视觉转换越省力,文案和受众的隔阂就越小。比喻可用在完全不相干的两类事物间,然而它们之间的"神似"却能极大地唤起观者的想象力,让他们在产生共鸣的同时不禁拍案叫绝!

例如:"香飘飘奶茶一年卖出三亿多杯,杯子连起来能环绕地球一圈,连续七年,全国销量领先","三亿多杯"是多还是少呢?消费者对单纯的数字并无概念,但将这些杯子连起来"能环绕地球一圈",不仅画面感十足,也让观者产生了"原来香飘飘奶茶销量这么多"的惊叹!

(2)揭示后果诉求

总的来说就是利用人们趋利避害的心理。首先我们要清楚,人们会恐惧什么?其实恐惧的源头就是害怕失去。害怕失去健康、名声、地位、生命、金钱、朋友、已经得到的东西。但是知道了产品对应的用户痛点,我们还要塑造产品的使用场景、严重后果及对应合理的解决方案。

每年,全球超过 480 万人因烟害而早死(戒烟广告)(见图 5-15)。

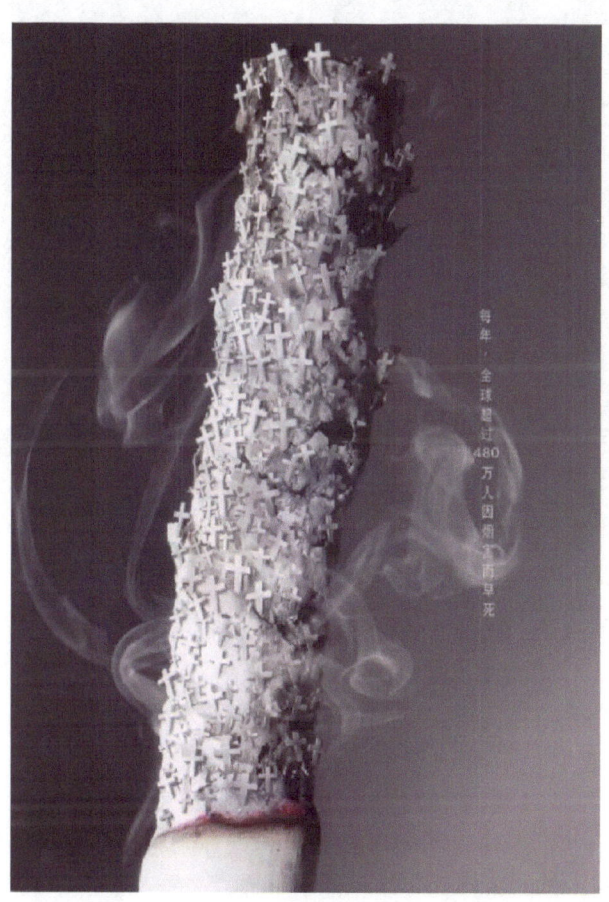

图 5-15　戒烟广告

如果我们不结束战争，战争就将结束我们！（反战广告）

其实有些人，我们已经见过这辈子的最后一面了。

根据实验研究结果得知，当人接触到恐惧的事物时，人体会提升肾上腺素，创造出原始和本能的"自救"的反应，从而产生自救性的消费欲望。特别提示，做广告，诚实是最重要的。

对于揭示后果诉求的使用，主要可以参考省事型、预防型和治疗型这3种方法。

①省事型。神州专车：我怕黑专车——神州专车广告描述的恐惧诉求 = 车里一个怪蜀黍（痛苦场景）+ 心存侥幸，身处险境（严重后果），对消费者有没有对比就没有危害，不使用我们的产品，你就摊上大事了的心理暗示（见图5-16）。

图5-16 神州专车《我怕黑专车》

同样是打压竞争对手，杜蕾斯的玩法很高明："致所有使用我们竞争对手产品的人们：父亲节快乐！"

②预防型。"别让你的孩子输在起跑线上"是一个典型的案例。

"怕上火，喝王老吉"（王老吉凉茶）

例如："我从来不看《经济学人》——管培生，42岁"（《经济学人》杂志广告）（见图5-17）这个叫管培生的人你是不是不知道他是谁？因为他不看《经济学人》。如果你不想像他一样默默无闻，你的选择就应该和他不一样，去看《经济学人》杂志吧。

假如你的产品让用户做的这件事，正好能够让他不变成他不想成为的人，那么他就愿意选择你。最终你要做的，就是把他们不想拥有的标签与你的产品建立联系。

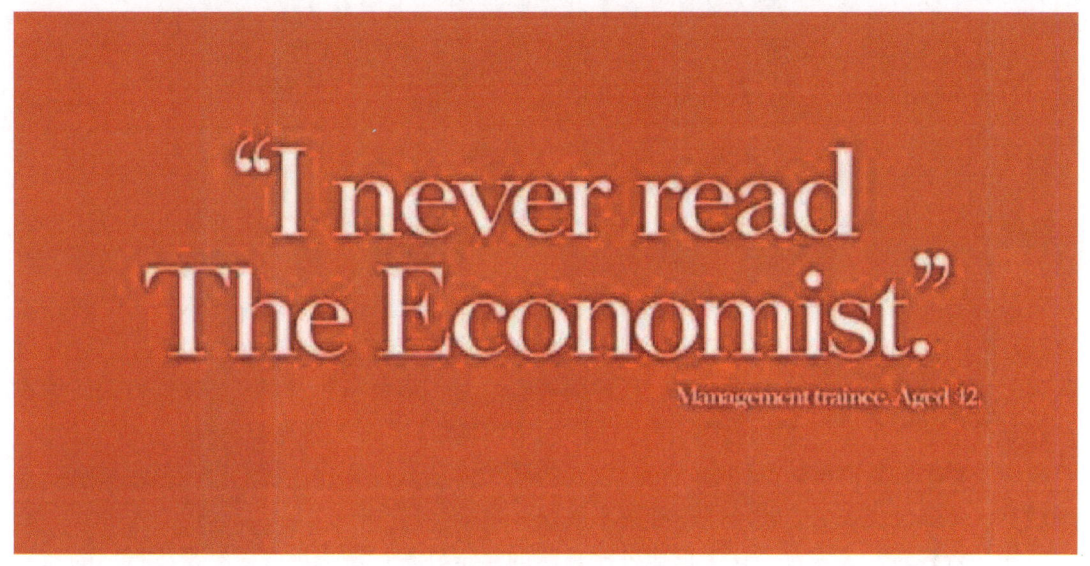

图 5-17 《经济学人》杂志广告

泰国糖尿病协会（Diabetes Association of Thailand）推出公益广告，告诉人们吃甜食太多会引发糖尿病。如图 5-18 ～图 5-20 所示，这是一组相当恶心又吓人的海报：人类的四肢上，仿佛长出了溃烂的脓疮。大特写的画面简直要把有密集恐惧症的人逼疯。不过先别急，仔细看，你会发现这些"伤口"都是用巧克力酱、奶油、糖霜等伪装出来的。

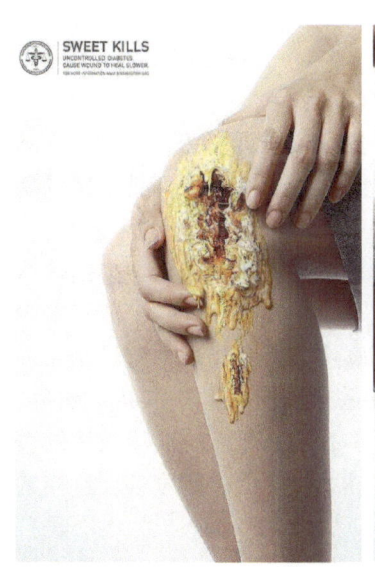 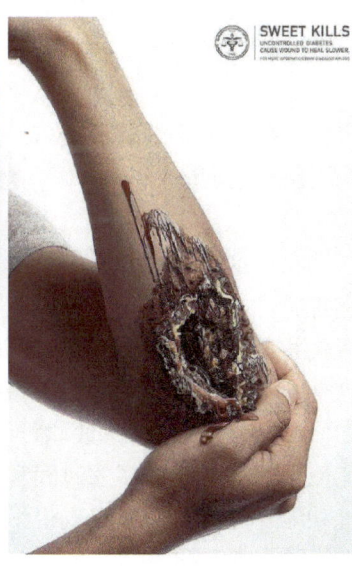 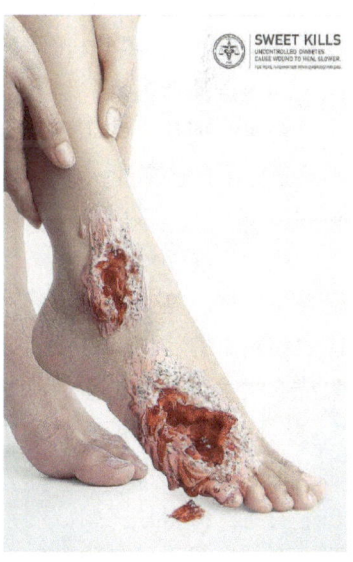

图 5-18 泰国糖尿病协会（1）　　图 5-19 泰国糖尿病协会（2）　　图 5-20 泰国糖尿病协会（3）

③治疗型。

得了灰指甲，一个传染俩，问我怎么办，马上用亮甲。（亮甲广告）

弹弹弹，弹走鱼尾纹。（丸美广告）

脚气是穿出来的，68%人的脚气是臭袜子所致的。（竹炭防臭袜子广告）

在使用恐惧诉求的时候，一定要注意降低决策成本和执行难度。要给对方一个足够简单、容易执行的解决方案。同时要注意在唤起恐惧的过程中，威胁的易遭受性往往比严重性要更关键。

（3）制造繁荣和流行

罗伯特·西奥迪尼的《影响力》作品中提到"社会认同原理"，指的是人在群体中的行为往往会受到他人的影响，甚至会根据周围人的反应做出相应的反应。有一个关于"喜茶"品牌的案例：喜茶店外排队、店内多客等现象以简单直接的方式向"未知者"传递了喜茶好喝的信息，31%的购买者对"夸张"的长队产生好奇，想要"尝尝"喜茶。科学家认为，这种内化的群体行为就是我们所称的社会学习，从很小的时候，当我们看到团体成员做某件事情的时候，大脑会因为我们跟从了他们的脚步而奖励我们。有一个个人经验，当我们去日本旅行时，过马路会不由自主地排队，而从众排队会让我们自在很多。从众心理还有一种降低损失的自我暗示，如果不从众，感觉会损失什么。

比如就餐时，大家都会认为门店外排长队的肯定好吃；淘宝里"按销量排行"的商品性价比一定最高，等等。当广告主是大企业，在文案中列出该产品的销量、用户量、好评量等数据，就能让读者更想去购买。

香飘飘奶茶：连续五年，销量遥遥领先，连起来可绕地球十圈。

拼多多：3亿人都在拼的购物APP。

唯品会：注册会员突破一亿。

但是如果广告主是中小企业，直接列出销量数据就会很寒酸。此时可以尝试突出描述某一次或几次的畅销现象，同样可以给读者这样的畅销错觉。比如：某某某品牌红酒，"双11"仅一天就销售了1000瓶，淘宝店备货已告急。

（4）让消费理直气壮

购买合理化，其实就是为自己的购买找个合理的借口。当我们告诉消费者，这个产品不只是为了自己享受，更是为了周围的人或集体好的时候，会更容易激发他毫无愧疚感的购买欲。

比如，在20世纪50年代，洗衣机这个产品刚进入日本市场的时候，在日本的销售情况并不太好。某广告大师看了广告后，发现广告全文都是在写买了这台洗衣机会节省多少体力和精力等。要知道在那个年代和日本的文化背景下，家庭主妇要求丈夫为自己购买一台洗衣机是很丢脸的事，很怕丈夫觉得自己是因为懒惰不愿意干家务而买洗衣机。然后，大师对原广告仅做了表述方式的修改，就使得洗衣机风靡日本，销售量猛增。修改后的表述大意是这样的：这台洗衣机能使主妇们节省更多的时间和体力去干更多的家务。这样的一个表述就可以让主妇们理直气壮地要求购买一台洗衣机了，因为她买洗衣机为的不是自己，而是为了干更多的家务，也为了丈夫和孩子。

①补偿自己。如果一个人觉得自己已经为别人付出很多了，或者为了某一个目标付出了太多，他就会想要"补偿"一下自己。比如：

那些以建设城市为自豪的人，比任何人都更有理由，在这个城市拥有一个家。（万科，如图5-21所示）

第五章 广告创意与设计执行技巧

图 5-21 万科（1）

每一个认真生活的人都值得被认真对待。（蚂蚁金服）

上班：重复的工作节奏。下班：千变万化的身体节奏。（李宁：运动让女人发现更多）（见图 5-22、图 5-23）

图 5-22 李宁《运动让女人发现更多》（1）　　图 5-23 李宁《运动让女人发现更多》（2）

②激励自己。主要是求上进，为了能力提升、人脉拓展、事业发展等。

有一个安放身心的支点，所有梦想，都可以勇敢去追求。（万科）（见图 5-24）

图 5-24　万科（2）

世界那么大，我想去看看。（顾老师《仅十个字的辞职信》）
想要结为夫妻，先去旅行一次。（钱钟书）
所有的精打细算，都是在为爱打算。（支付宝）（见图 5-25）

图 5-25　支付宝

视频文案"有时候，不懂他选择的人生，是因为没见过他所见的风景。启程，去旅行，看看不同的世界。"（TripAdvisor 猫途鹰）

视频文案"第一次来洛杉矶的时候，本来有老朋友说要做全程地陪，但却临时有事，放了我鸽子。这几天，都是自己靠 TripAdvisor 寻找附近的餐馆。比如今天这家当地排名第一的牛排 19 号餐。牛肉很棒，酱汁也是第一次吃到，这几天反复吃过几次。今天，老板过来招呼，问：为什么好几天都是一个人来吃饭？我说：因为第一次来这里，还没有朋友。老板听完，笑了，举起酒杯跟店里的所有客人说：看啊，她竟然说自己在这里没有朋友，谁愿意做他的朋友，来和他喝一杯！于是，今晚，我和 37 位陌生人成了朋友，和他们一起喝酒、聊天、唱歌。老同学说：哈，你不光吃到了最地道的美食，还认识了最真实的洛

杉矶。"（TripAdvisor 猫途鹰）

图 5-26　滴滴专车

③感恩补偿。如果一个人觉得别人为了他付出很多，而自己却付出很少，那他就会产生对别人的愧疚感，想要做出一些补偿别人的行为。

父亲节，送给爸爸的礼物——金利来。（金利来领带）

职场妈咪是世界上最辛苦的职业，365天24小时随时待命，下班比上班8小时还累，周末比平时还辛苦。她们最大的愿望无非是，周末睡到自然醒，每天都有好心情。以为很难，直到威王出现，一切轻而易举。（立白威王）

告诉用户，应该回报身边的那些人，并且告知为什么你的产品可以作为这种补偿！

不再担心出差航班Delay还要独自赶去酒店，因为不论多晚总会有一个人打着双闪在等我。（滴滴专车）（见图5-26）

④追求健康。保持健康、增强体质、减少疾病风险、消除患病痛苦，这些既是人类生存的基本物质需求，也不断进阶衍生永无止境的欲望。

在真正的白马王子出现之前，像王子一样好好保护她。（中国台湾奇美液晶电视）

爱心妈妈，呵护全家。（舒肤佳）

不伤手的立白。（立白洗衣粉）

每天一斤奶，强壮中国人。（蒙牛）

不是所有牛奶都叫特仑苏。（蒙牛）

上班：时时刻刻全心全力。下班：分分秒秒挑战耐力。（李宁）（见图5-27）

图 5-27　李宁《运动让女人发现更多》

按你本来的样子生长。(出自西安欧亚学院投放在西安地铁的广告)

（5）自我实现的优越感

在马斯洛需求理论里，被人尊重的需求属于较高层次的需求，大多数人都处于向尊重需求进发的路上。被尊重就是自我认可带来的自我实现的重要表现，并在周围人中产生优越感。这种优越感，既包括对成就或自我价值的个人感觉，也包括他人对自己的认可与尊重。

好的文案就是得激发出消费者的好胜心和对美好愿景的向往，好胜心不仅是要胜过别人，还要胜过自己："拥有我们的产品标志着你将会进入一个新的段位，变得更美，变得更聪明，变得更强大，变得更有魅力，变得更招人羡慕。"

优越感除了有经济、物质优越感外，还包括外貌、道德、智商的优越感。

图 5-28 奔驰《骑士精神》

"人生的高度，取决于信仰"（梅赛德斯奔驰 SUV 家族）（见图 5-28）；"天地即征途"（梅赛德斯奔驰 SUV 家族），创造了一种骑士精神的优越感。

2016 年 3 月是德国汽车巨头宝马公司历史上首个百年庆典的时刻，就在为了生日派对忙碌的时候，却收到了一份来自对手的"生日贺卡"。看了奔驰贺宝马百岁的广告，微博上的达人就按捺不住要将它翻译成中文，有感动、有诙谐、有机智，但最让人肃然起敬的是胸怀（见图 5-29）！

宝马百岁，三叉星辉贺：

感谢一百年的竞争！没有宝马的那 30 年，是有点儿无聊！（注：奔驰 130 岁。）

那将是多无聊的一件事啊，如果没有宝马的伙伴一路同行：最创新的科技、最酷的设计、最好的

图 5-29 奔驰贺宝马百岁的广告

顾客满意度！当然，还有销售、市场份额、利润……

因此，我们来了，贺老朋友的百岁生辰！

当然，我们也要做点儿表示：

下周，奔驰博物馆邀请宝马的伙伴们免票参观！在这儿，宝马的小伙伴们可以了解宝马出生前30年的汽车历史！驾驶宝马来的小伙伴，我们邀请您将宝马停在奔驰博物馆最棒的螺旋球入口正前方！每天最先抵达的50位巴伐利亚（宝马）小伙伴儿，在漫步一圈儿后，奔驰博物馆餐厅还将提供一份施瓦布人（奔驰）特色小吃：酸饺子！

感谢一百年的竞争！生日快乐！BMW

这是不是也给了奔驰消费者一个转发的优越感呢？130年的有胸怀的王者！

图 5-30　人头马

"一生／活出不止一生"（人头马）是说喝人头马的人生活都是丰富多彩的（见图5-30）。

再看世界第一名表 Patek Philippe（百达菲丽）的广告语："你永远不能真正拥有一块百达菲丽，你只是为你的后代珍藏。"简单的话道出了不少人心中的故事，如果你有如此珍品，会将它给谁呢？这也创造了拥有者的收藏优越感，没有这块表的人是不是找到了一个购买它的理由呢？

还有某教育机构打出的广告语："不要让你的孩子输在起跑线上。"这就是智商优越感引发的自传播广告语。这些都是把消费者往高处拉的引导性文案。

以上就是激发消费者购买欲望的5个方法。当我们的文案激发了消费者的购买欲望之后，接下来就需要解决他们的信任问题了。如果消费者不信任我们所说的，一切都是白搭。那如何赢得读者的信任呢？

3. 快速赢得读者信任

大卫·奥格威（见图5-31）有一句话："消费者不是低能儿，她们是你的妻女。若是你以为一句简单的口号和几个枯燥的形容词就能够诱使她们买你的东西，那你就太低估她们的智商了。她们需要你给她们提供全部信息。"

图 5-31 大卫·奥格威

我们对广告宣传持有本能的警惕性,如果说激发购买欲望是给顾客购买找到感性依据,那么赢得顾客的信任,就需要在文案中给顾客呈上一个理性的依据了。这里总结了 4 个赢得读者信任的实用方法:转嫁给权威专家;讲事实最可信;买家证言更可靠;解除后顾之忧。

(1)转嫁给权威专家

做好权威转嫁,一是塑造权威的高地位,在行业举足轻重,所有人都希望得到他的认可;二是描述权威的高标准,一般人无法获得,得之不易。

用脉脉,打通职场人脉(脉脉)

脉脉拍摄了两条励志广告,分别请搜狗 CEO 王小川和分众传媒 CEO 江南春做代言,讲了他们的创业故事,阐述了自己的成功和人脉之间的关系,以此来证明人脉的重要性。脉脉借王小川和江南春的权威之口说出"用脉脉,打通职场人脉",以此建议大家用脉脉(见图 5-32、图 5-33)。

图 5-32 《脉脉》王小川

图 5-33 《脉脉》江南春

(2)讲事实最可信

"想让消费者信任你的产品,得先让他们相信你的文案。"如果消费者不信你说的话,那你写什么他都不会往心里去,自然谈不上所谓"卖点"。比如保温杯文案,当你说"3层保温技术,锁住你的热量"时,消费者的第一反应是什么?可能是:3层保温技术是哪3层?锁住热量能保温多久?以及最最关键的,我凭什么相信你说的话?对于广告,消费者都是有防备心理的,很难在短时间内让他们相信你的卖点是真的。总之,用户不会轻易地信任任何广告文案。

那我们应该怎么办呢?答案很简单。如果你想用一句话获取用户的信任感,让他愿意跟着你往下看,就必须让他感觉到你写的不是"广告",而是"事实"。比如同样是保温杯,你先说:"早晨倒进一杯水,8小时后还烫嘴。"这样写,表明你是在描述一个你观察到的事实,而不是在写一个广告。而这时候,消费者如果真的需要一个保温杯,他首先想到的不是"质疑"(因为你没给他任何承诺),而是好奇你是怎么做到"8小时后还烫嘴"的,然后跟着你的引导一步一步地读下去。

我们中国人有句老话:"事实胜于雄辩。"再有力的吆喝,都比不过客观地展示某个具有说服力的事实。这也是为什么抖音上很多人卖农产品卖火了的原因,因为短视频这种形式可以非常直接地展示农产品的"质量"和"真相"。

在文案中,一个很容易被验证的信息是人们所共有的那些"糟糕记忆"。比如一个防蚊喷剂的文案:"你所期待的野外聚会,也是1000只蚊子的超大宴会。"我想很少有人会认为这句文案是不真实的,因为消费者基本上都有在外面玩的时候被蚊虫叮咬的经历,很容易就可以判断出文案的真实性,从而跟着你的节奏了解你的防蚊产品。

(3)买家证言更可靠

在《影响力》这本书里,作者给大家指出了产生影响力的6大武器,其中之一就是:社会认同。"我们在做选择时,会经常参考别人的意见。"虽然我们总认为自己是理性的,但对于一个未知的东西,我们会很轻易地"跟着别人走"。

人们在做决策时也一样,会优先参考其他人的做法。这就是榜样的力量。

在你的文案中,可以试着加入一些真实的成功案例,成为获取消费者信任感的武器。比如你卖橙子,可以这么写:"曾经有个客户总是纠结我们不包邮的问题,但自从吃过一次我家橙子之后,在一个月之内紧接着又买了4箱。1箱给父母,1箱给丈母娘,1箱给老板,1箱给自己,而且都没包邮!"这样写,比单纯去讲"果肉嫩滑多汁,让你吃了还想吃"要有效多了。

我们会根据豆瓣的评分决定是否去看这场电影;也会因为卖家秀而"长草"或者"拔草"。所以可以看出,其他消费者的选择会对人们的决定产生很大的影响。可以说:一流证言文案=破解更大焦虑+树立幸福榜样+激发向往憧憬。

比如奥斯汀轿车文案"我用驾驶奥斯汀轿车省下的钱,送儿子到格罗顿学校念书",文案的前半段说的是一个外交官最近换了一辆奥斯丁轿车,他们家用车一直非常频繁,在一次吃晚饭的时候,他琢磨出"我用驾驶奥斯汀轿车省下的钱,送儿子到格罗顿学校(美国非常牛的学校)念书"(见图5-34、图5-35)。

图 5-34 奥斯汀轿车报纸广告

图 5-35 奥斯汀轿车（博物馆展品）

虽然奥斯汀这个品牌已经消失了，但当时奥格威这篇广告取得了很大的反响，甚至惊动了《时代》周刊和格罗顿学校校长。奥格威的证言文案，其厉害之处就在于他独特的消费者心理洞察。他没有着重去写这车子性能如何好，而是从节省、孩子教育这个角度出发，非常符合一个真实中年男人的心理状态。

（4）解除后顾之忧

即便消费者对你的产品已经非常动心了，但是在完成最后购买时，消费者还会担心以下 3 类问题。

◆ 产品：产品收到后不满意怎么办（能否退货）？坏了怎么办（是否保修）？（见图 5-36）
◆ 服务：邮费、安装费谁来承担（是否包邮，是否有运费险），是否送货上门？
◆ 隐私：购买一些隐私产品时，送货会不会被人发现？

这些都是需要提前就告诉消费者的，他了解得越多，就越能建立对你的信任。

图 36　商家承诺

大众甲壳虫汽车有一篇文案，就将化解客户顾虑这一点写得淋漓尽致："这辆甲壳虫没通过测试。仪器板上杂物箱的镀铬装饰板有轻微损伤，这是一定要更换的。或许你根本不会注意到这些细微之处，但是检查员科特克朗诺一定会。我们在沃尔夫斯堡的工厂中有 3389 名工作人员，他们唯一的任务就是：在生产过程中的每一阶段检验甲壳虫（我们每天生产 3000 辆甲壳虫，而检查员比生产的车还要多）。大众汽车常因肉眼所看不出的表面擦痕而被淘汰。最后的检查更是苛刻到了极点！大众的检查员们把每辆车像流水一样送上检查台，接受 189 处检验，再冲向自动刹车点。在这一过程中，被淘汰率是 2%，50 辆车总有一辆被淘汰！对一切细节如此全神贯注的结果是，大众车比其他车子耐用，却不需要太多保养（这也意味着大众车比其他车更保值）。我们剔除了酸涩的柠檬（不合格的车），给您留下了甘甜的李子（十全十美的车）。"（见图 5-37）

图 5-37　甲壳虫报纸广告

文案中着重强调了车辆出场检查的苛刻，检查员的人数多，检查步骤繁杂，检查标准高……其实就是为了给消费者化解购买时对车辆质量不符合标准的顾虑。看完之后，消费者真的很放心！值得注意的是，在广告中讲事实是一种契约承诺，消费者之所以愿意相信事实，是因为当你对事实说谎时，消费者可以追究你的法律责任。

4. 引导消费者马上下单

到此你终于打消了消费者的顾虑，消费者将产品加入了购物车，准备拿出钱包付款了。这个时候，消费者往往都会去衡量购买产品带来的好处和即将失去金钱的痛苦。他开始犹豫和考量是否真的需要完成这次购买。

这个时候，可以用以下几招引导顾客下单：降低用户决策成本、价格锚点、算账对比、稀缺性（限时限量限身份）、使用场景。

（1）降低用户决策成本

这个月的预算好像超标了，要不等到"双11"再买（金钱成本）；买了这款包别人会不会觉得我傻啊（形象成本）；这个乐器会不会太复杂了，我要是学不会，买了可能会闲置（学习成本）；这堂课程是挺好的，但又要注册又要推荐码，好麻烦（行动成本）；这款蛋糕真的很好吃，但是吃完了肯定会变胖，还是不要买了（健康成本/形象成本）……算了，还是不要买了吧！你看用户在最后掏钱的时候就是这么纠结，最终影响消费决策的有6大消费者成本，包括金钱成本、形象成本、行动成本、学习成本、健康成本、决策成本等。作为广告人，就需要准确识别消费者可能要付出的成本，并予以"弥补"，降低他们的消费成本，这样消费者才可能毫不犹豫地下单。

（2）价格锚点

价格锚点，是在1992年由托奥斯基提出的，他认为消费者在对产品价格并不确定的时候，会采取两种非常重要的原则——避免极端和寻求对比，来判断这个产品的价格是否合适。

①避免极端。在有3个或者更多选择的时候，很多人不会选择最低或者最高的选项，而是更倾向于选择中间的那个产品。

②寻求对比。有人做过这样一个实验，他们把消费者分成两组（A和B），分别问一种消炎药值多少钱。

A组：你觉得这盒消炎药多少钱？结果是，大部分估价50元左右。

B组：你觉得这盒消炎药价格是高于还是低于500元？结果是，即使B组所有人都觉得这个感冒药不可能有500元，但是他们仍然估出了不合理的高价格：200元。

在这里，B组消费者刚开始被问的"500元"就是一次锚定，它让消费者对产品的估值提高，而且一切都默默地发生，潜移默化。当消费者无法判断产品的价值高低的时候，他们会选择一些同类的产品去做对比。比如对比同类产品中热销的产品价格趋势，让自己有一个衡量的标准。通过利用价格锚点招数，或者利用产品对比和暗示来制造一种幻觉手段，来获得消费者对产品价值评估的认可，从而促使消费者下单购物。比如："你用着上千块的香水，但是却用39元超市洗发水（见图5-38）。"是不是立马觉得自己用的洗发水太便宜了？

图5-38 洗发水Banner

（3）算账对比

当消费者准备买单的时候，他可能要开始算账了，也许他会觉得这个东西家里已经有类似的了，没必要买了，或者他觉得好像有点贵。这个时候你不妨帮他去算个账。

在关健明的《爆款文案》一书里写了两种算账方法能让消费者觉得很划算——平摊和省钱。

①平摊：当产品很耐用，但价格比较高时，我们可以把价格除以使用天数，算出一天多少钱，让他感觉划算。比如一个洗碗机2800元，几乎和一部手机价格一样了，当你告诉消费者一天只要1.5元，就能让他从油腻的厨房里解放出来的时候，消费者就不会再因为价格而担忧了。又例如把199元钱一年的网课，分摊成5毛钱一天。

②省钱：如果产品节水、节电或替代其他消费，帮他算出每年或是10年能帮他省多少钱，当他发现很快可以回本的时候，他就觉得购买是划算的（见图5-39）。

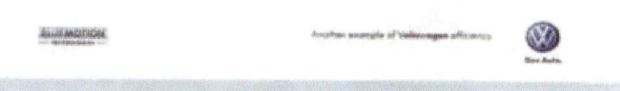

图5-39 《BlueMotion》大众汽车报纸广告

除了这两个方法，还可以增加产品的附加价值，让消费者感觉赚了。

看看兰蔻这个"双11"的促销广告，小黑瓶单瓶1480元，但是买一个就能同时拥有其他9个商品，消费者一下子感觉赚了（见图5-40）。

图 5-40　LANCOME 广告 Banner

（4）稀缺性（限时、限量、限身份）

这应该是百试不爽的一招。限时、限量、限身份其实就是打造产品或者优惠的稀缺性，利用饥饿营销心理去促使消费者完成购买（见图 5-41、图 5-42）。

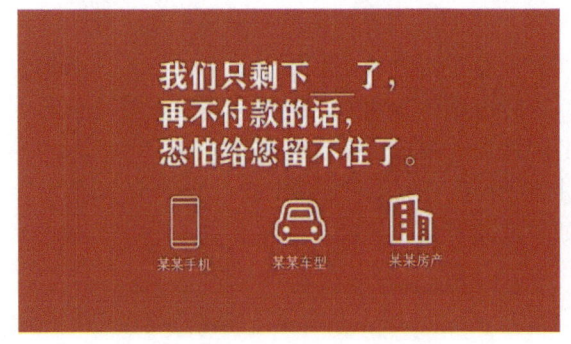

图 5-41　限时限量限身份示例 1

图 5-42　限时限量限身份示例 2

而说到限制身份及稀缺性的打造，那就不能不说 DR 钻戒案例：男士一生仅能定制一枚。DR 钻戒（Darry Ring）品牌从诞生起便立下浪漫规定，男士凭身份证一生仅能定制一枚，赠予此生唯一挚爱的女士，寓意"一生·唯一·真爱"。购买时，签署一生唯一真爱协议，终生不可更改（见图 5-43）。

（5）使用场景

你有没有发现，我们多数消费都是冲动消费。这条裙子很美，这个榨汁机也好想要，尽管马上就把这些东西放进购物车了，却迟迟未下单。为什么呢？因为我们

图 5-43　DR 广告 Banner

缺一个马上要用它们的场景。不要告诉你的读者，随时都可以用。你应该去为消费者设计这些可能的场景，帮他们去想象拥有这件物品，将会马上获得怎样的幸福和快感。

在焖烧罐刚推出来的时候，很多人就特别心仪，当时想着焖烧罐可以节省时间煮粥。而文案则细化了这些场景，户外旅游或者带上孩子野餐时有新鲜干净的食物；远途出差乘坐火车时，别人吃着泡面，你的焖烧罐中却是一碗香喷喷的汤，这些场景都促成很多人最终购买了焖烧罐（见图5-44）。

图 5-44　焖烧罐 Banner

（四）文案创作流程与写作技巧

1. 从策略层面进行思考

在你刚接收到一份创意简报时，先不要急着动笔，而是要和广告策略人员一起工作，从策略层面进行思考，明确以下几个要点。

（1）核心诉求

品牌的核心诉求是什么，文案就得围绕这个诉求展开来写。比如海飞丝的诉求是"去屑"，那么它的文案所要传达的核心信息就是"去屑"。

有一些品牌在不同发展阶段会更换诉求，比如京东"6·18"。2016年，京东"6·18"主要强调商品的高品质和购物的体验感，所以整个活动的广告语是"认真购物，买点好的"，TVC 和海报里的文案要么表现"高品质物品给用户带来的乐趣"，要么表现"京东如何用心给用户提供高品质服务"。而后来，京东想鼓励忙碌的用户"年中时，休息一下，犒赏自己"，所以2017年流出的 TVC 的广告语是"打破忙碌"，其后续放出的其他广告的文案也传达了"打破忙碌"这一诉求。从以上两个案例可以看出，品牌诉求有功能性诉求和情感性诉求，你的品牌适合传递哪一种诉求，这也是需要同步考虑的。

（2）市场认知度

有一些新品刚刚诞生时，用户根本不知道它的存在，甚至不知道它是干嘛的，此时文案就不需要考虑太多的品牌诉求了，而是主要告诉用户"我是谁，我能干嘛"，先让用户了解品牌。就像可口可乐刚刚诞生时，社会大众根本不知道可口可乐是什么，所以它最早的广告语是"请喝可口可乐""高品质的饮料"这一类，着重告诉用户"我是一种可以喝的东西"。后来它风靡全球了，广告语才传递"分享""快乐"的品牌诉求。

（3）文案调性

文案调性主要受以下两方面的影响。

一是品牌调性。你的品牌是什么调性，优雅还是平民，端庄还是逗比，走文艺风还是运动风……如果耐克球鞋的文案是"漫步世界，岁月静好"你还觉得它"燃"吗？

二是受众特征。写文案就好比在跟受众说话，你跟不同性格、不同学识的人说话会用不同的口吻，文案也一样。淘宝在网络上的宣传语是"淘！我喜欢"，这主要是给年轻人看的。而它在农村的文案则是"生活要想好，赶紧上淘宝"，特别接地气。

明确以上三点，文案的策略思考基本完成。

2. 构思内容和类型

（1）文案目的＋文案呈现场合

文案内容受文案的目的和文案呈现场合共同影响，所以在写文案前，先问问你的文案将出现在什么地方，是用来干嘛的？如果是发布在新媒体上用来制造传播的，那就得出奇，最好结合当下某个热议话题，这样才能有话题，有声音。假如一款茶品牌想在微博上进行事件营销，而微博传播的主题是"上班困了，喝杯XX"这么无聊的话题，谁想看呢？

主题要是无趣，文章一定没人气。如果你的文案是放在促销海报上，用来提升销量的，那应老老实实地写产品功能，介绍降价打折之类的信息，就不要再说什么"买了某家的茶，享受美好的一天"之类的傻话了。

（2）文体类型

文案的文体类型大致可分为4类。

①叙述型。把想要传达的信息写出来，就像在跟人说话一样，可以用质问语气、反问语气……总之，应写得生动且有感染力，直戳用户痛点。写这一类文案时，可以假设你在跟朋友说话，把你想要表达的信息说给他听。

②故事型。故事型的文案如果撰写得当，是最能在互联网上引起轰动的。其原因主要有两个，一是人们天生爱听故事；二是故事中有人物，有行为，一旦这个人的行为唤起受众的某种情绪，他们就会忍不住关注、参与、传播。所以现在很多新媒体爆款文都在讲故事，比如《我为什么要辞职去卖肉夹馍》《对不起，我只过1%的生活》。蚂蚁金服很多海报都在讲述普通人认真赚钱的故事，从这些故事中，我们能看到自己为钱奔波忙碌的身影，特别能引起共鸣。

③特殊文体型。我们经常会看到网络上有很多文案写得很有意思，比如：寻人启事、招募令、辞职信等，这些都是应用文，采用应用文的形式来写广告文案，特别有趣，符合新媒体时代特征。

④篡改当下流行语，改编歌词。改编时要充分利用流行文化，日常用语。例如海飞丝的"别让你的头皮屑陪我过夜"就是由歌曲改编而来的。

以上就是在构思文案内容和选择文案类型时要去思考的要点，当明确了前面提到的所有要点后，就可以开始动笔了。

3. 如何写出好文案

如何写出好文案，最常见也是最受推崇的技巧有4种。

（1）触碰人性

我们经常看到干货类文章讲到文案要激发受众的恐惧心理、勾起受众的愤怒情绪、利用受众的好奇心，等等，其实不管是恐惧、愤怒、好奇心，抑或是偷懒、贪婪、炫耀，这些都是人性，所以第一类型的文案就是要触碰人性。

- 钢琴广告文案——"学钢琴的孩子不会变坏"利用了恐惧心理。
- 中国台湾全脸超市广告文案——"把钱花得漂亮是本事"利用了炫耀心理。
- 发布会文案——"为什么贝多芬双耳失聪却仍然可以继续创作"利用了好奇心。

（2）把产品优势转化成用户利益

产品再好都是品牌主的事，跟用户没关系，没关系自然就不关心，唯有产品的优势能为用户带来利益，他们才会关心。

假如为英语培训学校写文案，如果你只是写"拥有国际一流教师，校内环境幽美"，客户一定会反对。但是如果你把学校的优势转换成学生的利益如"拥有国际一流教师，仅需 3 个月，你就能跟老外自由沟通"，那这个就跟用户有关了，用户一看效果这么好，马上想深入了解。

（3）给文案添加"视觉感"

这一点我们在前面提到过，这里举两个具体的具有启发意义的例子。人类对抽象的事物感知力不强，所以得把抽象的事物写得形象化，让它们在用户大脑中形成视觉画面，这有助于他们理解。这一类文案包含两种：

一是把抽象的事情视觉化。比如 iPod 的文案要传达"容量大"这一特点，它不讲储存量大，也不讲内存空间有多少，而是说："把 1000 首歌装进你的口袋"。再例如文案不要写"这是一个美丽的女人"，而要写"这是一个巴掌脸、大眼睛、高鼻梁、身材高挑的女人"，前者的美女形象是模糊的，后者的美女形象就清晰多了。

二是描写用户使用场景。假如一款豆浆机具有制奶茶的功能，需要你写几句文案描写这个功能，如果你只是写"拥有制奶茶功能，能为你制出香甜奶茶"这样的文字，就显得冷冰冰，没有感染力。但是若改为："午后，和好姐妹相聚一堂，来一杯香甜的奶茶。"这样就描写出一众小姐妹享受下午茶时光的场景，用户容易产生代入感。

（4）把陌生事物类比成受众熟悉的事物

假如一个美国人从来没听说过微博，你要写一句话向他介绍微博，只需要写"中国版的 Twitter"，他自然就懂了。Twitter 是他脑海中原有的认知，通过这一类比，他把脑海中对 Twitter 的了解调出来帮助了解微博，比你写 100 句话 360 度全方位介绍微博都要强。

除了以上提到的 4 种方法，还有其他很多方法，大都简单好理解，例如，用数字说话、正话反说、谐音双关等文字游戏、押韵、制造反差。

最后，介绍一个文案写作的重要原则，那就是多用动词和名词，少用形容词，避免用自嗨词。尤其在写故事型文案时，唯有动词和名词才能真实生动地把情节、场景描写出来，一旦加入过多的形容词，就等于加入作者过多的主观感受，容易失真，容易引起读者的反感。

不是所有的文案撰写工作都需要经历和考虑这三个步骤及技巧的。例如写电商产品页面文案可以直接进入第二或第三步骤，写产品上市倒计时文案在第一步骤可能只需考虑品牌调性。总之，药方虽好，对症下药才是关键。

（五）标题的速成技巧

在这里总结 19 条标题技巧。

第一条，有研究机构分析了 200 多篇最热的网文标题发现，28% 的标题用了 6W（who

谁，what 什么，when 何时，where 何地，why 为什么，how 如何做）。比如，"如何判断你是否走在人生的正确轨道上？"或"如何一周工作 80~100 小时还能拥有自己的生活？"，它们都在回答一个具体的问题。

第二条，还是上面那个调研分析，27% 的最热文章都用了"你"这个词，而且这个结论扩展到最热的 1000 篇文章也适用。

第三条，多用数字！比如："搞不定这 3 件事，你的职场注定碌碌无为""聪明人绝不会在职场上说这 11 句话"。数字有着天然的魅力，特别吸引眼球，从心理学角度，它会暗示人们：这件事不难，只要做了文章中的这几个要点就行了，所以会吸引用户点击。而且在汉字中间，数字很显眼，特别容易跳出来。

第四条，惊悚。就像人们看恐怖片时的感受一样，不敢看又想看，就是捂眼也会偷偷从指缝中瞧一瞧。

第五条，性暗示，人类天然对于性暗示有着十足的敏感，所以，只要别越界，可以适当用一下。

第六条，借用当前时事热点，只要是新闻排行榜靠前的，都可以考虑借用到你的标题里面来，但一定不能生搬硬套，要让读者看正文后仍然觉得没有被忽悠。

第七条，利用叛逆心理。"千万别看"就是千万个人就是要看！"不喜勿进"就是非进不可！

第八条，借用名人名品牌。名人就是眼球聚集器，名品牌也一样。

第九条，"俗词"。比如秘技、秘密、秘籍、攻略、技巧、省钱、赚钱、揭秘、解密、曝光、走光、免费等。这些词都很俗，但它们天生带有心理暗示功能，让人们忍不住去点开它。

第十条，夸张效果。比如："99% 的创业死于这 5 点！""99% 的人都因为这个小错误多花了 10000 元装修款！"夸张的手法用得最好的就是数字、百分比之类的。

第十一条，矛盾冲突。例如："医生不想让你知道的 10 个惊天秘密""离婚后他们幸福地走到了一起""月薪 3 千和月薪 3 万的文案区别""她是一个女人，却活出了男人的姿态"等。将矛盾的对立面放在一起，让人产生非正常、不符合逻辑的理解，非点开看看到底是怎么回事不可！

第十二条，实用的问题型标题。不少标题直接写成问题，特别容易引起共鸣。

第十三条，标题要读起来朗朗上口，合辙押韵，但不过于文绉绉，要"接地气"，甚至用上小孩子都知道的诗句也行。比如："床前明月光""锄禾日当午"之类的。

第十四条，挑衅型的文案。比如："智商 200 以上才能看懂的 5 张图""你这辈子不可能想到的 5 个生活小常识"等。

第十五条，一定不要太"八股"，看广告的还是普通人居多，即使是传统意义的成功人士，在背地里也喜欢街边吃烧烤，所以标题一定要亲民"接地气"。

第十六条，场景感。这样的标题很能抓人心。比如："别只顾着转发收藏、学东学西了，先建立自己的知识体系吧""做了 3 年 Ctrl+C、Ctrl+V 后，才知道什么是真正的产品运营"等。要想写出场景感的标题是挺有难度的，要多琢磨、抓痛点、找规律才行。

第十七条，揭秘型。它属于利用人类固有的窥探心理，比如"马云手机里装了哪些 App""雷军绝对不会用的小米产品"等。

第十八条，标题不要只起一个，多起几个，让你的朋友们都来投票选择一下。

第十九条，仿写。这点是好标题训练课的第一讲，多看别人写的，遇到不错的就随手保存下来。到自己写文章的时候，再拿出来对照对照，看能不能直接找个不错的借用过来。和所有技能型的学习一样，照着临摹，都是初学者必须要走的一步。

（六）五招写出"有故事感"的正文

如果你想建一个房子，先不要请人准备建材，而是要激起人们对"家"的渴望。如果你想激起人们对家的渴望，最明智的方法是给他们讲个充满幸福感的关于家的故事。文案的本质是沟通，而故事则是一种最有效的沟通策略。在信息过载的新媒体环境下，"有故事感"的文案比普通文案拥有更强大的传播力，它们利用人类对故事的天然喜好，消解了用户对广告的排斥感。以一种更巧妙的方式吸引用户眼球、走进用户心智，并且有更大的概率留存于用户的记忆中，不被信息的洪流冲淡。怎样写出有故事感的文案？下面我们来介绍5个方法。

1. 第一个方法：洞察锐度——好故事身上带刺

不痛不痒的叙述叫讲事实，尖锐扎心的表述才叫讲故事。有锐度的故事可以赋予文案穿透力，像针一样扎进用户的心智中，而锐度则源于精准的洞察。大部分文案对故事的理解就是人物、情节、环境，然而即便具备了这些要素，大多数情况下你只能写出一个完整但平庸的故事。

如果要给一种减肥药写宣传文案，想勾起用户美体塑形的欲望，你会怎么写？

A 文案：芳芳，25 岁，服药 365 天，减掉 20 公斤。

B 文案：芳芳，25 岁；2017 年体重 70 公斤，绰号"胖妞"；2018 年体重 50 公斤，人称"女神"。

两则文案相比，A 文案虽然也具备了故事的要素，但相比 B 文案就缺少了锐度——一根能刺中用户痛点的"刺儿"——肥胖带来的人际交往伤痛。

文案大师威廉·伯恩巴克在"甲壳虫"汽车的一则文案中写道：

我，麦克斯韦尔·斯内弗尔，趁清醒时发布以下遗嘱：给我那花钱如水的太太罗丝留下 100 美元和 1 本日历；我的儿子罗德内和维克多把我的每一枚 5 分币都花在时髦车和放荡女人身上，我给他们留下 50 美元的 5 分币；我的生意合伙人朵尔斯的座右铭是"花钱、花钱、花钱"，我什么也"不给、不给、不给"；最后是我的侄子哈罗德，他常说"省 1 分钱等于挣一分钱"，还说"哇，麦克斯韦尔叔叔，买一辆'甲壳虫'肯定很划算"。我决定把我 1000 亿美元财产全部留给他！

通过这一则幽默故事，不仅传递出"甲壳虫"汽车的物美价廉，也勾勒出一个节俭明智的车主形象。这种有锐度的文案，建立起"甲壳虫"汽车实用靠谱的差异化形象。

2. 第二个方法：反差设定——卸下平庸的枷锁

一个一本正经、开会严肃的男领导，和一个穿粉色、印有小猪佩奇图案 T 恤的一本正经、开会严肃的满脸胡茬的男领导，哪个更容易吸引人的注意力？显然，后者一定是当天同事们的社交话题。

反差所带来的惊喜、萌感、泪点、新鲜感，可以让文案变得有趣、吸引人。在营销信息无孔不入的今天，平淡无奇的信息会被消费者的大脑屏蔽掉，而具有反差设定的故事则能引起他们的触动。

举个例子：如果你要为一个位于海南海边的别墅项目撰写文案，你会怎么写？用几个词语勾勒出生动的人物形象，并且形象中存在极大的反差。

"王局长，身材魁梧，眼如铜铃，声如洪钟，都说他长得像一座铁塔。可是，哎！就是皮肤太白；李总，身材瘦小，但办事稳准狠，做事说一不二。也许是因为皮肤太白，人送外号铁娘子！刘经理，常常在例会上拍桌子，怒目圆睁，气势逼人。但…啧啧，就是太白！"

文案用几个词语勾勒出生动的人物形象，并且形象中存在极大的反差。以成功男士在职场的阳刚对比其皮肤白皙带来的阴柔感，以此引出海边别墅能给他们带来改变，即核心信息"助你更黑"，"黑"同时暗含"厚黑"之意，值得玩味。

同样的，东京电视台一组介绍参选议员的文案火了，为什么这组文案会让人觉得很有趣？稍加分析就会发现，文案中都使用了"反差人设"这一技巧：

"有骨气却患有骨质疏松、创办了旅游杂志自己却弄丢旅行护照、倡导取消宠物安乐死但自家的宠物差点离家出走……"

这些文案都以一个严肃、宏大的设定，对比一个生活化的设定，形成较强的反差，让故事人物更加立体，布满槽点，更容易引发公众的讨论和传播。平面化、脸谱化的形象大家早就司空见惯，反差感则会给人惊喜。

3. 第三个方法：善用"原型"——拨动用户心理共振

几乎所有韩剧的"原型"都是"灰姑娘"，同样的套路反复不停地打动观众，可以轻易激起13岁到73岁女性观众的共振。拥有"原型"的故事，打动用户的门槛更低，因为它们可以激起其心理中原本就存在的情感经验沉淀。如果在"原型"的大框架下加入上面提及的"反差设定"，则更能够获得年轻群体的喜爱。

中国台湾104希望基金拍摄创意短片《不怎么样的25岁，谁没有过》，讲述了著名导演李安25岁时的简历被各企业高管痛批的故事，李安的简历被评价为"HR不会通过""第一瞬间就刷掉了"，但他却在多年后获得两次奥斯卡金像奖。

这个短片引起了广泛的社会讨论，其"原型"就是一个逆袭故事，这样的故事很容易引发用户的共鸣。

4. 第四个方法：情绪诱饵——扣动用户情绪的扳机

好故事在于它更容易感染用户的情绪，让用户产生情绪投射，产生代入感。如果产品和品牌决定以情感诉求的方式去说服用户，那么故事就是一种最好的选择。什么样的故事最能引发用户共鸣呢？从营销的角度看，能够打动用户的故事情节不需要跌宕离奇，而需要充满情绪的诱饵，而真实就是最有效的诱导。

新世相在《45个关于爱与钱的故事》一文中，分享了一系列粉丝故事：

"四岁，我爹给我五块钱，让我去商店买包四块五的阿诗玛，剩五毛让我买了包麻辣牛肉干。回去被训了一顿，那包牛肉干放到漏气都没有让我吃。五毛钱让我记住什么叫契约精神。"

"当年北漂在昌平租房，退租时被二房东以各种各样的理由扣押金，我和男朋友很需要那几百块钱。我靠在门上，不退押金就不让房东离开，撒泼耍赖，最后还是男朋友抱着我让房东走了。出来后，我和他在马路上抱头痛哭。他心疼我，我心疼钱。"

这样的小故事并不以情节见长，有的甚至毫无情节可言，但却贵在真实，离普通用户的距离近，因此也充满情绪的诱饵，让每个人都能从中看到自己的影子，更容易激起情绪的波动。

5. 第五个方法：感官细节——让故事拥有镜头感

充满细节的故事文案自带"镜头感"，更容易被用户的大脑接收，感染力也会更强。如何才能写出有"镜头感"的文案？技巧是那些容易激起用户感官反馈的细节，能让故事更鲜活。

蚂蚁金服在一组品牌海报中，就通过讲故事的方式，勾勒出一群形象各异的用户形象：45岁的养蜂人、33岁的面馆老板等，文案通过"更甜的槐花""地道的重庆辣子"等细节文案，让人物形象和故事变得真实起来。

会讲故事的人控制着这个世界。故事是一种聪明的包装，一种有诚意的造作。当营销信息披上了故事的外衣，就获得了进入用户心智的钥匙。有锐度的洞察、有反差感的设定、对"原型"的有意识利用、真实的情绪诱饵、具象的感官细节，这5个方法的妥善运用，也能让故事从干瘪走向丰满，更容易赢得用户的关注和记忆。

（七）促进文案阅读的3种形式设计技巧

如何让18～26岁的年轻人更爱看广告？这是个迫在眉睫的问题。在用户调研中，发现这些年轻人的偏好有很多共同点：

◆ 他们大多喜欢粗略地读新闻，但碰到感兴趣的内容还是喜欢深度阅读。
◆ 他们想要了解复杂的新闻故事，但有时候背景知识储备可能不足。
◆ 他们喜欢一站式阅读体验，讨厌跳转。
◆ 他们需要文章提供观点，以完善他们自己的观点。

针对这些需求，这里就介绍其中最受年轻人欢迎的3个模型。

1. 嵌入解释，扩展说明

一些商业术语、高深词汇以及复杂的地缘背景，往往会成为人们了解内容的重大障碍。但如果全都详细展开说明，文案又会变得非常冗赘。

因此，Expander（扩展器）模型会在文中隐藏一些解释信息，只有用户主动点击它们时才会出现。这既为不知情的读者补充了背景知识，又保留了清晰简洁的阅读体验。将所有信息集于一屏无须跳转，同时还能保持简洁的界面。所以，非常适用于长篇文案，以及复杂话题内容。

2. 形式、篇幅随心选

这种模型是将内容故事分成很多个小段，设定出不同的组合模式。因此，面对同一篇广告文案，不同的用户可以选择不同的阅读形式——摘要、详细报道、图集或者视频……总之，你习惯哪种呈现方式，就选哪种好了！据统计，这种形式获得的用户评价最高。避免了一篇陌生的、冗长的文章给人们阅读带来的负担。如果读者对广告摘要很感兴趣，自然会想去看看完整的长篇内容。

3. 滚动字幕控制视频

滚动字幕让视频更好理解。带滚动字幕的视频，字幕和视频同步，用户可以通过滚动字幕来调整视频的播放进度。这可以让用户更加自如地掌握阅读节点，并且可以非常快速地浏览整个视频。同时,字幕部分还有一个将文字扩展到整个屏幕的按钮,以满足用户的不同需求。用这个功能可以直接跳到他们感兴趣的地方,或者用来查看遗漏的信息。

 课后练习任务书

作业1——标题撰写练习

1. 作业主题(根据授课需要可更换主题)

"苏州水八仙"广告语创作

2. 背景资料(根据授课需要可更换背景资料)

一方水土孕育一方物种,茭白、莲藕、荸荠、慈姑、水芹、芡实、莼菜、菱,生长在苏州的八种水生蔬菜,俗称"水八仙",这也是苏州的美誉令名。"苏州水八仙"历史悠久、品种丰富。苏州是国内独一无二的人工栽培苏芡(鸡头米)的原产地,直至20世纪80年代前仍是国内唯一产区;太湖莼菜、两熟茭白、莲藕以及四角水红菱等也原产于苏州,栽培历史长达两三千年。历史上,"苏州水八仙"不但造福人民,也是文人墨客笔下的赞美对象,有"芹诗"为证,也有为官者因思念故乡"莼鲈之羹"而弃官归田。品种上,1949年以来,苏州的菜农创造了很多"水八仙"的优良品种,如"小蜡台""中蜡台""白种茭白""中熟花藕""苏州黄慈姑""紫花苏芡""太湖莼菜""太湖水红菱"等纷纷被各地引种。目前,"苏州水八仙"种植面积稳定在3万亩(20平方千米),产量稳定在4万吨。然而,由于苏州市耕地资源紧缺,农业产业规模小,因此,只有强化农产品品牌建设,才能提升单位面积耕地产出效益,实现农业高质量发展。

2018年12月出台的《苏州市农产品区域公用品牌建设实施意见》提出,当前,要以"苏州大米"区域公用品牌建设为切入点,市级积极开展"水八仙"等优势产业农产品区域公用品牌创建、保护和发展,县级结合当地优势产业,开展各具特色的农产品区域公用品牌创建,形成苏州市农产品区域公用品牌矩阵,到2020年,全市新增农产品区域公用品牌10个。为了宣传"苏州水八仙",苏州也启动了"苏州水八仙"区域公用品牌创建。而现在为进一步强化农产品品牌建设,更好实现农民增收、农业增效、农村增美、农村集体经济增强的目标,开展"苏州水八仙"广告语征集活动,大家一起来为"苏州水八仙"琢磨一句响当当的口号,让这些水中精灵继续闪耀灼灼光芒,让言语留下感人画面,让思维传达动人力量。

3. 作业目标

在客观条件有限的资料下,针对不同类型人群,用同一份资料,能生产出不同类型的标题,且能吸引人去阅读正文。

4. 作业内容

利用同一题材内容进行4个不同类型的标题撰写练习(下面10个标题类型任意选4个进行创作)。

①用5W1H(who 谁, what 什么, when 何时, where 何地, why 为什么, how 如何做)中的两个或两个以上写一条广告标题。

②写一条带有"你"和阿拉伯数字这两个要素的广告标题。
③写一条带有惊悚感或者带有一点性暗示的广告标题。但要注意适度,别越界,要符合中国人的道德价值观。
④写一条借用当前时事热点的广告标题。只要是新闻排行榜靠前的,都可以考虑借到标题创作里面来。
⑤写一条利用叛逆心理创作的广告标题。
⑥写一条揭秘型的广告标题,要利用到"俗词"进行创作。比如秘技、秘密、秘籍、攻略、技巧、省钱、赚钱、揭秘、解密、曝光、走光、免费等。
⑦写一条利用夸张百分比元素创作的实用的问题型广告标题。
⑧写一条利用矛盾冲突创作的广告标题。将矛盾的对立面放在一起,给人以产生非正常、不符合逻辑的理解,非点开看看到底是怎么回事。
⑨写一条朗朗上口,合辙押韵的广告标题,但不要文绉绉。
⑩写一条场景感强的广告标题。

5. 作业要求
①紧扣(苏州水八仙的种植)历史和文化底蕴,进行精准提炼。
②作品要朗朗上口、容易记忆、便于传播,字数在20字以内,以中文为主,不使用特殊符号。
③上交作品需配200字以内的文字说明,以诠释作品的创意及内涵。
④作业上需注明:课程名称、作业名称、班级、姓名、学号等个人信息。
⑤A4纸打印(每张纸两条标题+文字说明),限2张纸完成并提交。

作业2——正文撰写练习

1. 作业主题
撰写一篇画面感强的(苏州水八仙)推广软文。

2. 背景资料
同作业1+网上查资料

3. 主题解读
延续作业1写一篇推广型正文文案,让一个普通产品看起来更有价值,提高经济效益。

4. 作业目标
训练学生能写出一篇既能抓人眼球,又能激发阅读欲望和消费欲望的文章。

5. 作业内容
①写一篇故事画面感强的推广软文,叙述型、故事型、特殊文体均可,任选其一文体形式。
②标题来自作业1中的4个标题任选其一,但要与正文相匹配。
③文案中要有能触碰人性的内容,不管是恐惧、愤怒、好奇心,抑或是偷懒、贪婪、炫耀等都可以,但要有利于产品的正面形象。
④要有把产品优势转化成用户利益的语言设计,并用下划线标注出来。

⑤文案要有"视觉感",把抽象的事物写得形象化,在大脑中形成视觉画面。可以把抽象的事情视觉化,或者通过描写使用场景达到视觉化,再或者把陌生事物类比成受众熟悉的事物。

6. 作业要求

①文案故事内容与产品结合紧密,但不能生硬,以情感感化人。

②文案内容要有一定的锐度,结构上最好要有反差设定。文字语言应带有激发情绪的诱饵,描述细节时要有镜头画面感。

③不少于2000字,并配有不少于3张的图片。

④作业上需注明:课程名称、作业名称、班级、姓名、学号等个人信息。

⑤A4纸打印,模仿微信公众号排版。

二、海报设计

海报这一名称,最早起源于上海,是一种常见的宣传方式。旧时,海报是用于宣传戏剧、电影等演出或球赛等活动的招贴。上海人通常把职业性的戏剧演出称为"海",而把从事职业性戏剧的表演称为"下海"。作为介绍剧目演出信息的具有宣传性的招徕顾客的张贴物,也许是因为这个,人们便把它叫作"海报"。正规的海报中通常包括活动的性质、主办单位、时间、地点等内容,多用于影视剧和新品宣传中,利用图片、文字、色彩、空间等要素进行完整的结合,以恰当的形式向人们展示宣传信息。"海报"一词演变到现在,它的范围已不仅仅是职业性戏剧演出的专用张贴物了,而变为一种向广大群众报道或介绍各种政治、文化、商业信息的招贴广告。

进入新媒体时代以后,人们的生活习惯和阅读习惯从传统纸媒转向移动新媒体,海报也发生了形式上的变化。大量的纸媒变成了数字媒体,海报也就跟着出现了大量的电子海报,出现在户外电子屏、公共柜员机、移动端、PC端……因为载体不同,电子海报的设计和技术要求也有所不同,比如户外电子屏与手机相比,其分辨率的差异、观看距离的差异、互动方式的差异等,对海报设计要求的影响都会很大。还有就是各种形式的交互海报的出现,也是新媒体海报的一个特色。各种新媒体浏览习惯的不同,也会促使电子海报有别于传统纸媒海报。随着5G时代的到来,未来万物都是媒体,海报将以更多的面貌,为满足我们碎片化阅读习惯而出现在我们的生活里。

所以,下面介绍的海报创意和设计方法要与媒体技术、媒体用户行为习惯结合起来学习才会更有效。

(一)如何策划一份海报

技术和艺术表现只是海报中非常基础的部分,不管我们做得有多漂亮,若表达上没有可以打动消费者,让他们愿意与别人分享的实际内容,结果依旧等同于零。因此设计一份海报,最重要的是从商业营销角度思考问题。这里将会详细介绍如何设计一份能让客户满意的海报。

1. 设计海报的目的是什么

首先我们要搞清楚设计海报的目的是什么?做事情一定要先理清自己到底想要达到什

么目的，设计海报更应该是这样。

一般来说，设计海报有如下几个目的：品牌推广、品类推广、卖点推广、引起购买、新产品或新技术的科普、打击竞争对手、传递某种资讯或信息、纯粹刷存在感。

目的不同，玩法也就不同。有一个经典广告案例，一个卖酿酒设备的企业，他向客户介绍他们的设备有多么好，技术有多么先进，产品有多么耐用，因此价格略微贵一点点。这样的推销有用吗？答案是肯定没用。因为客户要的是性价比高的那个设备，换句话说就是便宜、好用，过高的技术产品和过低的技术产品都不是客户想要的，在好用的基础上谁最便宜就买谁的。要知道好产品一般在价格上都没有什么优势，好用不好用，没有用过根本无法证明，所以推销自己产品的利器是它的价值，要看你的设备是不是更有价值。但是价值又是一个很含糊的概念，如果不够便宜，怎么能证明你的产品更有价值呢？这家酿酒设备企业给出的答案是这样的："我们不是来卖烧酒锅的，我们是来帮你获得连做梦都想不到的那么多财富的。"言外之意是"在能帮你赚很多钱的设备面前，价格就不是问题了，想赚钱吗？那我们就可以坐下来好好聊聊了，让我给你介绍介绍我的设备为什么值得购买。"换了一个目标，把广告目的强调卖烧酒设备，转向卖用烧酒赚钱服务上以后，结果就大不一样了。这时，人的本能就忽略了价格，把注意力集中在是不是真的能帮我赚到钱上了。所以明确海报设计的目的，是我们第一个需要解决的问题。

2. 海报的目标消费者是谁

中国有句老话叫"见什么人就说什么话"。消费者分两种，一种是比较专业的，另一种是不专业的。不论哪种消费者他们都是人，人都是有情感的。所以，在一个物质极度富有的社会，消费情感体验变得最为重要。海报上面的信息对他是不是够尊重，是不是有价值的内容信息，有没有找到自己消费的优越感等，这些都是消费者在海报中能体验到的。值得注意的是，同样的海报，目标消费者不同，他们的观看体验也会不同，所以要学会"见什么人就说什么话"。比如对专业消费者讲话要专业、有实力；对不专业的消费者讲话，要有亲和力、有爱心；对年轻人说话，要有朝气、能激发荷尔蒙的分泌；对老年人说话，要简明、易懂，等等，这些因素都能影响他们对海报观看的综合印象，这也是设计软实力的一种体现。这在某种程度上也说明了，在产品同质化如此严重的今天，假如你不能首先传递出一个满足消费者需求的"感觉"，而只是一味地去表达某种自己看起来很"牛"的广告内容，消费者看到这样的海报是不会愿意进一步了解你的产品信息的。即使会，消费者会不会愿意相信你说的内容的真实性呢？我们都知道人与人之间的第一印象产生的信任很重要，所以对消费者进行心理公关研究是第一步，海报设计所提供的感受就是对消费者进行心理公关的重要组成部分。

3. 消费者的需求是什么

销售需要深挖消费者背后的购买需求。但由于现实环境的条件限制，不是客户的所有需求我们都能够满足。因此，学会把目标群体中我们能够满足的共性需求找出来是非常重要的。那么客户的需求会是什么呢？答案是"你的产品有什么不同？"过去都是客户在找商家："我需要XX，谁在卖这个？"但是现在随着物资的极度富有和电商的兴起，带来的信息越来越透明，找产品已经是过去的事了。现在人们开始被"选择困难症"所困扰，如何选择到好的"产品服务商"变成了刚性需求。因此，海报需要重点表达的是你和其他供应商的差异，以及承诺给消费者的"差异化的利益点"。在海报设计上，我们千万不要自娱自乐，而应该学会"从终点反推到起点"，优先去分析目标客户群体的具体需求，到底是更加看重工厂规模还是更加关注价格？是更加关注质量还是更加看重人员服务？进而根据广告主的实际情况进行承诺。

4. 竞争对手是谁

这一点，其实可以从两个角度去理解：商业同行的竞争者和阻碍客户对我们消费的其他因素。

（1）商业同行的竞争者

我们要明白不是所有的同行都是竞争对手。由于不同公司的体量、定位与战略的不同，只要不是和你同时盯住同一个目标市场的，即使大家都是同行，也不一定会是竞争对手。在营销领域，界定竞争对手是一件非常重要的事情，因为一旦找错了竞争对手，我们所做的很多努力就变成了零。有这么一个例子，客户说："我们的产品价格比进口品牌便宜25%，但是客户就是不肯购买我们的产品，为什么呢？"其实很简单，因为在这部分客户的购买决策中价格补偿并不起作用，也就是其品牌的缺点（例如质量问题，或者说客户认为的质量问题）并不能通过价格方面的优点来弥补，所以别说低25%，就算是再低些可能也不会起作用。所以在认知暂时无法改变的情况下，把进口品牌当成竞争对手会是一件很痛苦的事情，无论你说得再怎么好，消费者依旧不会购买你的商品。正确的做法应该是：把已经接受中国品牌的客户作为目标客户，再把中国本土品牌作为竞争对手，这个时候，我们只需要比其他中国本土品牌更加优秀，更有差异化，更具购买价值就足够了。至于从进口品牌手里挖客户，那是未来的事情。

（2）阻碍客户对我们消费的其他因素

在策划过程中要注意，竞争对手不光只是我们的同行，所有阻碍客户消费的因素都是我们的对手。举个例子，一个制造电视机的企业，它的竞争对手除了其他制造电视机的企业外，还有可能是消费者的收看习惯，例如十几年前传统消费者看有线电视信号的节目就行，但现在年轻的消费者喜欢选择自己喜欢的时间看自己想看的节目，所以年轻人更多的选择是在PC端看电视。如果电视机企业一直只生产接收有线电视信号的电视机，那么消费者的习惯就成了电视机相关企业的竞争对手。电视机企业要做的就是告诉消费者，没关系，我们有一款专门为看网上节目而设计的电视机，比在PC上看节目还要方便。其实就是在电视机里加了一个网络信号接收装置，再和几家网络视频平台谈合作，如此不但不增加成本，反而还能用流量换来一大笔收入，而且还抢先创造了一个新的品类，叫"网络电视"。所以，当我们策划海报的时候，界定竞争对手到底是谁，会直接影响到我们到底应该朝着哪个方向进攻，这很重要。

5. 表达观点要突出

在早期的思维里，设计人员基本上把海报做成了产品说明书。例如如图5-45所示的这张1911年的可口可乐海报。

时代发展到了现代，产品说明书逐渐消失了，它以另外一种形式存在于我们的生活里，比如视频说明书、电子说明书。产品宣传方只要能把需要它的人引导到说明书界面就可以了。那么海报是不是也这样呢？我们再来看如图5-46所示的这张现代海报。

这张海报至少告诉了我们四点：第一，现代商业海报转向以图来体现丰富的内容；第二,"一图多意"带来的简约形式满足现代人的审美习惯;第三,留下悬念,引起消费者的好奇心,主动寻求更丰富的广告内容;第四,优质的广告标题更为突出和重要。

图 5-45　可口可乐海报 1911 年　　　　图 5-46　milk 海报

首先要肯定的是,现在是一个内容回归的时代,很多营销专家都在强调内容为王。但是我们认为今天的内容回归和现代广告起步时期的内容为王是一种螺旋上升的关系,今天不能完全复制过去。第一,技术的进步让读字时代走向读图时代成为现实,所以今天的海报设计中内容的丰富性不再完全依赖文字。文字在海报设计中的比重越来越低,更多的丰富内容靠图片来呈现,而且本着能用图说话就绝不用文字的原则。第二,快节奏的生活迫使消费者对海报要说的主次关系要求更高。擅长玩"一图多意"的大师们也指引我们在保持内容丰富性的同时,更重要的是突出海报诉求的重点,体现了"少是最高级的复杂"的道理。现今的海报形式越来越倾向于用最简单的文字阐述自己主要的观点,这也是重点突出的另一种表现。简单、快捷获取最重要的信息,这是人类发展的主要脉络,人类一直都在朝着更方便使用、更好的体验享受的发展路径进发。假如我们现在还用一大堆文字堆砌的形式去做海报,不管再怎么给自己冠上"复古"和"逆潮流"的光环,这种做法都是反人类进步现状的。大量的文字信息不是不可以有,但它应该以另外一种配套形式,以最方便、快捷、人性的方式满足有兴趣的消费者深度了解和解读广告产品。另外,现代很多海报都不再是纸媒体了,有限的手机界面也容不下很多文字信息,一图多意和链接引读变成了内容提供的重要手法。能激起好奇心的图像,为内容的丰富性和简约的审美习惯起到了平衡作用。

因此我们的观点是:一份海报中我们只表达一个主要观点,若同时给出太多主要信息则只会让受众感到无所适从,进而会导致对广告的"排斥反应"。因为一个简单而有力的标题和一个能说明问题的主视觉形象在现代人审美中非常重要。其他信息和有深度的内容,可通过现代科技手段(如小字、扫码、链接等)提供给消费者。特别强调,若能在海报设计中留下点吸引消费者好奇心,并引发消费者深度了解产品详情愿望的东西会让广告效果事半功倍。

6. 画面表现方式的选择

确定了标题之后,接下来我们需要做的,是确定画面的呈现。

这时我们一定要学会两件事情:

①根据海报目的,能够在用户大脑里呈现你预想的画面感觉。

②能够将大脑里的画面感觉准确地传达给美工。

这两点都非常重要,但第①点是第②点的前提。只有能够在大脑里形成画面感觉,才能准确地将这个画面感觉传递给他人,才能够检验美工所做出来的东西是否符合自己的要求;换言之,假如你不具备这个能力的话,很可能你就不具备主导一个设计项目的能力。

到底应该怎么呈现这个画面呢?我们给出的建议是,善于使用比喻、拟人、对比、幽默、夸张等手法。在这些创意手法中,适度的夸张是最常用的呈现方式之一,这样很容易引起受众的注意。例如,曾经有过一个汽车的海报,至今令人印象非常深刻,主视觉图像是一只骆驼和一只猎豹在接吻,借此来表达该品牌汽车跑得快还省油。2018年戛纳广告节上的一张获奖的耳机广告海报,就是很好的范例:夸张地表达了JBL耳机在嘈杂的环境中能创造安静的空间和耳朵的舒适。但要特别提醒注意的是,我们使用这些手法时要有个度,能掌握"适度"很重要,千万不要过分卖弄自己的创意手法(见图5-47)。

图 5-47 JBL 海报

7. 海报传播的重点

作为广告服务商,我们并不能只想着帮客户卖产品,更多的时候应该想如何帮消费者买产品。尤其是在大量的同质化商品环境里,消费者其实很需要我们给他一个理由,一个能让他愿意消费的理由,或者愿意分享到朋友圈的理由。这个时候一份具有黏性和具有情境感的海报就能起到推动工具的作用。要想引爆朋友圈,海报的黏性和环境营造特别重要,因为黏性能引发传播,而消费的情景会引发消费行动。理论上一张优秀的海报应该同时包含这两种要素。黏性主要是营造传播者的优越感,如物质优越感、道德优越感、外貌优越感、智商优越感,以满足消费者二次传播的心理需求。环境营造是指调动消费者的跟从心态,当我们营造出一个某一类人的首选产品的印象,或者某类人群都在使用的意识,而海报的信息接收者刚好就属于这部分人群,就会对这些人产生不消费就等于被抛弃的心理暗示，消费的念头就会升起。当然，人群的分类也是一门学问，准确地定义这一部分人群是需要下一番功夫的。消费者的内心表现通常是这样的："我买了这个产品，让你们看看我有多么明智。"或者"看看这个海报，这上面的内容你需要好好看一下，这个产品也是你所需要的！要不要一起来？"

（二）海报创意及其方法

我们常见的获奖海报分两种，一种叫出街稿；另一种叫飞机稿。出街稿指的是大家在各大媒体上看到的客户真实投放的广告。那么什么叫飞机稿？飞机稿是指没有通过客户认可，也没有动用策略，创意人按照自己的意愿取一些已知的信息来创作的作品。但是它也必须呈现某种独特的角度，不是做了漂亮的画面就叫飞机稿。各大奖项要求必须有媒体投放，所以现在的飞机稿也会在参奖之前，做一些少量的媒体投放满足参赛条件。飞机稿相对出街稿来说，创意和执行一点都不差，从效果来看反而更惊艳。因为这毕竟不是满足客户的各种要求创作的，而是偏艺术和单纯卖点的有机结合产物，广告人自己觉得满意就可以了。因此，在没有背景资料的情况下，看不懂很多获奖广告的意思是正常的，因为它可能超出了你的元素经验或观点经验范围。为了公平起见，这里只做创意方法的讨论，不做营销效果的涉猎，因为影响广告营销效果的因素有很多。那什么叫好的海报创意？

1. 新观点＋旧元素

创意是对旧有元素进行全新的组合，产生新的观点或视觉效果，这在前面我们已经提到过。只是在这里我们尽量给出更具体的解读，让它与具体的案例相链接，便于大家更好地掌握。这里的旧元素指的是在同品类里，画面元素内容很常规。新观点指的是打破潜意识里通常广告想要表达的意思。

如图 5-48～图 5-50 所示，这是给一家宠物旅行机构做的广告。人人都有享受这个世界的权利，这句话也适合狗狗们。对它们来说，比起世界的著名建筑，它们更关心用自己的气味占领地盘，比如树墩、路灯下。这个观点很有意思，因为从来没有给宠物们提供旅行的服务机构，这个机构的成立本身就是个新观点，所以元素就不用再新了，以免大众看不懂，画面内容比较常规，用拍摄和修图来呈现创意。

图 5-48 宠物旅行机构做的广告（1）

图 5-49 宠物旅行机构做的广告（2）

图 5-50 宠物旅行机构做的广告（3）

我们再来看一个旧元素＋新观点的例子，如图 5-51 所示。

图 5-51 Jeep 广告

乍一看此广告，其场景是户外，而实际是在停车场，因为对于 Jeep 的叛逆者越野车，即使在停车场，车主也希望和在户外冒险一样，生火、搭帐篷、过夜。停车场和帐篷、篝火是一个全新的组合，与现实生活有很大距离，与消费者的内心所向往的生活却很近。

2. 基本信息变成有趣信息

什么叫基本信息？基本信息包括数据、产地、发明人、制作过程、功能、相关竞品资料等。将这些常识通过有趣的手法展现给消费者，让他们看完广告后对这些事物产生兴趣。

图 5-52 所示的是新西兰动物园的广告，其基本信息是万圣节马上要到了，动物们都惊慌失措，不知道会发生什么事情，动物们的表情很有趣。

第五章　广告创意与设计执行技巧

图 5-52　新西兰动物园的广告

而图 5-53 所示的是滴滴打车广告，基本信息是用滴滴叫车可以领取天猫"双 11"的购物券，画面很幽默地展现绑架"天猫"可以勒索巨额赎金。

图 5-53　天猫 + 滴滴

3. 用新的角度去思考

当所有的传播方式都千篇一律的时候，如果你用新的角度去思考，开拓新的方向就会收到不一样的效果。有洞察力的广告才能真正戳到人心里面，如果产品本身与竞品没有什么区别，那就从人性上出发。

图 5-54 所示的是耐克为宣传 2008 年北京马拉松所做的广告，插画风格很抢眼，文案京味儿十足，接地气。虽然马拉松是一项全民参与的运动，但对于运动精神至上的耐克来说，即使是公益活动也要将比赛放在第一。参加选手的内心独白就是对比赛的态度，广告把选手内心的想法夸张地表现出来，用口述 + 插画的方式使整个作品趣味横溢却又不失严肃。

图 5-54　耐克宣传 2008 年北京马拉松的广告

4. 运用旧媒体的新玩法

把媒体本身作为创意的一部分,用媒体来吸引观众。这里的媒体包括传统媒体和新媒体。创造一种媒体的全新玩法也是广告创意的一种形式。只要玩法是新的,它就可以叫新媒体。

图 5-55 所示的是 Penline 的强力胶带广告,广告主深知创意的力量,即使产品是胶带,想要在同质化严重的品类里杀出一个品牌来也绝非易事。这就是典型的传统户外媒体的改造,既然产品的卖点是强力粘贴,索性在户外广告牌的四周直接用胶布粘贴,虽然画面元素单一,却很有视觉冲击力。

图 5-55　Penline 的强力胶带广告

如图 5-56 所示,这则关于北面的创意,最大的亮点是试衣间改造,当消费者更衣时,体验店会把更衣间旋转 180°,消费者开门后看到的景象是一片雪地。怎样让大家在城市里也能感受到北面带来的户外体验呢?现实里即使不去户外,也有越来越多的消费者购买户外服装,为了传达冬天应该在野外这个概念,代理商改装了体验店,让消费者穿衣后直接感受到户外的场景。这也是一种新媒体,虽然不好简单地界定为海报,但它是立体的全新玩法,至少可以作为思路开发的参考,让我们尝试探寻海报玩法的延伸与融合。

图 5-56　北面广告

（三）常规海报设计类型

1. 文字类海报

（1）文字设计类海报让信息可读更可视

文字设计类海报是一种较为常见的海报设计形式。文字设计感强的海报拥有很多种表现技巧，比如利用满版、留白、造型排版等形式布局画面，让文字代替视觉图像吸引消费者，示例如图 5-57～图 5-59 所示。

图 5-57　文字类海报（1）　　图 5-58　文字类海报（2）　　图 5-59　文字类海报（3）

（2）单一字符类型的海报图形感强、易记忆

英文字母的玩法有很多种，如叠加、变形、重组等，单个的汉字或部首同样也可以这样设计，主体元素与其他元素的强对比关系打破了画面的平静，让图形感变强，提高画面的趣味性，让信息易于识别、记忆并产生影响，示例如图 5-60～图 5-62 所示。

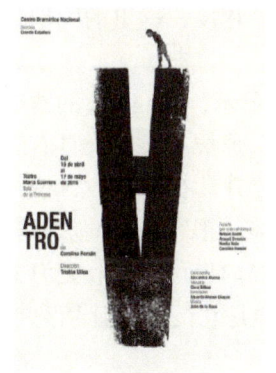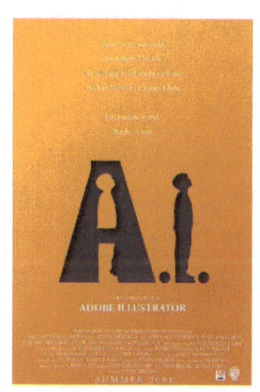

图 5-60　单一字符类型海报（1）　　图 5-61　单一字符类型海报（2）　　图 5-62　单一字符类型海报（3）

（3）用特色字体打造海报风格

我们都知道文字的说服力很强大，如何让这具有说服力的内容进入我们的视线并传递给大脑呢？选择能吸引眼球的字体是一个很好的办法。我们在选择字体的时候，不仅仅限于计算机中的现有字体。因为计算机中现有字体往往会被大量使用，无法对消费者的视觉产生带有新鲜感的刺激。计算机中生僻的新字体和即兴的手写字体可以给海报的设计打造一些个性化的感受，使我们的海报脱颖而出。要注意的是，如果服务的产品或品牌已经有一定的品牌基础了，那么海报的整体个性要与产品的原有个性保持一致，这也是选择字体的标准；若是新兴品牌或是寻求形象改变的品牌，则可以尽力发挥或创造前所未有的个性字体，树立一个吸引眼球的新形象。因此，创造一种只属于品牌的个人风格，将会产生令人印象深刻的、个性化的、强有力的视觉效果。

如图 5-63 所示的 Nutella 的这则广告，一眼就令人觉得十分"Nutella"。凌乱的个性化字体表现出 Nutella 品牌的活泼俏皮感，并造成一种吸引眼球的十分有趣的效果。除此之外，文字本身运用的逆反心理发挥了巨大作用。

图 5-63　Nutella 广告

（4）个性化的版面设计可以吸引消费者的视线

如果我们手头有一些绝妙精准的文案等待大放异彩，那我们完全可以考虑采用版面设计来打造海报的传播效果。比如有创意的文字排版可吸引眼球，夸张的字体加粗和字号放大能传递大胆自信的文案信息与个性，极简的设计风格可以让文字放大自己的声音，让密集的文字内容视觉简洁化，等等。

①用有创意的文字排版吸引眼球。如图 5-64 所示，Triss 刮刮乐的这则广告，在设计中巧妙地利用了令人印象深刻的刮刮乐的形象。通过字体的调整便使一个文案传达出两种不同的信息——"抓痕"和"赢"。作者在设计中进行了轻微的字体粗度的微调，微妙地区分了这两个消息。此非常聪明的信息传递形式设计，直接关联到品牌。

②夸张的字体加粗和字号放大，能传递大胆、自信的文案信息与个性。如图 5-65 所示，此设计使用简单的图形元素和字体调整，巧妙地传达了与品牌形象直接相关的信息。许多广告文案的字体设计通常作为图像的补充，但这条广告恰恰相反，这里的图像是文案的补充。

③极简的设计风格可以让文字放大自己的声音。如图 5-66 所示，Seagram 的这个极简主义设计使用简单的排版、强有力的文案以及强烈对比的配色，形成一条十分具有影响力而又普通得像是日常消息的信息，并不需要任何额外的图像来提升其有效性。

④让密集的文字内容视觉简洁化。所谓易读性，不仅是指能够很容易地读取海报中的信息，还包含快速接收宣传的重点信息，要确保读者在一定距离内也可以接收到海报传达的核心信息。如图 5-67 所示，这张海报中虽然有很多内容，但是它的设计让信息接收远近皆宜。

第五章 广告创意与设计执行技巧

图 5-64　用创意文字排版吸引眼球　　　图 5-65　夸张字体加粗和字号处理

图 5-66　极简的设计风格　　　图 5-67　密集的文字内容

⑤解构字体，打造个性、时尚的视觉效果。解构字体的海报设计技巧是常见的一种设计手法。把字体笔画作为设计元素，通过将字体拆分重组、改变字体大小及排版来创造反常规的视觉思维，起到吸引目光、探究意图的广告效果。示例如图 5-68 和图 5-69 所示。

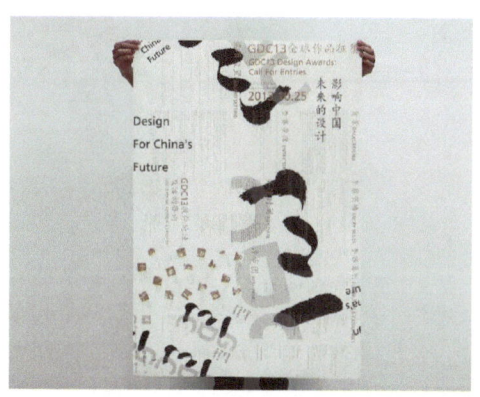

图 5-68　解构字体打造个性（1）　　　图 5-69　解构字体打造个性（2）

2. 图形类海报

图形的主要功能在于传播信息，它以简洁、直观的形象承载信息，让信息易于识别、记忆并产生影响。现代设计对图形海报的基本要求就是，能够准确传递设计者所要表达的意思，让受众在第一时间接收特定的广告信息，并满足受众的审美需求。

（1）寻找内在的视觉关联性

一个绝对不会犯错的海报形式就是，围绕主题找到两个事物内在的视觉关联性。这听起来有点虚无缥缈，但其实很具体，例如，图5-70所示的这个广告很好地展示了寻找事物之间的视觉关联性这一观念。

这个海报是为在线相亲服务网站——Parship.com设计的一个广告。它描绘了男人和女人被拉链拉在一起的符号。在创作这个广告的过程中，设计师们会头脑风暴那些能够代表男性和女性（卫生间符号）的符号，并找到拉链左右齿与男女婚恋结合这件事之间的内在关联性。

发现事物内在的视觉关系可以为我们提供一种独特的视角来引导解读我们所推广的产品。建议通过头脑风暴列举出与我们所想传达的信息相关的概念，这些概念可以是具有类似形状、线条或者轮廓的东西，然后试图将两者进行拼图式组合，以达到表示广告信息中核心价值的目的。

（2）使用认知度高的现有符号

我们每天会接触到成千上万的符号，例如各种应用程序图标、设备按钮、路标甚至微信聊天的表情。所以高识

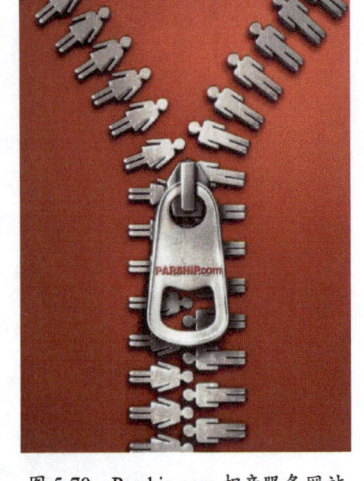

图5-70 Parship.com相亲服务网站广告

别度、高认知的符号是一种传递信息的快捷方式（跨越许多语言），可以把它理解为世界通用语言。高识别度的符号在海报中的应用是最有效的广告认知和解码工具。

例如，如图5-71和图5-72所示，海报考虑在广告中使用符号来创建一个强大、快速和具有传播性的信息。Capacitate使用了电子地图上的一个非常简单的形状"位置符号"，表示把业务呈现在地图上，让人立刻联想到这是一个和地图定位有关的事物。这种对图标的重新创造产生的强烈视觉效果，准确地传递了服务信息。

图5-71 Capacitate海报（1）

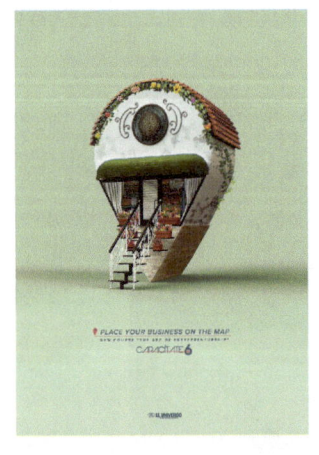

图5-72 Capacitate海报（2）

（3）让功能化留白促进广告效果

在设计海报的时候，对留白的设计能力是一项非常重要的能力，它可以让我们的设计会"呼吸"，并且保持设计的整洁。留白不仅仅是一种美学，它也可以拥有一定的功能，可以为海报的关键信息创造焦点。

例如，如图5-73所示，这个Kit Kat的例子使用留白来引起消费者关注广告中间的焦点符号。此外，这里的空白也传达了暂停休息的概念，传递出一种安静、放松的感觉。没有杂乱花哨的色彩图像，也没有夸张大胆的设计，空白营造出一种安宁的氛围，完美契合这个广告情境。

图5-73　Kit Kat海报

当我们一开始运用空白的时候会感到十分困难，因为你总是不知不觉地想要用形状、图片等各种元素填补空白，但千万要学会克制。去掉一切多余的内容，建立"这样就好"的审美习惯，努力为海报做减法是专业成熟的表现。我们都知道与别人交流的时候，话少、语言精简的人更容易被重视。所以，留白的目的是让它保证设计的简洁，也让它更有力量地传达我们想传达的信息，示例如图5-74所示。

图5-74　《以徕卡记录经典》2019戛纳广告节平面铜奖

（4）用正负形设计创造视觉的趣味性

正负形在海报设计过程中发挥着巨大的积极作用，表现特点为正形和负形共同拥有同一条边线，一形多意的形式展现在两个图形的关系上，它最常运用于 Logo 设计和海报设计中。这种手法能让简单的画面包含多个图像内容和单个图形不可表达的寓意，创造出"少即是多"的复杂性，并能在正负图形之间产生深刻的语意。

看看 IBM 如何巧妙地在广告中运用负空间。如图 5-75 所示，这则广告将一个女性侧脸和一只鸟的图像组合在一起，以此来表达"品尝新鲜食物"的信息。

图 5-75　IBM 广告

负形空间的运用对于大师来说都有很大的难度，更不用说是初学者了。但是，我们可以通过头脑风暴形式找出与品牌或信息相关的对象和概念，将这些对象和概念具象成形状，然后探究哪些形状可以融合在一起，创建巧妙的负形空间设计。当我们找到形状相融合的契合点的时候，就可以使用强烈的对比手法执行我们的设计构思。示例如图 5-76、图 5-77 所示。

图 5-76　负形空间设计示例（1）　　　　图 5-77　负形空间设计示例（2）

（5）图形与图像结合创造正负形的关系

尝试用图形与图形、图形与图像或是字体与图像的组合，通过鲜明的对比，产生负空间图形，成为另一个事物的形象。图形与图像结合的正负形海报，其惊喜在于图像负空间隐藏着另一个画面。例如，如图 5-78 所示音乐节的海报，你第一眼看到的是小提琴还是带领结的男人呢？如图 5-79 所示也是这项手法的例子。

图 5-78　音乐节海报　　　　　　　图 5-79　《侏罗纪世界》海报

3. 图像类海报

（1）影像合成得人心

图像合成的海报设计用主题事物与其他图像元素进行合成。它最大的特点是利用光与影的结合，打造出跨时空的梦幻感，这种设计手法多用于电影海报等。示例如图 5-80～图 5-82 所示。

图 5-80　影像合成示例（1）　　图 5-81　影像合成示例（2）　　图 5-82　影像合成示例（3）

（2）优质的摄影图片会讲话

强大的视觉效果和一篇好文案一样有效，如果一张图片能达到强烈的视觉效果，并且能把广告的内容讲清楚，有时不搭配文字，也能起到推销的作用。

例如，如图 5-83 所示，Lenor 织物柔软剂的这则广告。这个作品让观众第一眼就看到焦点——熊变成泰迪，然后向下看到产品形象，广告诉求内容不言而喻。这是一个极简主义的图像海报，极简的画面让人的视觉直奔主题内容，对解码主题内涵起到了促进作用。

图 5-83　Lenor 织物柔软剂广告

初学者可以试着在不损害信息有效性的前提下，将不必要的视觉内容删除，如果答案是可以的，那就把它删掉，一直精简到不能再精简为止，这时你就得到了一个具有同样强烈效果但最为简洁的广告设计。另外，非极简主义的图像海报一样可以与消费者对话，一张好的照片本身就有说服力。一张表现力强的照片，一定会为海报加分。所以，要学会用图片当推销员来给服务的产品做推销。图 5-84～图 5-86 所示的例子是 2019 年戛纳广告节的金奖作品，就是这类海报的典范。

图 5-84　可口可乐广告（1）　　　图 5-85　可口可乐广告（2）　　　图 5-86　可口可乐广告（3）

这一套海报的背景是可口可乐为了开瓶的声音特别做的，获得了 2019 戛纳广告节平面类金奖。当你看到画面时会立即联想起关于可乐的那些声音。

如图 5-87～图 5-89 所示,这是英国一款风味独特的调料,爱它的人很爱,恨它的人很恨。但文案告诉你:只要爱,不要传播恨。

图 5-87 MARMITE 广告(1)

图 5-88 MARMITE 广告(2)

图 5-89 MARMITE 广告(3)

(3)营造动感有活力

如果我们想要表现产品的速度、敏捷和运动性,在一个静止的二维画面中如何实现它呢?让我们看一个在这方面做得很好的例子。

图 5-90 所示的是 Ajax 湿巾广告。杯子洒下的粉红色液体与中间从左至右的形状形成鲜明对比。运动轨迹、高光和阴影的使用创造出这两种对比形状,表现了相对独立的运动状态。

在广告中为了营造运动效果,可以在相对平面的媒体上表现动态过程,呈现速度和状态。因此,如果想要显示产品的速度,可以考虑使用形体姿态、光影等来营造动态效果。在新媒体环境下,这种运动效果还可以真实动态地用在电子媒体中,如图 5-91 所示。

图 5-90 Ajax 湿巾广告

图 5-91 耐克广告

（4）图文叠加很时尚

图文叠加的海报设计法则，多用于电影海报，将人物或者场景与文字叠加，营造一种重复错落的视觉感。示例如图 5-92～图 5-94 所示。

图 5-92　图文叠加示例（1）

图 5-93　Seu Jose Barbearia 广告（1）

图 5-94　Seu Jose Barbearia 广告（2）

（5）图像切割与透明

图像切割就是通过对图像与文字或图形运用重合、叠加、打散的表现手法来增加海报设计的层次感，这种形式非常适合杂志广告，如图 5-95 所示。

图 5-95　图像切割示例

透明效果在海报设计中是指如果画面的颜色太过单调，可以将部分画面用较为鲜艳的颜色进行突出，这种表现方法通常适用于海报文字较多的时候。示例如图 5-96 所示。

图 5-96　透明效果设计示例

4. 插画类海报

插画海报可以说是二次元设计师的最爱。摄影图像不是万能的，更何况照片有版权的问题，这时我们也可以另辟蹊径，自己绘制插画、字体，一样可以达到很棒的效果。几乎图像类海报所有形式和技巧都同时适用于插画类海报，但是插画类海报有着一些其他类型海报无法代替的优点，比如手工绘制的质感、人为加工的温度感、内容讲述空间大、消费者联想空间广、原创制作成本低、视觉语言概括力强、更容易凸显广告主题等。

插画风格的海报设计具备很强的讲故事能力，无论是小清新的画风还是较为夸张的插画手法，都能将整个画面变得生动活泼很多，这也是很多设计师常用的海报设计的表现形式。示例如图5-97～图5-100所示。

图5-97 插画类海报示例（1）

图5-98 插画类海报示例（2）

图5-99 2019年戛纳广告节平面类的铜奖

图5-100 2019年戛纳广告节平面类的铜奖

5. 交互类海报

现代海报是一个瞬间的广告艺术,越简洁,越符合现代人的审美习惯,越能吸引眼球。但是,对于真正的消费者,在被吸引或有共鸣以后,他们需要获得更多的商品信息和有价值的内容来决定他们的购买行为。简洁的画面和更多的信息内容对于海报设计来说一直是个矛盾,因此在海报设计领域一直有这两种不同的流派进行争论。然而,新媒体的高速发展和人们对移动互联网的依赖,促使交互技术发展,让这个矛盾得到了有效的解决。

(1) 在公共媒体海报中的互动元素

只有为顾客着想而产生的海报设计才有意义,所以为什么不让观众自己选择是否要了解更多的产品或品牌内容信息呢?这样与消费者的交流过程似乎更有意义,就好像我们讲故事,故事讲一段后留下点吸引人的东西,吸引听众让我们再讲一段,直至把故事讲完。做海报也一样,在这种互动中不但节约了非目标消费者的时间,也能逐级筛选出优质消费者和刚需消费者,让后续广告投放更有效、更精准。考虑让观众与我们的广告作品互动——我们可以在海报上添加一些新媒体阅读入口,引流到移动端阅读广告;或与其他触摸式公共电子设备相结合,现场参与信息的索取和交流更为便利,趣味更强、体验感更好。

例如,年终策划是网易新闻一年一度的回顾,2016年年终,他们将目光聚焦在孤独的年轻人身上。2016年的最后几天,"越孤独,越热闹"海报出现在两个可能是全中国最热闹的地方:上海人民广场地铁站和深圳宝安机场。创作者说:"因为孤独,我们用宅填满空巢生活;因为孤独,我们全身心投入热爱;因为孤独,我们寻找兴趣爱好追求精神角落;因为孤独,我们用社交去寻求关注;因为孤独,人类开始寻找另一个相似的地球。正是一个个孤独的个体,组成了这个热闹的世界。"在互联网时代,最能指代个体孤独和群体热闹的莫过于二维码了,这套海报中的每个像素都是一个二维码,而且每个都不一样!扫描它们将进入H5"孤独招领处",这些二维码连接了一个个孤独的个体,如图5-101~图5-106所示。

图 5-101 网易《2016 回顾》(1)

图 5-102 网易《2016 回顾》(2)

图 5-103 《2016 回顾》实景图（1）　　　　　图 5-104 《2016 回顾》实景图（2）

图 5-105 《2016 回顾》手机端界面截图（1）　　图 5-106 《2016 回顾》手机端界面截图（2）

（2）创建 H5 形式的自媒体海报

随着个人对移动互联网的依赖，大量的网上消费也催生了海报设计的新形态，手机端的海报设计需求越来越多，由一开始适合手机屏幕尺寸的静态海报，逐渐发展到了 H5 技术支持的具有直接交互功能的海报形式。人们不再满足静态广告形式，具有参与感、游戏感的海报更能打消他们对广告的戒备，参与到游戏中潜移默化地接受广告的说服，如图 5-107 所示。

如图 5-108 所示，Berrge Tattoo 的这个广告通过要求求职者使用他们"纹身"技巧画出二维码，然后扫描才能看到职位信息，这样的设计能够瞬间抓住纹身师的注意力。这不仅有助于品牌过滤掉没有经验的求职者，而且有助于为 Berrge Tattoo 这个品牌树立一种注重细节的良好口碑，这个设计达到了一石二鸟的目的。

图 5-107　酒类广告

图 5-108　Berrge Tattoo 招聘广告

从 1987 年到 2016 年，AIR MAX 迎来了它的 29 周年庆典，为了庆祝这一年一度的 AIR MAX DAY，NIKE 邀请大家一起来制作属于自己的创意纪念海报。顾客可以上传自己的 AIR MAX 照片（或其他照片），搭配 NIKE 提供的贴纸，一张 DIY 海报就完成了。这样的互动内容，有谁会不去晒自己的创意海报呢（见图 5-109～图 5-112）？

图 5-109　AIR MAX 海报（1）　　　　图 5-110　AIR MAX 海报（2）

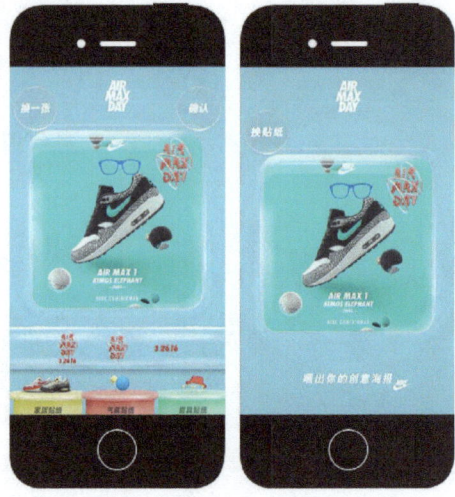

图 5-111　AIR MAX 海报（3）　　　　图 5-112　AIR MAX 海报（4）

（四）海报设计的小技巧

学习任何技能都应该做两种准备：第一种是做长期学习、终生学习、深度学习的准备，业精于专；第二种是在职业生涯初期和应付日常工作中，为自己提前准备一些应对工作的小技巧，它不是为了走捷径，也不是偷懒，它是保证个人最低工作质量的压舱石。

1. 海报创意执行的 4 个利器

广告创意执行的利器有很多，但这里介绍的 4 种利器使用频率最高，市面上 70% 以上的口碑较好的广告都使用了这 4 种利器。下面我们就来了解一下它们。

（1）比喻让创意解读更深刻

在广告界，视觉比喻是最重要的方法之一。视觉比喻通过对一个事物与另一个（通常不相关的）事物进行形联想或意联想，彼此进行融合，形成新组合达到比喻的目的，并表示出一个全新的概念或态度。这种手法很容易让消费者将抽象的概念变得可视化，使消费者对广告内容的解读更加深刻。

看看这个 Elter 药业公司的广告，如图 5-113 ～图 5-115 所示。这个广告通过把一个个未洗的蔬菜比喻成炸弹来警告公众食源性疾病的危害。通过创建一个视觉比喻，Elter 药业公司能够传达有关食品安全和 Elter 药物自己的抗菌治疗部门的信息，而不显示那些敏感的图像。

图 5-113　Elter 药业公司广告（1）　　图 5-114　Elter 药业公司广告（2）　　图 5-115　Elter 药业公司广告（3）

当你要设计一个视觉比喻形式的作品时，一定要做到这个比喻能够让消费者一眼看过去就明白什么意思。努力去设计一个构思巧妙，但又清晰明了的视觉比喻，是一定会有好的广告效果回报的。

（2）对比让海报更醒目

强烈对比有很多方法，颜色上的互补，或是字体大小的对比，都可以带来强烈的视觉效果，对比在海报中自始至终都是最重要的手法之一。

如图 5-116～图 5-118 所示，这三个例子是 2019 年戛纳广告节平面类的银奖作品。这套平面海报上面都是经纬度坐标，是为了提振大家对欧洲农产品的信心。当你输入坐标或者扫描二维码，便可以对这些农产品溯源。

图 5-116　农产品广告（1）　　图 5-117　农产品广告（2）　　图 5-118　农产品广告（3）

图 5-119 到图 5-121 所示的是埃及 Chromax 药品公司的广告，广告文案描述："摄取丰盛的食物、均衡的营养，只要吃一勺膳食补充剂就足够了。"

图 5-119　埃及 Chromax 药品公司广告（1）　　　图 5-120　埃及 Chromax 药品公司广告（2）

图 5-121　埃及 Chromax 药品公司广告（3）

（3）夸张让品牌被牢记

夸张是广告设计中的一个奇妙工具，但是必须适度使用。表明你的产品可以做一些别人不能做的事情，这是一个微妙的手法，一方面要确保你的广告带有某种搞笑的趣味性；另一方面要注意，使用不当会容易让人觉得虚假或夸大功效。在没有误导的前提下，在设计中引入一点夸张效果会让人印象深刻。其窍门就在于画面要荒诞幽默，一般不要拿真实的产品应用内容进行夸张，而要用表面毫不相关的事物与广告中的产品或品牌相链接进行夸张设计，借此说明广告想表达的意思。

如图 5-122 所示，这个 Raid 杀虫剂的广告，用产品"杀死"了著名音乐家 Rimsky-Korsakov 谱写的《野蜂飞舞》的音符（把音符比作扰人的蚊虫），意味着 Raid 杀虫剂足够强大，可以消除任何虫子。这个广告看似很荒谬，但是这种如此明显的不真实会让人觉得搞笑，而不是欺骗和误导。

图 5-123～图 5-125 所示为丰田汽车的陆地巡洋舰广告，文案描述："丰田陆地巡洋舰汽车，在顶部。"如图 5-126 所示为 Abarth 汽车广告，文案描述："最小的超级跑车。"

图 5-122　Raid 杀虫剂广告

图 5-123　丰田陆地巡洋舰汽车广告（1）

图 5-124　丰田陆地巡洋舰汽车广告（2）

图 5-125　丰田陆地巡洋舰汽车广告（3）

图 5-126　Abarth 广告

（4）幽默让广告更智慧

幽默是运用意味深长的诙谐视觉和文字语言传递信息，以引起消费者的快感和兴趣，从而感化消费者、启迪消费者的一种艺术手法。常见的幽默方式有5种：解惑式幽默；形象式幽默；夸张式幽默；曲解式幽默；模仿式幽默。我们可以尽情玩转海报内的关键词，可以玩弄文字游戏，也可以在视觉上采用置换或者同构的手法，把A事物局部用B事物替换或组合，形成新的语意。其关键是达到幽默的效果，构成幽默的基本要素有：出乎意料、间接、曲解、错置、比照和双关等。这些要素只要运用任何一条，都可能制造出幽默的效果来。示例如图5-127～图5-130所示。

图5-127 幽默广告示例

图5-128 麦当劳万圣节广告

图5-129 Silk广告（1）

图5-130 Silk广告（2）

2.海报执行中的5种必备能力

（1）简洁审美的表现能力

①为什么要做简洁的设计？当提起海报设计的时候，会有丰富的影像资料浮现在我们

的大脑中，但是面对一幅现实中的海报时，我们的视线几乎没有太多时间在上面停留。要想留住消费者的视线，简洁的画面中蕴含丰富的内容就变得特别重要。当然，我们也可以设计一些复杂的海报，可是如果要想让消费者记住，能在大脑中高速地把它检索出来，应用简洁鲜明的符号形象才是重要的路线。要强调的是，简洁并不简单，简洁是一种形式简单、内涵丰富的图形设计能力。

我们看看LEGO的广告，如图5-131和图5-132所示，它剥离了烦琐的东西，并依赖于一个图像和想法。没有文案，只是一个直白和容易理解的图像，这个广告以其最简单的形式获得了复杂概念的想象力。它充分体现了简洁但不简单的理论观点。

图 5-131　LEGO 广告（1）　　　　　图 5-132　LEGO 广告（2）

这个广告所面向的受众群体是那些玩过LEGO并且经验丰富和充满想象力的LEGO玩家，这是一个非常庞大的目标市场。以简单的方式表现一个比较笼统深刻的概念，不仅能发挥它针对目标人群的广告效应，而且还能吸引更多人的目光。因此，保持简洁的设计是一个走向执行伟大创意的重要法门。

②尽量用视觉呈现，努力减少说教。我们在和孩子沟通的时候发现，说教是没有用的。最有效的沟通方式是把事实和后果展示出来，让孩子自己做选择。广告是和消费者沟通的艺术，这个沟通观点在海报设计中同样适用。做海报时，我们只需展示出想要表达的意图就可以了，不要做太多解释，这就构成了简洁海报的基础条件。

如图5-133～图5-135所示，这个广告是CURTIS茶，它选择用通俗易懂的视觉语言来展示茶的口味，而不是直接告诉消费者。设计师完全可以简单地在页面上添加一些文字如"这个茶是橙子味的"，但是他们并没有这样设计，而是将茶壶设计成橙子的形状来传递茶拥有橙子的香味。

图 5-133　CURTIS 茶广告（1）　　图 5-134　CURTIS 茶广告（2）　　图 5-135　CURTIS 茶广告（3）

如果你正在设计自己的海报，请注意，可能有无数其他品牌的类似产品也正在进行广告宣传，并做出类似的承诺。因此，为了能更好地创造强烈和持久的广告影响力，就必须抓住每一个机会，围绕你的产品特点去进行视觉展示，而不是啰哩啰嗦地告诉人们你的产品特点。

③删除不必要的内容，认识并做到"少即是多"。请正确理解"少即是多"。在干净背景的衬托下，只需要一个简单而丰富的形象，就能达到对丰富内涵认知解读的沟通效果。它能有效地防止给消费者留下素材堆砌的印象。示例如图 5-136～图 5-138 所示。

图 5-136　帽子商店（差别在于帽子）　　图 5-137　眼镜店（地狱天使与时装设计师）

图 5-138　麦当劳（我爱免费 WiFi）

（2）构图与版式能力

构图的目的有两个：一个是创造更好的审美形式，另一个就是正确引导读者按设计师的意图浏览海报，并能够快速阅读到海报的主要信息，理解其用意。当所有文本、图片或图形都准备好了，就要考虑如何排版会更方便读者阅读。多思考、琢磨图形和文字之间的相互作用，合理规划视觉路径。

①好的版面构图能给观众恰当的指导。版面应给观众提供明确的方向，成功的版面设计应该清晰明了，哪个信息最重要，观众应按什么顺序来观看设计作品，都应一一交待清楚，这个称为信息等级。示例如图 5-139 和图 5-140 所示。

 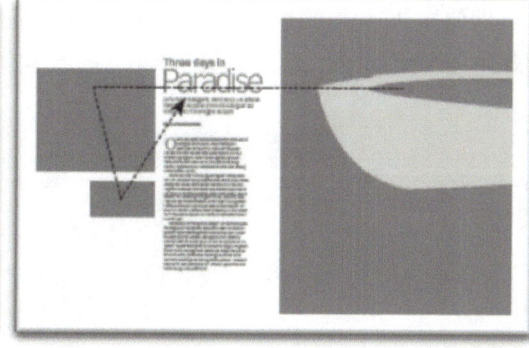

图 5-139　版面构图示例（1）　　　　　　图 5-140　版面构图示例（2）

再看图 5-141～图 5-143 所示的示例，显得很充实的版面给读者传达一种动感及丰富的层次感。在这部分中并不存在一个视觉焦点，因为所有的图片都是在大小不一的矩形区域中，产生了不同的方向感。如果将版面下部其中几张小图片用颜色区域代替，并加上标题，就会让设计显得更具吸引力。

图 5-141　充实版面示例（1）　　　　　　图 5-142　充实版面示例（2）

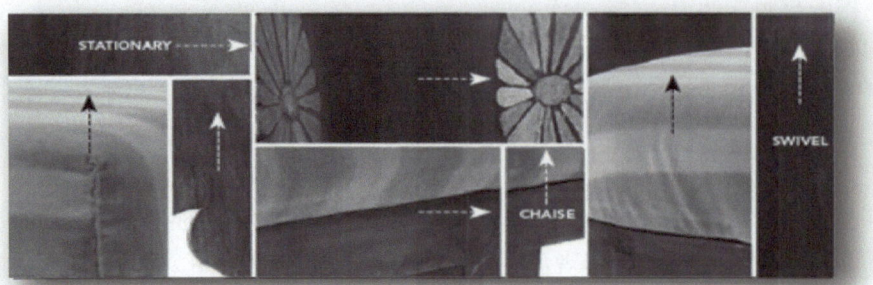

图 5-143　充实版面示例（3）

即使在似乎偏爱视觉混乱的当代设计作品中，设计师也可以运用信息等级让观众更容易理解所要传递的信息，如图 5-144、图 5-145 所示。

图 5-144　信息等级设计示例（1）　　图 5-145　信息等级设计示例（2）

②构成清晰等级的基本元素。信息的等级处理是成功设计的关键之一，它指的是对版面中各元素进行不同程度的差别化处理，这种差别能引导观众依据信息的重要性，按设计师设定的观看顺序浏览作品，如图 5-146 和图 5-147 所示。当视觉元素形成明显的等级关系又同时具有统一性的时候，设计师往往会运用以下一个或几个设计方法来组织画面。

图 5-146　信息的等级处理示例（1）　　图 5-147　信息的等级处理示例（2）

◆**视觉反差**：能形成视觉反差的因素有大小、明暗、分量、空间留白、位置、形象、背景、质感和色彩。反差是不同元素间的并列，这种不同可造成强烈的视觉吸引力。

大小视觉反差，如图5-148～图5-150所示。

  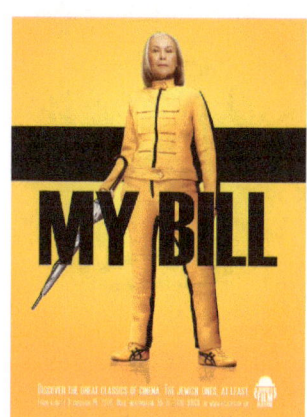

图5-148 大小视觉反差（1）　　图5-149 大小视觉反差（2）　　图5-150 大小视觉反差（3）

明暗视觉反差，如图5-151～图5-154所示。

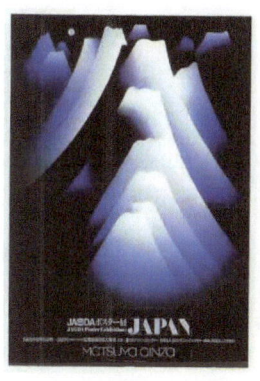 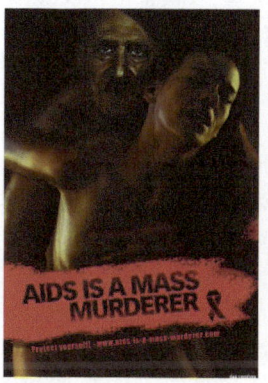  

图5-151 明暗视觉反差（1）　图5-152 明暗视觉反差（2）　图5-153 明暗视觉反差（3）　图5-154 明暗视觉反差（4）

分量视觉反差，如图5-155～图5-156所示。

图5-155 分量视觉反差（1）　　　　　　图5-156 分量视觉反差（2）

空间留白视觉反差，如图 5-157～图 5-160 所示。

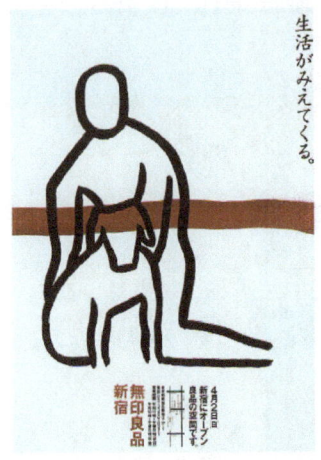

图 5-157　空间留白视觉反差（1）　　图 5-158　空间留白视觉反差（2）　　图 5-159　空间留白视觉反差（3）

图 5-160　麦当劳广告

什么是空间留白？对空间留白的理解有很多，但不应该把它理解成是一块没有被利用的空白。开放式空间是版面设计的关键工具，它通过在重要元素周围提供一个安静的区域来引导视线走向这个重要元素，并为设计增添一份成熟。白色或开放式空间对于视觉平衡是十分重要的，不管是对称的还是不对称的平衡，甚至有些文字如果没有空间留白就无法阅读。

如图 5-161 所示，可以看到，右图中那根斜向的参考线准确地停在了女主角的正中间，并且主角只占整个画面的三分之二，这种构图法就叫"三分构图法"。三分构图法是最简单的，也是最实用的。它比中心构图更好看，也更容易引发人的联想。四根线的交叉点叫作"趣味中心点"，是人眼最容易被吸引的部分。主体只有女主角一个人，且占满了画面。但是要注意的是，人家可不是直直地傻站着的，而是斜着把画面一分为二。这种构图方法叫作"对角线构图法"，能让原本死板单调的主体变得有运动感。同时，趣味中心点也在面部，让人很容易就被这一双美丽的眼睛所吸引。

图 5-161　CD 封面广告

位置视觉反差示例如图 5-162 所示。

图 5-162　位置视觉反差

形象视觉反差，如图 5-163、图 5-164 所示。

图 5-163　形象视觉反差（1）　　　　图 5-164　形象视觉反差（2）

背景视觉反差，如图 5-165～图 5-167 所示。

 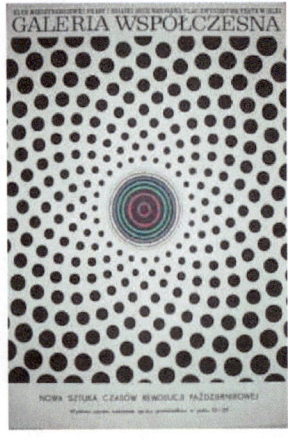 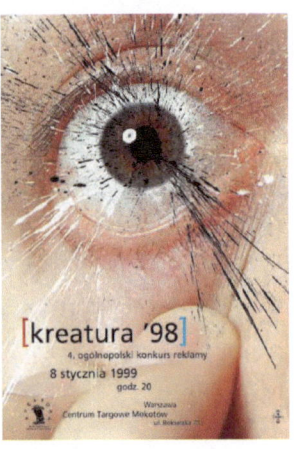

图 5-165　背景视觉反差（1）　　图 5-166　背景视觉反差（2）　　图 5-167　背景视觉反差（3）

质感视觉反差，如图 5-168、图 5-169 所示。

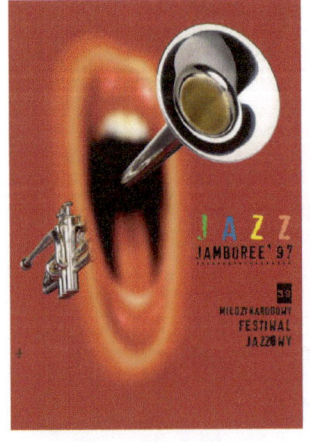 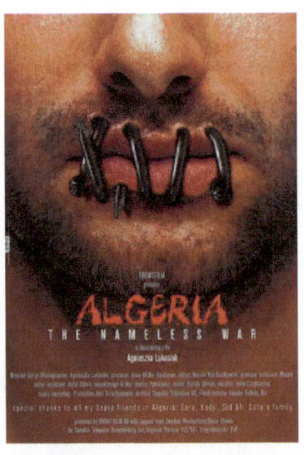

图 5-168　质感视觉反差（1）　　图 5-169　质感视觉反差（2）

色彩视觉反差，如图 5-170～图 5-172 所示。

图 5-170　色彩视觉反差（1）

图 5-171　色彩视觉反差（2）

图 5-172　色彩视觉反差（3）

◆**对称及不对称平衡**：请想象一下坐在跷跷板上的两个孩子，如果重量差不多，他们可设法使自己处于对称平衡位置；但如果两个孩子体重相差较大，更重的那个必须往中间移动些，两人才玩得起来，这样就形成了不对称平衡，这种方法在设计中十分有用。对称的版面设计通过镜子原理达到平衡，往往被用来表达庄重严谨的视觉效果。而不对称布局则通过难以预测的更生动的造型来达到平衡，运用不对称，多元素之间的关系形成"视觉不平衡中的力的平衡"。

对称的版面设计，如图 5-173、图 5-174 所示。

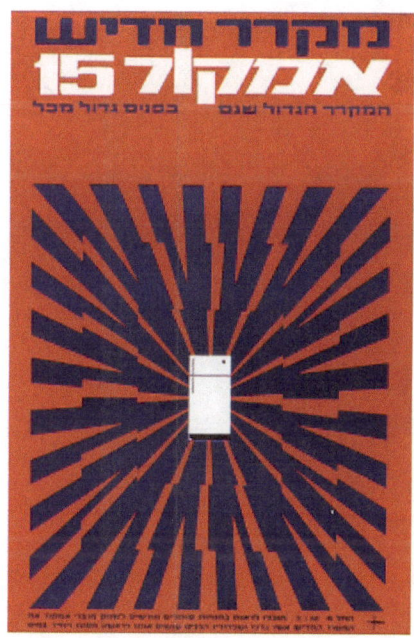

图 5-173　对称版面设计（1）

图 5-174　对称版面设计（2）

不对称布局，如图 5-175～图 5-176 所示。

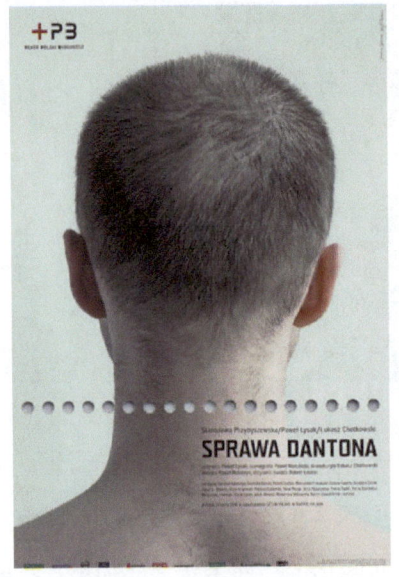

图 5-175　不对称布局（1）

图 5-176　不对称布局（2）

图 5-177 所示的这幅海报看上去充满青春活力，它实际上运用了十分成熟的设计技巧来暗示这部电影中"某些东西有些不对劲"。请注意每种元素都被表现得有些歪斜，但不是完全呈现一个固定的角度，每种元素倾斜的角度都不一样，甚至整幅画面都是稍稍倾斜的，这种稍带角度的版面设计在视觉上形成动感，但很微妙，令人有些不知所措。

图 5-177　不对称布局（3）

◆视觉节奏：想象一个没有特写镜头或远景的电影，或一首所有音调都一致的歌，会是多么的单调与乏味。我们周围的世界因节奏而变得丰富多彩，海浪、心跳，甚至城市的各种声音，我们的设计也应如此。视觉节奏可以通过设计中元素的变化来达到，方法有以下几种。

在大小比例上设计一个出其不意的变化，如图 5-178 所示。

图 5-178　大小比例变化设计

把某一元素移出它原有的位置，如图 5-179、图 5-180 所示。

图 5-179　把某一元素移出原来的位置（1）

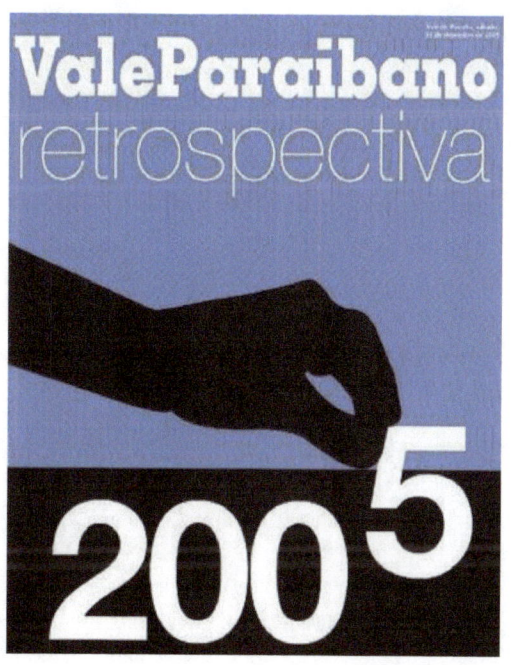

图 5-180　把某一元素移出原来的位置（2）

去除某一预料之中的元素，如图 5-181、图 5-182 所示。

图 5-181　去除某一预料中的元素（1）

图 5-182　去除某一预料中的元素（2）

◆**深度**：平面设计当然是在平面上进行的，然而许多设计作品的共同特点是在平面上运用和表现三维深度。赋予设计作品以深度的 3 个方法是改变大小、层次和位置关系。

改变大小关系，如图 5-183～图 5-185 所示。

图 5-183　深度大小关系示例（1）　　图 5-184　深度大小关系示例（2）　　图 5-185　深度大小关系示例（3）

改变层次关系，如图 5-186～图 5-188 所示。

图 5-186　深度层次关系示例（1）　　图 5-187　深度层次关系示例（2）　　图 5-188　深度层次关系示例（3）

改变位置关系，如图 5-189、图 5-190 所示。

图 5-189　深度位置关系示例（1）

图 5-190　深度位置关系示例（2）

色彩和对比也能部分地起到增加视觉深度的作用，例如，对比最强烈、色彩最明亮的元素往往有向前移动的感觉，而对比不明显的元素看上去往往离得较远。

（3）用色彩沟通的能力

①学会用色彩打动消费者。颜色具有很大的感官性，可以根据海报设定的主题来确定相应的颜色。

如图 5-191 所示，Savannah 音乐节海报选用了柔和的春季色系，以此让大家感受到这是个户外音乐节，即将欣赏到的是轻柔美妙的音乐，而非重摇滚。

使用纯色块时，一定要选择好颜色的搭配，如图 5-192、图 5-193 所示。但是过多的颜色可能会导致太花哨而无重点，如图 5-194 所示的这例海报就仅用了红色和黑色就打造出了强烈的视觉效果，所以颜色上的强烈对比也可以打造出夺人眼球的效果。

图 5-191　Savannah 音乐节海报

图 5-192　纯色块示例（1）

图 5-193　纯色块示例（2）

图 5-194　仅用红色和黑色打造强烈的视觉效果

②打破色彩界限让信息表达更简明易懂。颜色是所有设计中非常强大的工具，特别是在广告设计中。可以用颜色设置特定的氛围或场景，唤起某种情绪，或者充当主题。

如图 5-195 所示，法国牙医中心 Centre Dentaire Paris Loft 的广告使用颜色作为主题，将一般为黄色的物体描绘成珍珠白，并在底部加上"我们不喜欢黄色"的口号。这种"不正确"的颜色使用造成一种冲突感，能捕获大量的注意，同时做出一个非常强烈的声明。

图 5-195　法国牙医中心广告

所以，考虑在你的设计中使用颜色作为主题时，无论是选择冲突的、有趣的或者吸引眼球的方式来运用颜色，都记得要带有目的性，如图 5-196、图 5-197 所示。

图 5-196　颜色主题示例（1）　　　　图 5-197　颜色主题示例（2）

③色彩叠加使海报设计很炫酷。色彩叠加法其实是海报色彩设计技巧中的细分领域，其特色是利用两种或者两种以上的颜色进行画面的切割、重组、渐变、叠加等设计手法，来突出整体画面的主焦点，若色彩搭配好了，会起到非常震撼的视觉效果，如图 5-198、图 5-199 所示。

图 5-198　色彩叠加示例（1）

图 5-199　色彩叠加示例（2）

（4）引导解读创意的能力

①视觉引导。就像现实生活中的指示牌或图表上绘制的箭头，都是来引导我们关注某些东西的重点内容一样，在海报中使用引导线，也是引导消费者视线的好方法。

如图 5-200 所示，Celcom Broadband 的这则广告使用鲜明的引导线指向产品图片。由于设计的重量聚积在底部，用户的视线一般会先到达页面底部，然后逐渐地沿着中间的引导线向产品图像移动，最后再移回来。

所以，如果你想 100% 确保消费者看到设计的所有重要部分，便可以使用一些引导线和引导图形来指引视线从 A 点移到 B 点，如图 5-201 所示。

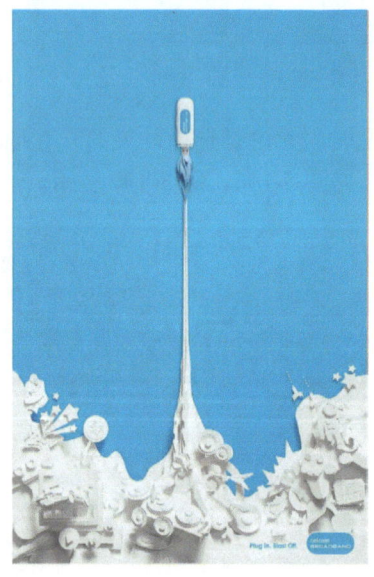
图 5-200　《Celcom Broadband》

图 5-201　2019 年戛纳广告节铜奖作品

②情绪引导。有许多广告设计的目的在于唤起某种情绪。我们都有过看到一则广告会会心一笑或者心有戚戚的经历，但却没有意识到是众多设计因素的共同作用激起了我们的情绪。让我们来看一则在消费者中引起伤感甚至是沮丧情绪的广告，并分析它是如何做到这一点的。

如图 5-202 所示，Unicef 的这个广告使用了一个具有情绪的形象———一名在商场人体模特中寻找家人的小女孩，这个形象同时也是一种情绪信息，并且起到引发情绪的作用。这种情绪通过手写的标语大大增强。典型的孩子般潦草的书写和绘画，使人觉得这条标语似乎是直接来自那个小孩的，而不是出自一家公司。

图 5-202　Unicef 广告

有时一个词语或是一张图片都可能带来巨大的情感。带有情绪的图像，最容易引起观者的共鸣。例如，一个哭泣的女人，或是即将穿越终点线的运动员，他们都可能带来强烈的情绪，令人产生好奇的欲望。在做海报的时候我们应该思考一下，我们所要传达的信息应该如何被消费者所接受，我们可以做哪些调整设计，来加强我们想呼吁的情绪效果，并得到预计的反应。所以，无论我们想要唤起幸福、幽默、悲伤还是其他任何情感，我们的所有设计要素，从图像、造型、信息、色彩、版式到字体等，必须围绕着这种情感展开。

③推理引导。当在海报中使用一点幽默或高明的手法时，我们常常会担心："如果观众看不懂怎么办？"其实只要我们处理得当、分寸掌握适度，完全不必过分担忧。我们要向脱口秀演员学习一些表达的技巧，努力让每个人都能理解其中的言外之意，尽量避免将所要传达的信息直接喂到观众嘴里。这是一个信息编码的过程，应适当地让消费者自己推理出某些事情，让他们填补视觉上的空白。虽然让观众解码信息是难点，但只要掌握适度，让消费者解码会使其记忆更加深刻，也更能体现简洁的丰富性，因为每个人都有自己脑补的细节差异。

如图 5-203 所示，Heinz 辣番茄酱的这则广告让消费者在得知产品品类之前，自己搜集信息碎片，思考到底是什么事件导致了图中的景象。与大多数广告一样，这则广告将产品标志放置在广告底部，以便在看完图像后能够理解这个幽默的表述。

图 5-203　Heinz 辣番茄酱广告

注意,这里没有任何标语或其他太明显的解释表明"酱太辣,吃了会出汗",广告的含义留给观众自己理解。试着把你的广告想象成一个好笑的笑话,如果它足够巧妙和完整,你便完全不必进行解释。

(5) 主题表达的管控能力

① 系列海报要保持统一的风格。海报作为广告形式的一种,应该把它看作是对长久品牌建设的一种贡献。一方面,应该时刻和其他形式的广告保持风格个性的一致。另一方面,创建一个系列海报时,也要记住它们除了必须更换的元素外,其风格仍然应该保持一致。但也要注意,即使单独拿出某一张,也可以完整地、个性鲜明地展现出品牌的个性、持续风格和广告内容,如图 5-204 所示。

图 5-204　系列海报统一风格

②放大主要元素可强调主题。将主要的图片或文字坚定地放大，生猛地撑满整个海报时，则会产生强有力的冲击力，同时也会影响受众人群的感官刺激，观者会非常容易被海报所产生的情绪和能量所吸引。想要获得这种效果，可以尝试将字数变少，字号变大，如图 5-205、图 5-206 所示。

图 5-205　放大主要元素强调主题（1）　　图 5-206　放大主要元素强调主题（2）

③创建视觉焦点含蓄有魅力。使用清晰或模糊的图片当背景，都可以增强文字赋予的力量。关键技巧要向摄影师中的"细节党"学习，仅保留图像最核心的部分，往往会有很戏剧化的效果出现，同时也非常能吸引注意力，如图 5-207 所示。

图 5-207　视觉焦点表现含蓄魅力

3. 海报设计的 6 个小套路

要想将海报设计得让人印象深刻，海报中的画面语言就要简洁。从传播观点看，海报作为传播媒介的一种形态，为了达到最佳的传播效果，最理想的方法一定是撷取当时最为流行、最为典型、最具吸引力、最具号召力的文化符号作为海报的信息传播载体，因此海报在某种角度下可以说是某个历史时空中文化精神的集中显现。这里介绍一下海报设计师是怎么通过以下 6 招进行海报设计的。

（1）点、线、面

套用"点""线""面"来进行视觉构成的海报设计，这是最常见的海报设计手法，也是一些基础视觉设计的海报作品，示例如图 5-208～图 5-213 所示。

图 5-208　点线面构建视觉设计示例（1）

图 5-209　点线面构建视觉设计示例（2）

图 5-210　点线面构建视觉设计示例（3）

图 5-211　点线面构建视觉设计示例（4）

第五章 广告创意与设计执行技巧

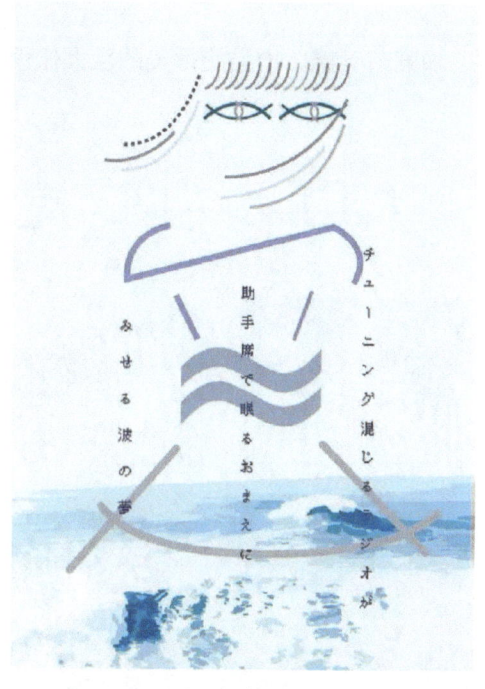

图 5-212　点线面构建视觉设计示例（5）

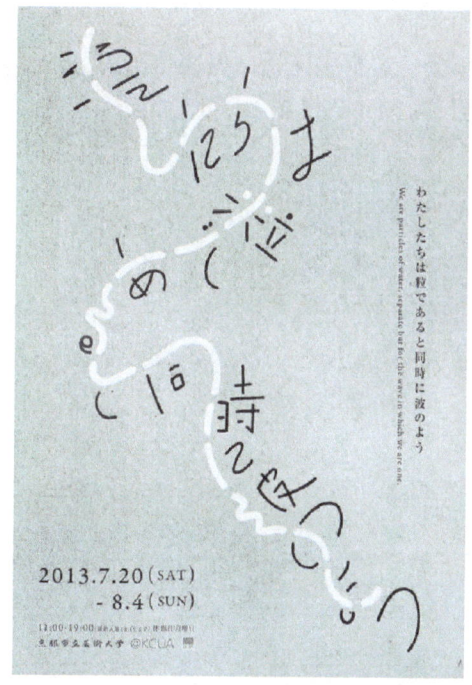

图 5-213　点线面构建视觉设计示例（6）

是不是觉得不是很复杂？一眼就能看懂海报创作的思路？是不是感觉自己也可以做得比它们更好？

（2）特异

特异是指在一个完全相同的视觉元素中突然出现一个不一样的，那个与众不同的元素，就是设计师想要表达的核心内容。如图 5-214～图 5-216 所示，这组海报作品运用了基础平面设计中的"特异"。

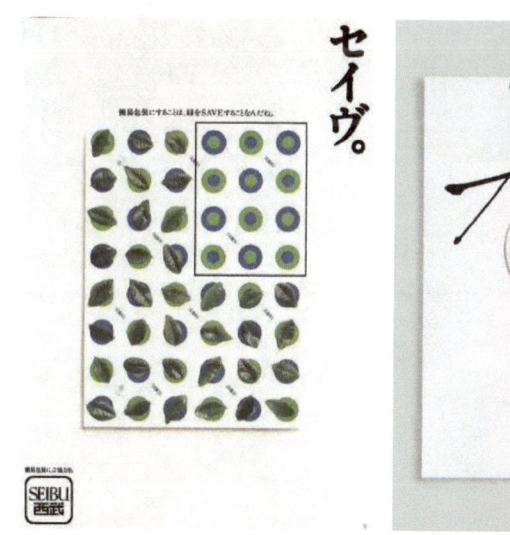

图 5-214　基础平面中的特异设计（1）

图 5-215　基础平面中的特异设计（2）

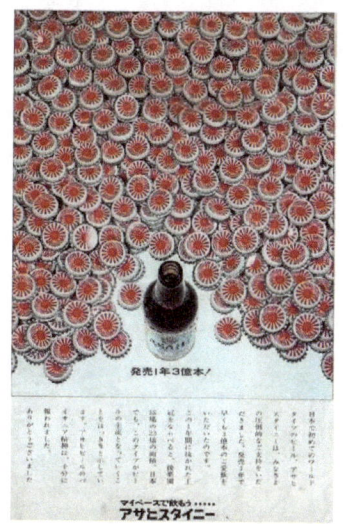

图 5-216　基础平面中的特异设计（3）

(3) 重复

重复具有突出思想、强调感情、分清层次、加强节奏感、增强旋律美的巨大作用。示例如图 5-217～图 5-221 所示。

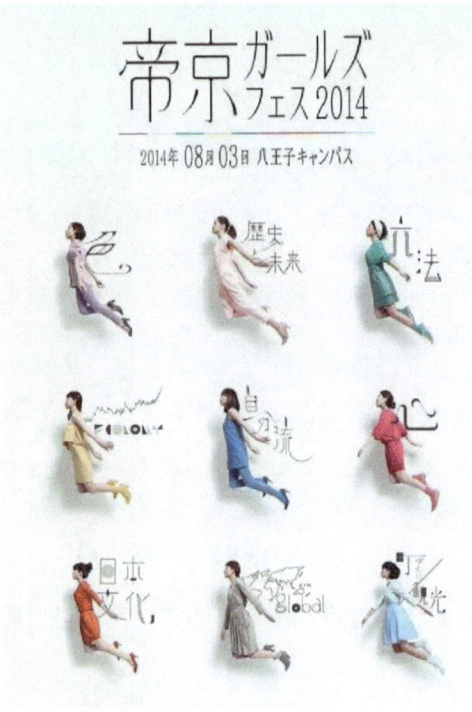

图 5-217　重复视觉设计（1）

图 5-218　重复视觉设计（2）

图 5-219　重复视觉设计（3）

图 5-220　重复视觉设计（4）

图 5-221　重复视觉设计（5）

(4) 渐变与发射

渐变与发射的作用是增加画面的现代感，渲染画面色调的柔美、清新。示例如图 5-222～图 5-224 所示。

第五章　广告创意与设计执行技巧

  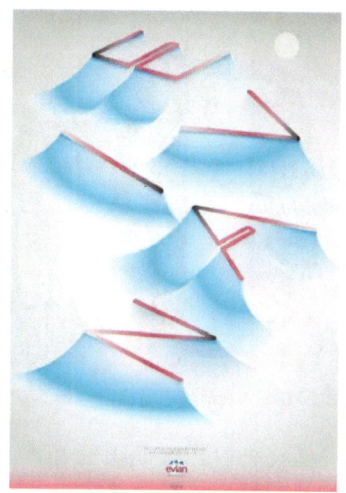

图 5-222　渐变与发射视觉设计（1）　　图 5-223　渐变与发射视觉设计（2）　　图 5-224　渐变与发射视觉设计（3）

（5）肌理

顺畅、平滑的肌理给人以宁静、和谐的感觉，流动、变化的肌理给人以运动、生命之感，借物传情，强化主题，在追求艺术个性和现代精神特征时，艺术的功能发挥着巨大作用。示例如图 5-225～图 5-227 所示。

图 5-225　肌理的运用（1）　　图 5-226　肌理的运用（2）　　图 5-227　肌理的运用（3）

（6）正负形

"正负形"的特点是，正负形都是一种艺术图案，它可以给人以幻觉，使人产生多种视觉感受。通常正形和负形共用一条边线，你中有我、我中有你，当正形消失的时候负形也就同时不存在了，这是大师们普遍钟爱的游戏。示例如图 5-228～图 5-231 所示。

   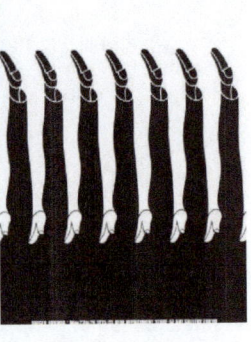

图 5-228　正负形的运用（1）　图 5-229　正负形的运用（2）　图 5-230　正负形的运用（3）　图 5-231　正负形的运用（4）

这种以朴素的内容和比内容更朴素的表达方式，对现代海报设计起着指导性作用。我们可以看到的是，没有任何形态和色彩自身能够自成体系，而是所有形态和色彩在同一张海报设计中共同发挥着作用。

课后练习任务书

作业1——文化类海报创意设计

1. 作业主题

"爱"的主题海报设计

2. 主题解读

爱是永远讲不完的话题，甚至有人认为爱是一种幻觉。从正面理解，生活中我们的爱有很多种：亲情之爱、友情之爱、手足之爱、恋人之爱。而在恋人之爱中又有很多种：相爱、垂爱、敬爱。以母爱为例，它是对儿女的包容，是对儿女的责骂，是对儿女的教育，等等。以父爱为例，它是沉默，是默默付出，是为子女一次次指明人生的道路，等等。以友爱为例，它是纯洁的象征，像冰一样晶莹，像水一样透明，等等。当然爱还有很多其他的爱，比如危险的爱，自爱，虚荣的爱，同性的爱，等等。大家可以从多种价值观、多种角度阐述自己对爱的理解或不被人注意的爱。

3. 作业目标

①锻炼学生洞察人性的能力。

②锻炼把抽象的哲学思考转化成视觉形象的能力。

③提高创意思路一致，但表现方式不同的媒介应用能力。

④提高媒介驾驭能力，根据媒介特点展现创意，引发传播的能力。

4. 作业内容

①作业包含移动端和传统媒体两个版本的主题海报。

②鼓励采用广告新思维、新形式、新的媒介创意进行设计。

③两种版本均为静态广告，GIF动画可有可无，但不需要交互设计。

5. 作业要求

①作品需提交移动端与传统媒体两个版本的同一主题创意的系列主题海报。

②移动端：手机端发布的静态广告，作品不少于4个幅面加手机型边框的广告（手机型边框自行寻找素材），或一张长幅广告，排版在2张A4纸上。

③传统媒体：仅为纸质媒体海报。

④要求所有作品都提交纸质打印稿，规格：A4（297mm×210mm）无须装裱。

⑤作品需配300字左右的文字说明，以诠释作品的创意及内涵。

⑥作业上需注明：课程名称、作业名称、班级、姓名、学号等个人信息。

作业2——商业类海报创意设计

1. 作业主题（根据授课需要可更换主题）

"外屋地 drawing room"奶茶店

2. 背景资料（根据授课需要可更换背景资料）

外屋地以芝士现泡茶为特色。自创立之日起，外屋地专注于呈现来自世界各地的优质茶香，让茶饮这一古老文化焕发出新的生命力。该品牌为新品牌，没有任何品牌基础，视觉亮点是实体店装修适合18～25岁的年轻人，目标群体以在校大学生为主，但不排斥社会上的年轻人，努力打造年轻学生的第三空间（除了宿舍和图书馆之外的第三空间）。店内装修努力满足学生的拍照发朋友圈的需要，打造学校周边打卡拍照的胜地。产品包装设计秉承年轻、健康、时尚的设计理念，满足年轻消费者的时尚、酷的心理需求。目标是成为一家网红店。定价方面，与市面上同类产品一线品牌的价格持平，平均单一产品价位在15～25元。产品种类除饮品外，还包括简餐、甜品等。

3. 主题解读（根据授课需要可更换解读内容）

"外屋地"源自北方土语，意思为会客厅，应和了品牌的目标"努力打造年青学生的第三空间"。如何能让广告的受众意识到，外屋地品牌提供的是一种他们所向往的生活方式，而不是一款产品，这是这个作业的难点。生活方式是立体的，它包含了精神层面的，也包含物质层面的；它既有视觉感受，也有味觉感受，还有听觉感受、触觉感受、嗅觉感受；时间需求、情感需求、社交需求都左右着他们的选择；打破次元壁、建立社交通道、引进共鸣道具（如动物、游戏等）都是引流的重要手段。高品质的食物永远是品牌品质的压舱石。

4. 作业目标

①锻炼学生洞察商业消费中人性的弱点，并驾驭这些弱点服务于品牌的能力。

②把学生所向往的生活方式进行提炼，并转化成视觉形象的表达。

③提高创意思路一致，但表现方式不同的媒介应用能力。

④提高媒介驾驭能力，根据媒介特点展现创意，引发传播的能力。

5. 作业内容

①作业包含移动端和传统媒体两个版本的主题海报。

②鼓励采用广告新思维、新形式、新的媒介创意进行设计。

③两种版本均为静态广告，GIF动画可有可无，但不需要交互设计。

6. 作业要求

①作品需提交移动端与传统媒体2个版本的同一主题创意的系列主题海报。

②移动端：手机端发布的静态广告，作品不少于4个幅面加手机型边框的广告（手机型边框自行寻找素材），或一张长幅广告，排版在2张A4纸上。

③传统媒体：仅为纸质媒体海报。

④要求所有作品都提交纸质打印稿，规格：A4（297mm×210mm）无须装裱。

⑤作品需配300字左右的文字说明，以诠释作品的创意及内涵。

⑥作业上需注明：课程名称、作业名称、班级、姓名、学号等个人信息。

作业3——交互类海报创意设计

1. 作业主题

"生活垃圾分类"交互广告设计

2. 背景资料

2019年4月，住房和城乡建设部会同有关部门印发《关于在全国地级及以上城市全面开展生活垃圾分类工作的通知》，部署全国地级及以上城市全面开展生活垃圾分类的各项工作。通知明确，到2020年，先行先试的46个重点城市基本建成生活垃圾分类处理系统；其他地级城市实现公共机构生活垃圾分类全覆盖，至少有1个街道基本建成生活垃圾分类示范片区。

住房和城乡建设部城市建设司副司长张乐群表示，134家中央单位、27家驻京部队和各省直机关已全面推行生活垃圾分类；46个重点城市分类投放、分类收集、分类运输、分类处理的生活垃圾处理系统正在逐步建立，已配备厨余垃圾分类运输车近5000辆，有害垃圾分类运输车近1000辆，并将继续投入213亿元加快推进处理设施建设，满足生活垃圾分类处理需求；各重点城市开展生活垃圾分类入户宣传，覆盖家庭已超过1900万次，参与的志愿者累计超过70万人。

下一步，住房和城乡建设部将继续会同有关部门多措并举全力推进生活垃圾分类。以社区为着力点，加强主动宣传，凝聚社会共识，营造全社会参与的良好氛围。加快生活垃圾分类设施建设，完善垃圾分类技术设施标准，加强分类投放、分类收集、分类运输、分类处理各环节有机衔接。

3. 主题解读

作品必须紧扣生活垃圾分类公益宣传主题，正面宣传生活垃圾分类的重要意义，充分体现生活垃圾分类的内涵。垃圾分类的方法和知识、文明理念、时代新风尚等，都可以是广告宣传的重点。

4. 作业目标

海报创意如何引入外部资源，形成媒体融合表现创意，以此来引发学生对新媒体的思考和理解。

5. 作业内容

◆线上互动型海报，一、二级页面每个页面不少于2个交互点，最多做三级页面。

◆场景交互型海报，应包含纸质海报、移动（手机）端UI、应用场景，三者融为一体产生联动关系。

6. 作业要求

①交互海报包括：A. 移动端（手机）H5 互动海报；B. 场景互动海报，不限位置。

②接收作品的格式：

◆线上互动型作品——用 H5 软件制作。可以与 H5 动画、H5 游戏、H5 电子杂志、H5 交互视频等相融合。作品分辨率要适合手机屏幕尺寸，即默认页面宽度 640px，高度可以为 1008px、1030px，页数不多于 15 页。作业需提交作品发布后的链接及二维码，并提交作品链接和电子文档。

◆场景交互型海报——以 H5 文件形式加以演示说明，并提交作品链接。

三、Banner 广告设计

Banner 的直译是横幅。Banner 广告一般是指网站页面的横幅广告，还可以是报纸杂志上的大标题。Banner 广告主要体现广告投放者的中心意旨，要形象鲜明地表达最主要的情感思想或宣传重点。从广义上说，Banner 是海报的一种形式；从狭义上来说，Banner 单指网页上面的横版广告图，现在也有人泛指网页上面的一切"海报"。但由于使用场景、尺寸比例和阅读习惯的不同，两者的侧重点和差异还是很大的。从 Banner 广告的设计要求所要达成的目标来讲，它有点近似 Logo 设计要求，识别性、适用性、引导性、情感的认同性和信息的可读性是第一位的。

（一）好 Banner 设计的要点

我们应该从用户的角度去思考一张 Banner 广告从 0 到 1 的过程，给出 3 个维度的评价标准，分别是：

- 数据驱动——提高精准性。
- 易懂性——增强可读性。
- 情感设计——提高点击率。

1. 数据驱动——提高精准性

如果广告投放没有目的性，就很难将产品通过广告传递给目标用户，从而很难实现广告的最大效益化，而大数据时代往往能帮助我们将广告精准地传递给有需求的用户。

（1）通过结果数据分析

每当你打开淘宝时，首页的 Banner 广告总会弹出你近期浏览过的或者购买过的同类产品，这就是淘宝善于使用个人大数据，从而达到精准推广的效果。

而设计师在设计 Banner 广告图之前，一般会参考之前投放的结果数据，例如，要设计 A 类的广告，通过投放量、阅读量、点击率等数据去分析 A 图的好坏，再通过大量的数据比对来分析出 A 图中哪个单一框架所产生的作用更大，从而为后面的设计做参考。值得注意的是，Banner 广告的点击量不仅仅在于视觉，跟产品、投放渠道等也有关联，在结果数据分析时应当注意甄别。

（2）用户需求分析

说到需求，很多人想到马斯洛的五大需求：生理需求、安全需求、社交需求、尊重需求和自我实现需求，如果用一句话来简单地概括，需求即是用户尚未满足又渴望被满足的愿望。在设计广告 Banner 前，要先思考 Banner 的投放渠道、产品定位等来分析目标用户的需求，从而让设计更易被目标用户接受。

举个例子：设计一个 Banner 广告，投放在拼多多（见图 5-232），我们会先通过大量现有的数据分析出拼多多用户群体的三大主要特点：

- 学历低（文案要做到简洁易懂）。
- 一二线城市以外人群较多（设计风格要贴近用户群体）。
- 追求低价格（突出价格视觉层级）。

从追求低价高端产品入手，从而思考出在设计广告 Banner 图时突出显示强烈对比来抓住用户需求，解决用户痛点。

图 5-232　投放在拼多多的 Banner 广告

设计不是千篇一律的，也不需要摸着石头过河，而是要有数据的支持。了解用户需求，再根据需求用设计突出用户所在乎的点，才能达到更好的效果。

2. 易懂性——增强可读性

易懂性强调设计应从用户获取信息的角度出发，思考如何让用户更加简单地获取广告信息。

（1）三秒原则

从市面上主流的电商 App 上可发现 Banner 广告图片出现的时间只有 3 秒，也就是说 3 秒内要传递给用户所有信息。所以这里不仅要做到无障碍设计，还要思考如何设计 Banner 广告让用户快速获取信息。我们一般从色彩、版式、层次、风格、创意等方向入手。通常做法是，把设计好待发布的 Banner 广告给周围与此案无关的朋友看，三秒后关闭屏幕，然后让朋友在纸上用铅笔凭记忆写出或画出他刚才看到的信息，以此来测评设计传达效果。

（2）设计的可读性

常规的广告 Banner 图主要由文案框、产品/插图框、背景框和按钮框 4 个框架构成，而易懂性常常体现在文案框的内容和设计上。

我们要做到文案尽量简洁通俗、文案内容的行数尽量控制在 3 行以内，确保可读性；在设计上，我们不仅要做到舒服、显眼，还要有信息层级，合理引导用户第一眼信息内容。在字体选择上要可读性高、辨识度高。一般小号字尽量避免手写体，提高可读性和辨识度；大号字也应有一定的控制，过分难辨识的或不利于瞬间阅读的字要谨慎使用或者不用。

如图 5-233 所示，遵循无障碍设计，我们要在设计前分析用户群体、提炼产品卖点，针对不同年龄层用户做到文案可读性。如果面向儿童，文案应简洁易懂，图文并茂；如果面向老人，文案字体要大，需求可视化……

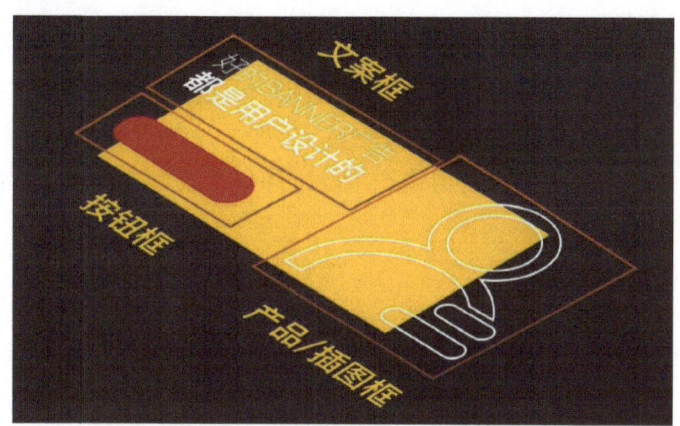

图 5-233　Banner 广告图的 4 个框架

（3）行业适用性

当产品所属行业已经在用户的头脑里占据一席之地时，我们在设计 Banner 广告时要善于利用其已有的行业风格，提前告知用户产品类别，便于用户更快获取 Banner 上的信息。那么如何利用其已有的行业风格呢？色彩设定和风格元素都是简单直接的手段。

色彩设定：在选择 Banner 广告主色调时，我们会更偏向于行业属性主色调、显眼主色调、情感主色调（当然也有非常规的，例如节日类的主色调），选择行业属性主色调往往能体现 Banner 独特性。如教育一般为蓝色调，化妆品一般为粉色调……

风格元素：这里我们直接举一个例子也许会更容易理解，如图 5-234 所示，当没有文案，仅通过风格元素，我们脑海里会马上检索出这个 Banner 广告图的产品有以下几个关键词：潮流、社交、恋爱……用固有的用户思维，快速融入广告所要表达的信息。

图 5-234　Banner 广告图的风格元素

以上两点都是利用用户已有的行业印象，降低用户的认知负担，从而快速获取 Banner 信息。

也许有人会提出疑问，为何不用品牌，而是用行业的属性去设计 Banner 广告呢？我们给出以下 3 个观点：

- 用户比较懒，只能接收有限信息，记住的往往是某类行业的大属性。
- Banner 广告的主要目的在于用户接收自己所卖的产品信息。与友商产品竞争的广告，受版面限制，往往尺寸设计得比较小。
- 大品牌企业的色彩已经在行业内产生既定印象，成为行业色彩属性的主导者，所以两者并不矛盾。

3. 情感设计——提高点击率

当广告 Banner 已经能做到被用户注意到且快速获取信息后，我们还要思考怎么样才能让用户更有欲望去点击内容或者在脑海中留下对产品的印象呢？我们主要从以下两个方面入手。

（1）用设计拉近距离

好的设计能引起用户的注意，而符合人性、有趣的设计能让用户感动亲切。

视觉设计的方式有很多种，能让用户感到充满人性并有趣的设计才算好的设计。比如，如图 5-235 所示，在设计有道词典笔的 Banner 时，加上丁磊的形象，这样不仅加强了 Banner 的权威性，也给 Banner 添加了视觉喜感的趣味性，从而拉近了与用户的距离感。

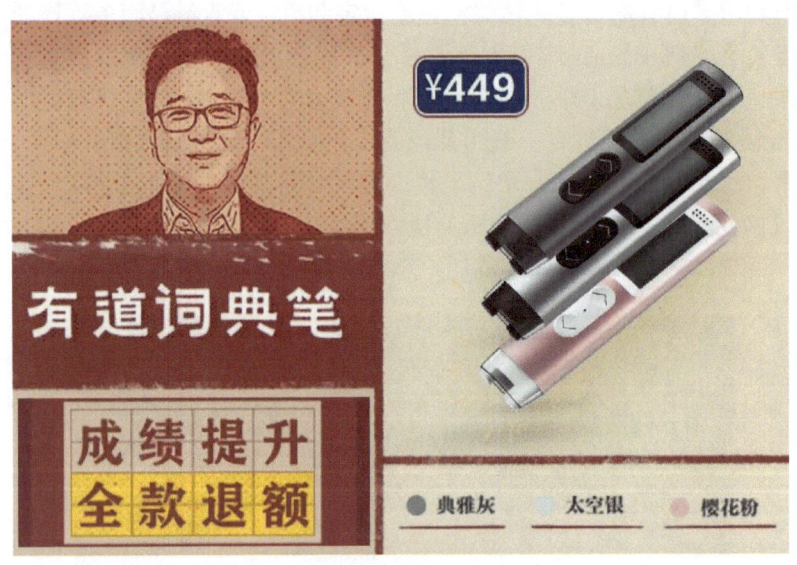

图 5-235　有道词典笔 Banner

（2）给用户一点感觉

Banner 广告在唤醒用户眼睛的同时，又能告知用户的心灵，那是最好不过的。如何告知用户心灵呢？我们常常根据产品的特点赋予感觉，比如如图 5-236 所示，产品是电饭煲，我们就会给用户描述回家的感觉；产品是家具，我们会给用户描述生活……就是给用户提供他们所向往的生活方式。不好的广告会让用户感到枯燥，而好广告通过情感设计，可以带动用户个人情绪的渴望，从而达到即刻购买的效果。

图 5-236　电饭煲 Banner

除了情感上的设计，大多数 Banner 广告设计也会给用户以急迫感。比如在按钮文案上的设计从"点击购买"到"马上购买"再到"立即抢购"，这种急迫感层层递进，促使用户点击成交，如图 5-237 所示。

图 5-237　按钮文案

如何判断一个设计作品能不能唤起用户共情？在条件有限的情况下，我们可以自己充当那个用户。举个例子：当我们在设计完一张 Banner 初稿时，我们会通过自检的办法检验一个 Banner 是否能够带动用户情绪。

如图 5-238 所示，我们通过自检发现 Banner 的各个元素都能被用户获取，但在情感设计上，或许还可以进一步进行思考。

图 5-238　自检 Banner 初稿（1）

我们主要做了以下思考（见图 5-239）：
- 文案中"骗局"有输有赢，所以通过颜色对比来添加趣味性，同时引导用户的注意力。
- 在确保文案的可读性同时，通过倾斜向上的文案给用户积极向上的感觉，弥补版面呆板的缺陷。

图 5-239　自检 Banner 初稿（2）

在强调用户体验的今天，我们的设计应当做到从用户中来，到用户中去，从用户的角度去提出问题、思考问题、解决问题。广告想赚用户的钱，就得帮用户提出问题，再帮用户解决问题。

（二）做 Banner 设计的 7 个小技巧

在制作 Banner 的时候，最重要的效果是鲜明、主题清晰，让大众第一时间捕捉要表达的信息，因此版式设计不要太复杂。

1. 文字中间大，上下小

虽然不能说所有的排版都是这样的，但是大部分排版都在遵循这个规律，从审美上来看，这样子比较协调，如图 5-240 所示。

图 5-240　文字中间大，上下小

2. 亮色为主

大部分 Banner 广告都是要刺激用户消费，激发购买欲望，因此颜色基本会采用亮色（见图 5-241），但是也有不少 Banner 在平面设计时会采用黑色，有时尚、简约的格调，很多奢侈品品牌都愿意这么干，如图 5-242 所示。

图 5-241　Banner 广告颜色设计

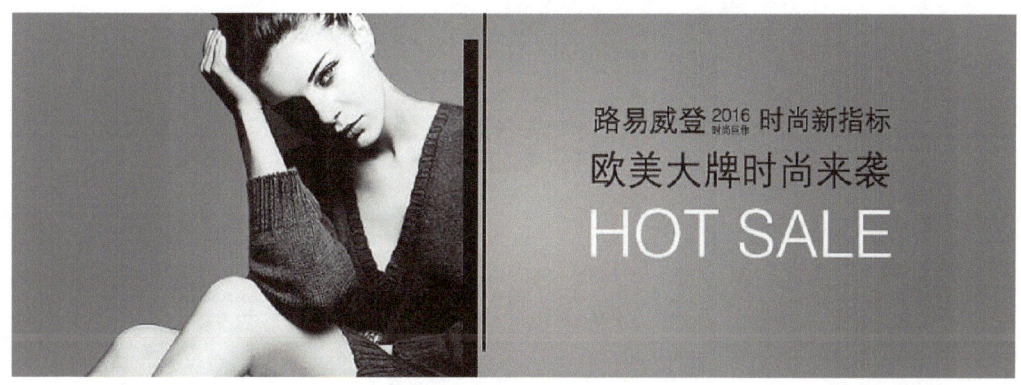

图 5-242　路易威登 Banner 广告

3. 字体易识别

Banner 的字体最好比较简单，客户往往视线停留时间很短，设计太复杂不便于客户快速了解内容。而如果根据产品特性和客户群体的特点使用合适的字体，也会有不错的效果。示例如图 5-243、图 5-244 所示。

图 5-243　Banner 广告字体设计（1）

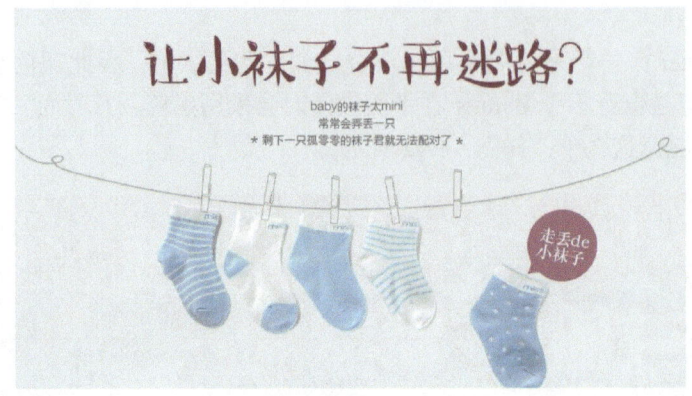

图 5-244　Banner 广告字体设计

4. 巧妙利用图形

有时候文字比较小,不太容易引起别人的注意,此时试着采用图形的方法,可以提高注意力,如图 5-245 所示。

图 5-245　巧妙利用图形

5. 数字放大

一些特殊数字可以进行夸张放大处理,会让人一眼就看明白你的广告,例如,折扣广告就常采用这种方式,如图 5-246 所示。

图 5-246　数字放大处理

6. 文字聚合

基本上 Banner 的文字都是"在一起"的，用户找到文字就可以一读到底，因此文字设计不要散乱，否则会引发用户到处寻找，如图 5-247 所示。

图 5-247　文字聚合

7. 颜色样式多变

几乎所有的 Banner 的颜色和样式都要做变化的动态设计，这样容易影响文字的阅读，此时就可以将文字部分变成图形，维持文字部分的视觉稳定性，这样看起来也会更舒服，如图 5-248 所示。

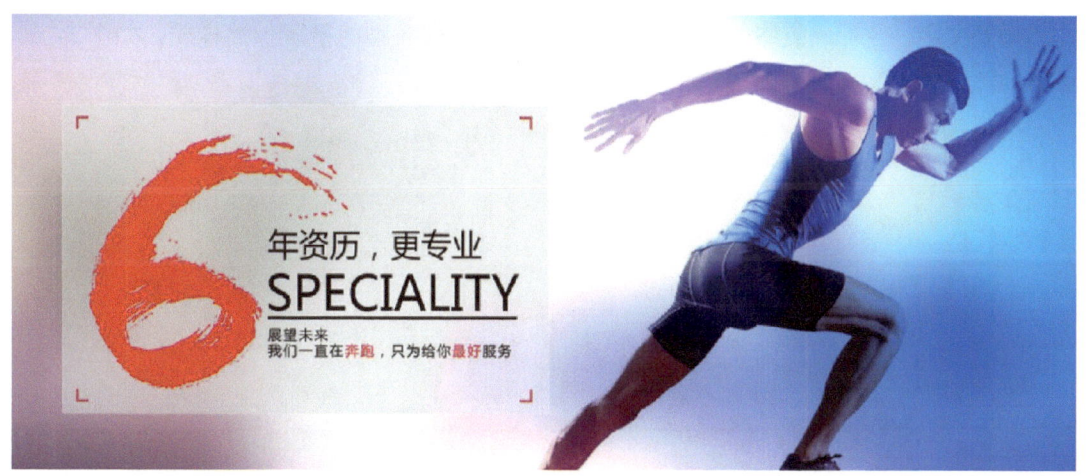

图 5-248　颜色样式多变

（三）Banner 排版的 3 个常规套路

Banner 的视觉元素一般都在二次元平面上，以美的视觉效果与视觉中的力进行编排组合，实现平面构成中的秩序之美。其实只要你用心去分析成功作品，比如标题的样式、颜色的心理暗示等，你的关于设计的知识体系就慢慢建立起来了。

1. 中轴型排版

如图 5-249 所示,在电商活动海报中,中轴型排版是很出效果的一种形式。这种方式使画面展示规整稳定、醒目大方,视觉更聚焦,信息更集中,在突出主体的同时能使整体画面具有一定的冲击力。相对来说,这种方式对于实物(人、商品、创造形象)要求并不高,而对文字信息本身的处理需要更显功力。

图 5-249　中轴型排版

抛开文字、色彩、点缀等元素,我们总结了几个较典型的排版骨骼样式,如图 5-250 所示。

图 5-250　几个较典型的排版骨骼样式(中轴型排版)

2. 分割型排版

如图 5-251 所示，以分割排版的方式构图，画面有明确的独立性和引导性。这种方式留白更多，较好的视觉引导和方向使信息更明确，更显品质感。相对来说，对于图像的品质要求更高，精致感、品质感更高。

图 5-251　分割型排版

抛开文字、色彩、点缀等元素，我们也总结了几个较典型的排版骨骼样式，如图 5-252 所示。

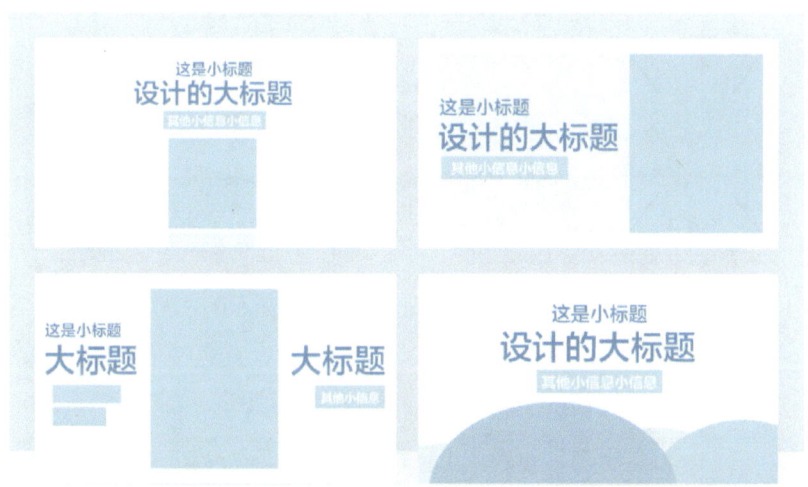

图 5-252　几个较典型的排版骨骼样式（分割型排版）

3. 满版型排版

如图 5-253 所示，利用大面积的元素来传达最为直观和强烈的视觉刺激，当制作的图片中有极为明确的主体，且文案较少时可以采用满版型排版。这种方式视感更强，带入感更高，可应用于例如节日专题活动、会员等营销活动中。常见的满版型排版有整体满版、细节满版和文字满版等几种。相对来说，文字与背景元素的处理关系需要更加明确细微。

图 5-253　满版型排版

抛开文字、色彩、点缀等元素，总结了几个较典型的排版骨骼样式，如图 5-254 所示。

图 5-254　几个较典型的排版骨骼样式（满版型排版）

4. 小结

排版的方式还有很多，总结下来分为：中心型排版、中轴型排版、分割型排版、骨骼型排版、倾斜型排版、满版型排版。

通过上述图例的分析，最终我们的设计作品应该尽可能地满足以下目标。

①和谐统一：元素与元素之间，或所有元素构成的整体是一种协调的关系，比如大小、颜色、风格等的协调。

②对比突出：把两个或者多个反差很大的元素放在一起，使人感觉主体鲜明突出，整体又活跃而统一，比如大小、数量、色彩、形状的对比。

③画面平衡：元素与元素之间、元素与整体之间的大小、形状、数量、色彩、材质等的分布与视觉上的平衡。

④节奏韵律：画面中的一种或多种元素按一定的规律排列，会产生音乐一般的旋律感。

为了使我们的设计能力不断提高，平时可以对 Banner 图进行拆分剖析。另外，针对工作中常用设计版式进行分析和实例练习，便于我们建立设计知识体系。设计的本质都是为了传播，你的设计内容都是为了让用户去理解和遵从你的思路，理解作品，产生共鸣，这其实就是一种秩序之美。

同样是一个内容，你会发现切入的角度不同，得到的答案自然也差之千里，我们的着眼点和用户（受众）的理解点是很难达成一致的。所以"设计的秩序"就很关键，其实我们需要的就是让用户（受众）能够看下去，不管是什么角度切进去，能好好看完我们的设计就行了，然后用户（受众）自己去判断和理解。所以我们对于形式的理解和掌握就显得很重要，通过合理的设计形式展示我们的内容，更好地传递信息，形成秩序，引导用户去产生共鸣，增加我们的点击率。设计理论知识的灵活运用和深入学习都是陪伴我们整个职业生涯的大问题。

课后练习任务书

1. 作业主题

淘宝网店内的 Banner 设计

2. 主题解读

在淘宝或京东商城上，任意选择一家知名的快速消费品网店。从中选择一件商品的 Banner 广告，经过对现有 Banner 广告的分析，在保留原文件的绝大部分元素不变的前提下，进行改进式再设计练习。

3. 作业目标

◆设计同一个主题多个 Banner 广告方案，以此寻找符合人性的、有趣的、能让用户感动的视觉形式。

◆通过对产品特点的深入思考，能主观地营造一种用户所向往的生活氛围和视觉感受。

4. 作业内容

在广告视觉元素不变的情况下，设计 3 张版式风格不同，但主题一致的 Banner 广告，这 3 种版式分别是中轴型排版、分割型排版、满版型排版。

5. 作业要求

◆作品应美观大方、构思新颖、易懂可读、色彩明快、图文并茂，能唤起情感共鸣，具有时代感。

◆提交的设计作品，需包含以下元素：产品标志（Logo）；产品名称；促销信息与广告语；产品图片或主视觉图片。

◆作业规格为 A4 幅面，不需要装裱。三个 Banner 打印在一张纸上，上中下排列。每个作品要在下方备注作品名称和设计思路说明，且不超过 100 字。

四、TVC 广告

什么是 TVC 广告？

TVC 广告也叫电视商业广告片，与电影广告（CF）不同，制作 TVC 通常费用相对较低，操作较易。TVC 和 CF 都是电视广告片。只不过制作 CF 的设备较好、成本比较高，而制作 TVC 简单。TVC，TV——television（电视），C——commercial（商务的，在广告中指商业广告），为电视广告脚本创意。发展到今天，TVC 广告泛指一切视频形式的商业广告。

TVC 广告，是一种运用电视、PC、移动端设备、公共空间电子屏的画面、声音、文字等综合技术表现手段创作视听综合内容，并主要通过电视、PC、移动端设备、公共空间电子屏进行信息传播的广告形式。

TVC 广告具有视觉、听觉、叙事、情感、美学等复杂的符号系统，它综合运用多种符号，表现特定的商品价值内涵和文化内涵，通过赋予产品情感、文化、品位等特征，达到了推广产品、塑造品牌形象、提升产品知名度和美誉度的目的。

一个优秀的 TVC 广告作品，既要符合大众审美与价值需求，吸引消费者的注意，同时要实现广告主的传播目的。TVC 广告策划与制作需要围绕设计元素、叙事元素、广告诉求三方面进行。

（一）TVC 广告中的设计元素

TVC 媒体一般将图像与声音当作信息传递的主要语法体系，也称"视听语言"。其底层的叙事单位是镜头，接着依次是镜头组、镜头句、段落、作品。

图像和声音是 TVC 广告主要的叙事元素，我们将图像和声音分成两种表意体系，其分别成为两个体系的基本叙事单位。而影响图像表意单位的元素又可细分为：图像的色彩、景别、构图、肢体语言、字幕等单位元素。声音表意单位则主要包括配音、背景音乐等叙事单位元素，其中配音还可以细分成独白、对白、旁白 3 种。

1.TVC 广告的视觉设计

TVC 广告的设计内容具有直观性，同时能够形象生动地传达想要传达的内容。TVC 广告视觉设计元素包含色彩、图像、文字、人物等，这些元素直观地传递到观众的视觉神经，这种视觉刺激要优于听觉刺激，更能给观众留下深刻印象。设计师在进行广告设计的过程中，需要注重广告设计中视觉元素的搭配与设计，既要实现广告商的目标，又要符合观众对商品的印象，吸引观众注意的同时保持足够的新鲜感。

（1）色彩语言设计

色彩是一种基本的视觉艺术语言。象征九五至尊的黄色，比喻世外高人的素色，总是出现在人们眼前僧袍的灰色，古人把色彩的运用发挥得淋漓尽致。"报君黄金台上意，提携玉龙为君死""青青子衿，悠悠我心"，这些诗句描写的不仅是颜色，更是颜色下所代表的人物、时代和文化。1949年以来，人们对军绿色的钟爱一直持续了几十年；改革开放后，人们渐渐喜欢大红大紫，到现在各种颜色的选择与搭配，都反映了色彩语言的流行趋势和人们的色彩心理。

TVC广告追求富有个性和吸引力的色彩元素。其目的是刺激观众的视觉感受，增强对产品的注意力和理解力，激发消费者的购买欲或情感沟通。不同的色彩给观众的感受是不一样的。如，红色、黄色会增加观众的食欲，食品广告往往会以红色和黄色为主体颜色或者背景色。绿色能让人感到平和宁静，居家产品的广告往往选择绿色。电视广告在视觉传达过程中要准确地运用色彩对广告主体信息进行强化，以色彩去主动引导受众的关注和理解，让消费者进入到广告传达所设定的消费情境当中。

TVC广告的色彩设计要准确掌握色彩的现实属性和心理属性。首先，根据TVC广告文案及策划的不同诉求选择或写实或夸张的色彩与之相匹配，切忌脱离文案策划的内容设定和情境设定去搭配色彩。色彩的选择和运用要以凸显广告内容主体为核心，要将主体颜色和次要的背景色进行明确的区分，让观众一眼能够分辨出该电视广告主推的产品色彩。色彩要能够对TVC广告进行艺术再创作，呈现超越现实生活的理想情境，通过适度夸张来提升TVC广告的表现能力，让受众印象深刻。其次，色彩具有深层的地域、民族和种族文化象征意义，电视广告在设计色彩时，要充分考虑不同国家、地域、民族、种族及文化特征的人群对色彩的心理认同、感知和禁忌，避免因色彩运用不当给传播效果带来的消极影响。

TVC广告的色彩设计需要准确掌握色相、明度、纯度、色调及色性等色彩的构成要素。TVC广告在进行色彩选择时，首先要确定基本色。TVC广告的类型多种多样，广告产品千差万别，所以基本色的使用也是不一样的。这就需要根据策划文案和广告诉求来确定一个基本色，再用色彩基调进一步对辅色进行选择，实现色彩与主题的统一。其次要对广告主体的标准色进行精确匹配。现实中，许多产品都有属于自己的专用标准色，它能使受众对特定产品保持辨识度，传达企业精神。因此在TVC广告中精确匹配广告主体的标准色能提高受众的辨识度，显著强化受众记忆。色彩搭配在电视广告中的使用要做到和谐不生硬，灵活掌握对比色和互补色的内在关联，并结合特定的电视广告文案和策划情境进行色彩设计。

（2）肢体语言设计

人的所有感觉通道中，相对于语言和文字视觉，是最直观、准确的交流途径。"耳听为虚，眼见为实"，这是对人类交流行为规律的总结。在生活节奏加快、信息爆炸的21世纪，只有视觉冲击感强的形象性广告才能抓住人们的视觉神经。肢体语言作为一种形象性符号，它具有直观、准确、简洁的特点，能够直达广告主题，因此是广告策划中最常用的表达元素。

肢体语言是指经由人的眼、口、手、足等身体器官综合行动，通过身体的语言动作来表情达意的沟通方式，直接将情绪、情感、态度诉诸受众，使受众直观、清晰地认知和感受广告内容的价值，从而避免了从广告信息编码到广告信息解码过程中出现的误差。

肢体语言在设计上要生动、有趣，让人乐意接受。今天的视频广告观众已不同以往，对生活中扑面而来的各种媒体信息已筑起一道甄别真伪、直观排斥的心理防线。互联网环境也提供了屏蔽硬广告的现实条件。在这种情势下，观众连对广告的观赏欲也在降低。作为广告创意者，该如何突破传统视听表现手段和刻板的图形符号带来的审美疲劳，用更具人性化、生活化、情趣化的人物肢体语言来吸引眼球，催发TVC广告观众对商品的好感与价值认同呢？

农夫果园在《喝前摇一摇》广告中采用如下设计。两个穿沙滩装的父子来到饮品店前买饮料，看到宣传画上写着一句话："农夫果园，喝前摇一摇。"于是父子俩举起双手滑稽地扭动着身体，做"摇一摇"状。接着镜头展示多种水果搅拌一起，画外音为"农夫果园由三种水果调制而成，喝前摇一摇"。广告的定格画面是这两个继续扭动屁股的父子（详见二维码5-1）。这则广告把商品"摇一摇"变成了广告语，成了一个独特的卖点，并通过父子俩做出"摇一摇"形象而有趣的肢体动作，使得农夫果园的宣传以其独有的趣味性、娱乐性强化了消费者的记忆度。

二维码5-1 《喝前摇一摇》农夫果园

肢体语言作为一种特殊的形体符号，具有很强的个性特征，根据不同广告内容设计不同个性的人物肢体动作，传播效果可以非常生动有趣，广告的视觉表现手段也会极大地丰富。肢体语言所特有的视觉识别性能可以缩短受众的接受时间，加快欣赏节奏，还可以将创意者的意图附着在广告的幽默感和生动性上，使得广告创意得以完美地表现。

肢体语言以人为主角，采取与受众互动交流的方式，摆脱见物不见人的弊端，以简洁明快、人人共享的视觉语言，让人瞧得见、看得懂，输出一种人文关怀，满足人们对人性化的需求。在泰国公益广告《最好的鞋子，最好的朋友》中，一个男孩穿了唯一一双鞋子来上学，全校同学都非常羡慕，回家路上，他把鞋子让给同行的一个同学穿，整个片子只有升国旗、上课、踢足球、走路和同学的眼神等肢体语言，却把人与人之间心灵的对话、善良的人性和纯洁的品德表现得淋漓尽致，充满了人性之美（详见二维码5-2）。

二维码5-2 《最好的鞋子，最好的朋友》

（3）常见镜头语言设计

镜头分客观性角度和主观性角度。客观性角度是指依据常人日常生活中的观察习惯而进行的旁观式拍摄，是电视节目运用最为频繁、最为普遍的拍摄角度和拍摄方式。采用客观性角度拍摄的画面就仿佛观众在现场参与事件进程、观察人物活动、欣赏风光景物一般，画面平易亲切，贴近生活。

而主观性角度是一种模拟画面主体（可以是人、动物、植物和一切运动物体）的视点和视觉印象来进行拍摄的角度。采用主观性角度，由于其拟人化的视点运动方式，往往更容易调动观众的参与感和注意力，容易引起观众的强烈的心理感应。

运动摄像，就是在一个镜头中通过移动摄像机机位，或者改变镜头光轴，或者改变镜头焦距所进行的拍摄。通过这种拍摄方式所拍到的画面，称为运动画面。如：由推、拉、摇、移、跟、升降摄像和综合运动摄像分别形成的推镜头、拉镜头、摇镜头、移镜头、跟镜头、升降镜头和综合运动镜头等。

①拉摄。拉摄是摄像机逐渐远离被摄主体，或变动镜头焦距使画面框架由近至远与主体拉开距离的拍摄方法。用这种方法拍摄的视频画面叫拉摄镜头。

Ⅰ.拉摄镜头的画面特点。

◆ 拉摄镜头形成视觉后移效果。

◆ 拉摄镜头使被摄主体由大变小，周围环境由小变大。

Ⅱ.拉摄镜头的功能和表现力。

◆ 拉摄镜头有利于表现主体和主体与所处环境的关系。

◆ 拉摄镜头画面的取景范围和表现空间是从小到大不断扩展的，使得画面构图形成多结构变化。

◆ 拉摄镜头是一种纵向空间变化的画面形式，它可以通过纵向空间和纵向方位上的画面形象形成对比、反衬或比喻等效果。

◆ 一些拉摄镜头以不易推测出整体形象的局部为起幅，有利于调动观众对整体形象逐渐出现直至呈现完整形象的想象和猜测。

◆ 拉摄镜头在一个镜头中景别连续变化，保持了画面表现空间的完整和连贯。

◆ 拉摄镜头内部节奏由紧到松，与推摄镜头相比，其较能发挥感情上的余韵，产生许多微妙的感情色彩。

◆ 拉摄镜头常被用作结束性和结论性的镜头。

◆ 利用拉摄镜头来作为转场镜头。

Ⅲ.拉摄镜头的拍摄及其要求。拉摄镜头的拍摄镜头运动的方向与推摄镜头正相反，但它们有着基本一致的创作规律和一般要求。不同的是，推摄镜头要以落幅为重点，拉摄镜头应以起幅为核心。

②移摄。移摄是将摄像机架在活动物体上随之运动而进行的拍摄。用移动摄像的方法拍摄的电视画面称为移动镜头。

Ⅰ.移动镜头的画面特征。

◆ 摄像机的运动使得画面框架始终处于运动之中，画面内的物体不论是处于运动状态还是静止状态，都会呈现出位置不断移动的态势。

◆ 摄像机的运动，直接调动了观众生活中运动的视觉感受，唤起了人们在各种交通工具上及行走时的视觉体验，使观众产生一种身临其境之感。

◆ 移动镜头表现的画面空间是完整而连贯的，摄像机不停地运动，每时每刻都在改变观众的视点，在一个镜头中构成一种多景别多构图的造型效果，这就起着一种与蒙太奇相似的作用，最后使镜头有了它自身的节奏。

Ⅱ.移动镜头的作用和表现力。

◆ 移动镜头通过摄像机的移动开拓了画面的造型空间，创造出独特的视觉艺术效果。

◆ 移动镜头在表现大场面、大纵深、多景物、多层次的复杂场景时具有气势恢宏的造型效果。

◆ 移动摄像可以表现某种主观倾向，通过有强烈主观色彩的镜头表现出更为自然生动的真实感和现场感。

◆ 移动摄像摆脱定点拍摄后可以形成多样化的视点，可以表现出各种运动条件下的视觉效果。

Ⅲ.移动镜头的拍摄要点。移动摄像主要分两种拍摄方式：一种是摄像机安放在各种活动的物体上；另一种是摄像者肩扛摄像机，通过人体的运动进行拍摄。这两种拍摄形式都应力求画面平稳、保持画面的水平。在实际拍摄时尽量利用摄像机的变焦镜头中视角最广的那一端镜头。因为镜头视角越广，它的特点体现得越明显，画面也容易保持稳定。

③跟摄。跟摄是摄像机始终跟随运动的被摄主体一起运动而进行的拍摄。用这种方式拍摄的电视画面称跟摄镜头。

Ⅰ．跟摄镜头的特点。

◆ 画面始终跟随一个运动的主体。

◆ 被摄对象在画框中的位置相对稳定。

◆ 跟摄镜头不同于摄像机位置向前推进的推镜头，也不同于摄像机位置向前运动的前移动镜头。

Ⅱ．跟摄镜头的作用。

◆ 跟摄镜头能够连续而详尽地表现运动中的被摄主体，它既能突出主体，又能交待主体运动方向、速度、体态及其与环境的关系。

◆ 跟摄镜头跟随被摄对象一起运动，形成一种运动的主体不变、静止的背景变化的造型效果，有利于通过人物引出环境。

◆ 从人物背后跟随拍摄的跟摄镜头，由于观众与被摄人物视点的统一，可以表现出一种主观性镜头。

◆ 跟摄镜头对人物、事件、场面的跟随记录的表现方式，在纪实性节目和新闻的拍摄中有着重要的纪实性意义。

Ⅲ．跟摄镜头拍摄时应注意的问题。

◆ 跟上、追准被摄对象是跟摄镜头拍摄基本的要求。

◆ 跟摄镜头是通过机位运动完成的一种拍摄方式，镜头运动起来所带来的一系列拍摄上的问题，如焦点的变化、拍摄角度的变化、光线入射角的变化，也是跟摄镜头拍摄时应考虑和注意的问题。

④摇摄。摇摄是指当摄像机机位不动，借助于三角架上的活动底盘或拍摄者自身的人体，变动摄像机光学镜头轴线的拍摄方法。用摇摄的方式拍摄的电视画面叫摇摄镜头。

Ⅰ．摇摄镜头的画面特点。

◆ 摇摄镜头犹如人们转动头部环顾四周或将视线由一点移向另一点的视觉效果。

◆ 一个完整的摇摄镜头包括起幅、摇动、落幅三3个相互贯连的部分。

◆ 一个摇摄镜头从起幅到落幅的运动过程，迫使观众不断调整自己的视觉注意力。

Ⅱ．摇摄镜头的功能和表现力。

◆ 展示空间，扩大视野。

◆ 有利于通过小景别画面包容更多的视觉信息。

◆ 能够介绍、交待同一场景中两个主体的内在联系。

◆ 利用性质、意义相反或相近的两个主体，通过摇摄镜头把它们连接起来表示某种暗喻、对比、并列、因果关系。

◆ 在表现3个或3个以上主体或主体之间的联系时，镜头摇过时或作减速，或作停顿，以构成一种间歇摇。

◆ 在一个稳定的起幅画面后利用极快的摇速使画面中的形象全部虚化，以形成具有特殊表现力的甩镜头。

◆ 便于表现运动主体的动态、动势、运动方向和运动轨迹。

◆ 对一组相同或相似的画面主体用摇的方式让它们逐个出现，可形成一种积累的效果。
- ◆ 可以用摇摄镜头摇出意外之象，制造悬念，在一个镜头内形成视觉注意力的起伏。
- ◆ 利用摇摄镜头表现一种主观性镜头。
- ◆ 利用非水平的倾斜摇、旋转摇表现一种特定的情绪和气氛。
- ◆ 摇摄镜头也是画面转场的有效手法之一。

Ⅲ.摇摄镜头的拍摄要求。
- ◆ 摇摄镜头必须有明确的目的性。
- ◆ 摇摄速度会引起观众视觉感受上的微妙变化。
- ◆ 摇摄镜头要讲求整个摇动过程的完整与和谐。

⑤升降镜头。摄像机借助升降装置等一边升降一边拍摄的方式叫升降拍摄。用这种方法拍摄到的画面叫升降镜头。

Ⅰ.升降镜头的画面造型特点。
- ◆ 升降镜头的升降运动带来了画面视域的扩展和收缩。
- ◆ 升降镜头视点的连续变化形成了多角度、多方位的多构图效果。

Ⅱ.升降镜头的功能和表现力。
- ◆ 升降镜头有利于表现高大物体的各个局部。
- ◆ 升降镜头有利于表现纵深空间中的点面关系。
- ◆ 升降镜头常用以展示事件或场面的规模、气势和氛围。
- ◆ 利用镜头的升降可以实现一个镜头内的内容转换与调度。
- ◆ 升降镜头的升降运动可以表现出画面内容中感情状态的变化。

⑥推摄镜头。推摄镜头是摄像机向被摄主体方向推进，或者变动镜头焦距使画面框架由远而近向被摄主体不断接近的拍摄方法。用这种方式拍摄的运动画面，称为推摄镜头。

Ⅰ.推摄镜头的画面特征。
- ◆ 推摄镜头形成视觉前移效果。
- ◆ 推摄镜头具有明确的主体目标。
- ◆ 推摄镜头使被摄主体由小变大，周围环境由大变小。

Ⅱ.推摄镜头的功能和表现力。
- ◆ 突出主体人物，突出重点形象。
- ◆ 突出细节，突出重要的情节因素。
- ◆ 在一个镜头中介绍整体与局部、客观环境与主体人物的关系。
- ◆ 推摄镜头在一个镜头中景别不断发生变化，有连续前进式蒙太奇句子的作用。
- ◆ 推摄镜头推进速度的快慢可以影响和调整画面节奏，从而产生外化的情绪力量。
- ◆ 推摄镜头可以通过突出一个重要的戏剧元素来表达特定的主题和含义。
- ◆ 推摄镜头可以加强或减弱运动主体的动感。

Ⅲ.推摄镜头的拍摄及应注意的问题。
- ◆ 推摄镜头形成的镜头向前运动是对观众视觉空间的一种改变和调整，景别由大到小对观众的视觉空间既是一种改变也是一种引导。推摄镜头应有其明确的表现意义，在起幅、推进、落幅3个部分中，落幅画面是造型表现上的重点。
- ◆ 推摄镜头的起幅和落幅都是静态结构，因而画面构图要规范、严谨、完整。

◆ 推摄镜头在推进的过程中，画面构图应始终注意保持主体在画面结构中心的位置。
　　◆ 推摄镜头的推进速度要与画面内的情绪和节奏相一致。
　　◆ 在移动机位的推摄镜头中，画面焦点要随着机位与被摄主体之间距离的变化而变化。
　　⑦综合运动镜头。综合运动摄像是指摄像机在一个镜头中把推、拉、摇、移、跟、升降等各种运动摄像方式，不同程度地、有机地结合起来的拍摄。用这种方式拍到的电视画面叫综合运动镜头。
　　Ⅰ.综合运动摄像的特点。
　　◆ 综合运动摄像的镜头综合运动产生了更为复杂多变的画面造型效果。
　　◆ 由镜头的综合运动所形成的电视画面，其运动轨迹是多方向、多方式运动合一后的结果。
　　Ⅱ.综合运动镜头的作用和表现力。
　　◆ 综合运动镜头有利于在一个镜头中记录和表现一个场景中一段相对完整的情节。
　　◆ 综合运动镜头是形成电视画面造型形式美的有力手段。
　　◆ 综合运动镜头的连续动态有利于再现现实生活的流程。
　　◆ 综合运动镜头有利于通过画面结构的多元性形成表意方面的多义性。
　　◆ 综合运动镜头在较长的连续画面中可以与音乐的旋律变化相互"合拍"，形成画面形象与音乐一体化的节奏感。
　　Ⅲ.综合运动镜头的拍摄及应注意的问题。
　　◆ 除特殊情绪对画面的特殊要求外，镜头的运动应力求保持平稳。
　　◆ 镜头运动的每次转换应力求与人物动作和方向转换一致，与情节中心和情绪发展的转换相一致，形成画面外部的变化与画面内部的变化完美结合。
　　◆ 机位运动时注意焦点的变化，始终将主体形态处理在景深范围之内。
　　◆ 要求摄录人员默契配合，协调动作，步调一致。
　　⑧空镜头。又称"景物镜头"，指影片中作自然景物或场面描写而不出现人物（主要指与剧情有关的人物）的镜头。常用以介绍环境背景、交代时间空间、抒发人物情绪、推进故事情节、表达作者态度，具有说明、暗示、象征、隐喻等功能，在视频中能够产生借物喻情、见景生情、情景交融、渲染意境、烘托气氛、引起联想等艺术效果，在银幕的时空转换和调节影片节奏方面也有独特作用。空镜头有写景与写物之分，前者通称风景镜头，往往用全景或远景表现；后者又称"细节描写"，一般采用近景或特写。空镜头的运用，已不只是单纯描写景物，而成为视频创作者将抒情手法与叙事手法相结合，加强影片艺术表现力的重要手段。
　　⑨动向（速）。
　　Ⅰ.动向是推拉的方向。推拉的方向，由关注点的大小关系和被摄物的运动方向确定。关注中心由面到点，自然用推摄镜头，以突出关注主体；而由点到面，则用拉摄镜头，把环境等相关因素展现出来。当被摄物处于运动中时，一般而言焦距的推拉与被摄物的运动方向基本保持一致。反之，就会产生特殊的相向运动效果。
　　Ⅱ.动速是推拉速度。在变焦过程中，开始和结束的速度要缓慢而均匀，特别是在画面由静止到运动的一瞬间，一定要很慢，然后慢慢变快，结束时要由快到慢，再到静止，这样才能保证画面展现自然和构图稳定。

（4）代言人设计

广告代言人可以分为名人、专家、典型消费者三类。三类代言人中，名人，尤其是影视明星代言，占电视广告代言人的主体，广告主通过 TVC 这种传播媒介，在广告中借助明星的形象来推广品牌。

自 1985 年著名影星李默然为"三九胃泰"拍摄了第一支电视广告以来，这种以电视媒介为载体，以视听语言为主体，凸显明星和产品之间关联的电视广告形式开始在我国得到迅猛发展。

初期的明星代言电视广告制作比较粗糙，创意程度不高，常见的以明星为产品念广告词为主，主要介绍其产品的品牌、功能等。改革开放初期，由于产品需求大于供给，所以电视广告通常以发布信息为主，广告信息一旦发布，便会产生效益。

1995 年之后，明星代言电视广告逐渐从"告诉消费者"转变为"注意消费者"，追求受众的品牌认同与情感共鸣。创意上追求个性的原则，作品机智幽默，创意单纯便于记忆，给人好感并获得认同，或是讲一段动人的爱情故事，或是幽默小剧场的描写。代表作有 1999 年王力宏《娃哈哈》、1999 年周润发《百年润发》、2014 年彭于晏和桂纶镁《你的益达》等（详见二维码 5-3 到二维码 5-5）。

二维码 5-3 《娃哈哈》　　二维码 5-4 《百年润发》　　二维码 5-5 《你的益达》

2013 年以后，明星代言 TVC 广告开始爆发性地出现在新媒体网络平台，传播形式更加多元化，这与 4G 网络普及和移动终端设备的广泛使用有关。即使是为投放电视媒体所拍摄的明星广告，也会借助互联网、新媒体渠道进行传播，增强粉丝互动及商品影响力，形成多层级扩散，这比单一通过电视媒介投放的有效性要大得多。因此，量变直接促成质变，和单支广告的成本相比，大创意小成本的 TVC 变成了主流市场需求。

随着媒体渠道的类型多样化和接受形式的碎片化，研发和培育自媒体平台越来越大众化、分众化，使得分众用户越来越倾向于选择关注自己喜欢的渠道和内容，接触到的信息趋向专业领域、分众化。大众明星代言开始出现向垂直领域的偶像和意见领袖代言转向。相较于大众明星，他们的影响人群数量相对较少，但有着高度的忠诚度，也就带来了更高的购买行为转化率。

进入 21 世纪后，跨性别代言电视广告的趋势也较为明显，女性用品选用男明星代言，男性用品选用女明星代言的现象经常出现。早在 1996 年，日本人气男明星木村拓哉为 Kanebo 拍摄了口红广告，广告播出两个月内就狂销 300 万支。其主要原因在于男星独特的性别影响力能够迅速抓住女性的焦点，形成新鲜、刺激的消费行为。卫生巾品牌自由点在 2013 年则选用了人气偶像汪东城为品牌拍摄电视广告（详见二维码 5-6）。随着时代的发展，性别平权意识开始得到增强，人的多样化发展得到普遍认同，产品用户之间的性别区隔也越发模糊。男性开始使用传统意义上的女性专属产品，男明星代言这类产品也助力了这种消费潮流的形成，尤其在护肤、美妆等领域，男性的需求开始觉醒。同时，女性明星也开始进入高科技、汽车、游戏、健身、户外用品等传统意义上的男性消费领域，为这类商品进行代言。例如，孙俪代言 2017 款广汽菲克 Jeep 指南者汽车，就从女性角度诠释了这款男性感很强的车（详见二维码 5-7）。

二维码 5-6 《自由点卫生巾》

二维码 5-7 《Jeep 指南者》

今天，媒介形态日新月异，跨屏传播、多向互动开始成为市场的新趋势和新需求。技术的发展使得广告主能够通过多种媒介渠道更进一步拉近与观众之间的距离，即使是单向传播见长的电视广告也能够通过互动媒体与用户建立联系，增强用户的品牌沟通能力和认可度。更深层次的互动形式也开始出现，通过"粉丝经济"充分挖掘明星的商业价值，通过开展线下粉丝福利活动，增强粉丝对商品的认同感，吸引粉丝为支持偶像而"买单"，推动了商品销售量的增长。

2. TVC 广告的听觉符号设计

（1）电视广告配音

TVC 广告通常由视觉符号完成主体的符号设计，TVC 画面对于事物具体特征的表现有着声音无法比拟的优势，但是，TVC 广告配音能够起到丰富画面、展示细节、烘托环境、塑造形象、深化广告主题的作用，便于观众更轻松、更清晰地理解广告的内容，理解商品的特征和价值。

配音可以使 TVC 广告画面中的人物和肢体语言更丰满立体，更加完美地刻画人物内心活动，表现人物气质。

如 TVC 广告《因爱而生强生篇》的广告词："强生相信，在我们的身边，存在着一些巨人，他们以巨大的爱，做细小的事，让心灵得到慰藉，让创伤得到安抚，让人们得到关爱。强生，以医疗卫生和个人护理的经验和智慧，与这些巨人并肩，用爱推动人与人的关爱。因爱而生，强生。"这则广告选用温馨亲切的女声来配音，为强生企业注入了"因爱而生"的企业文化内涵（详见二维码 5-8）。文字平实从容，节奏与韵脚恰到好处。所谓平实的语言，是普通词语说新意，比如"他们以巨大的爱做细小的事"。

二维码 5-8 《因爱而生强生篇》

二维码 5-9 《福特：进无止境》

长安福特新福克斯汽车广告中，讲述的是一对夫妻从相识、相恋到结婚生子，再到自己的孩子成长的每个重要时刻都有福特汽车的相伴。这则广告选用的是低沉质感的成熟男声配音。在广告的结尾出现福特汽车高速旋转的轮胎在宽广的路上行驶的画面，同时出现男声配音"福特始终相信，进无止境是我们共同的信仰"，凸显长安福特汽车安全可靠大气的性能（详见二维码5-9）。

电视广告语在策划设计上语言简洁、言简意赅，集中体现商品的特质，形式方面读起来朗朗上口，又能够抓住观众的注意力，容易在人群中流行。劲酒广告语"劲酒虽好，可不要贪杯哦"，以亲切、关怀、劝说的语气来配音，充分体现了劲酒以人为本的商品气质（详见二维码5-10）。养生堂天然维生素E的广告语是："看得见的美丽承诺，看不见的岁月痕迹，内服美容，祛斑养颜，就这么一直美下去。养生堂天然维生素E，新装上市。"画面是一个优雅女子手持养生堂维生素E的瓶子在微笑言语。这则广告选用的是成熟知性的女声来配音，与产品气质非常相符，深化"养生""美"的主题（详见二维码5-11）。

二维码5-10 《劲酒：朋友喝酒篇》

二维码5-11 《养生堂天然维生素E》

配音作为广告的重要组成部分，需要个性化表达与创新，才能够吸引人，能更好地传递广告信息和深化广告主题，从而在众多广告中脱颖而出，提高广告的传播效果和美誉度。广告配音的个性化表达是配音师独特的处理技巧，需要根据广告文本内容的设计，结合产品的特性、目标消费者的特征来选择恰当的语言表现力，以表现产品特征，达到广告需要的感染力。

TVC广告配音的个性化表达要遵循有声语言的创作特点。对创作文本的理解、目的的掌握、感情的灵活控制、声音状态的变化，这些内容组成了有声语言的创作规律。理解和创作是互相配合的，只有深层次的理解才能有收放自如的个性化创作。广告配音是有声语言创作的一种，个性化的追求也是言为心声的体现。广告配音追求个性化表达，要符合有声语言传播的一般规律，不要怪腔怪调，让人听起来爽心悦耳是个性化追求的底线。广告的最终目的是说服消费者，刺激消费，实现产品价值。想让消费者记住并为广告所动，广告配音就要做到从"入耳"到"入心"。

（2）背景音乐

为了渲染广告的气氛而使用的音乐称为背景音乐。广告的效果并不能立即产生购买行为，而是通过消费者一系列心理过程最终导致购买行为。广告效果分为认知效果、情感效果和销售效果。背景音乐能给电视广告带来情绪效果、信息记忆效果和态度效果，能够影响观众情绪和注意度，影响观众对品牌的态度以及隐喻认知。

音乐把特定的旋律、歌词与某产品或公司联系起来，可以加深听众对信息的记忆度。音乐通过唤起消费者的信息记忆和情绪反应影响广告效果。广告音乐所塑造的意境和生活氛围会给消费者的搜集信息阶段以参考性软信息，背景音乐可以激起人们内心的感情波动,从而提高人们对广告的接受度。背景音乐与广告的接受度有一定的正向影响,能提高广告的接受度,增强消费者对产品的购买意愿。

(二)TVC 广告中的叙事元素

从纸质媒体到电子媒体,再到现在的互联网、自媒体等,广告传播载体越来越由空间性媒体向时间性媒体转变,TVC 广告因其在时间上的延续性,可以按照广告制作者的意图来进行故事性建构,因而以 TVC 为代表的时间性媒体更适合叙事性广告的传播。

采用叙事手段与受众进行交流,能够直接作用于受众内心,刺激受众的情感体验。在一个信息碎片化的时代,人们给广告的机会只有 5 秒钟,5 秒之内不能吸引受众继续观看下去,就会被屏蔽或切换。所以,叙事作为吸引人的重要表达方式,在 TVC 广告创作中被大量运用。受广告时长、摄制成本以及复杂产品信息承载等复杂因素的综合影响,TVC 广告的叙事和一般的影视剧叙事、综艺节目叙事、纪实类节目不同。

TVC 广告作品的"叙事"以受众的观看、解读和消费为前提。相比于其他视频节目样式,TVC 广告的叙事面临非常复杂的传播环境和传播原则。叙事方式的运用能否准确传播信息,传播信息能否获得受众的认可,能否让受众了解商品的品牌并对其形成优良印象,进而做出购买决策,能否成功引导消费行为,是 TVC 广告的制作人首要考虑的问题。TVC 广告的叙事需要注入表述商品的重要信息,比如商品品牌、质量、性能、优势等,通过叙事讲述人与产品之间的关联,构成良好受众印象。

1.TVC 广告的叙事结构

叙事的魅力在于,通过心理情感的刺激和图像符号的张扬,虚拟了一个美丽的影像空间,它取材于生活,又超越生活,最终又转为现实生活。让消费者沉浸在符号消费的现实生活中不能自拔,这是叙事性广告的价值所在。

叙事性 TVC 广告的首要前提是科学设计 TVC 广告的叙事结构。

TVC 广告的叙事结构是广告的总体框架,它决定了情节的设置与情感走向。叙事的结构系统是以"事件"为中心的,是诸多元素的和谐统一。因此,叙事结构的设置应该突出事件的核心地位。

TVC 广告的叙事结构一般有两种表现方式:其一是线性结构;其二是戏剧性结构。线性结构是在叙事过程中,依照时间事件发生的先后顺序,用事件的过程吸引受众的注意力。戏剧性结构注重情节冲突、悬念、误解、巧合等表现形式,注重高潮的产生,重视叙事结构的紧凑、集中,达到快速调动产品的欲求,以达到说服受众的目的。TVC 广告的叙事结构从本质上来说,就应该是一种集聚化、典型化的戏剧性叙事。线性结构的叙事过程过于单一,而戏剧性结构更有利于在戏剧冲突中寻求突破,在叙事过程中用更具体、更集中的矛盾来传达广告信息。另外,为了解决广告时长短的问题,应充分利用叙事制作悬念吸引受众。戏剧性结构要注重戏剧矛盾的犀利、激烈、跌宕起伏处理。要取得理想的传播成效,需要投入较多的精力与资金,还要求具有高超的 TVC 广告叙事手段。

什么是戏剧性?

戏剧性,在广告中表现为内容有出人意料的事实,叙事情节波澜起伏,或运用新鲜、风趣、夸张的修辞予以渲染;在呈现方面则应视媒体特征的不同,采取相应的手法,使广告更具吸引力。富有戏剧性的广告因其独特的魅力,越来越多地出现在我们的视线中,并且凭借它诙谐、滑稽、轻松的艺术效果而越来越为广大受众所青睐。我们把这一类广告称为戏剧性广告。

戏剧性结构安排也包含了一种散文式叙事。散文式叙事通常用于产品的品牌建立阶段，主要以产品或品牌的价值、情怀认同为目的，需要利用情感氛围的营造完成价值观诉求。运用散文式结构截取多种情景下的商品、品牌展示片段，与TVC广告整体格调相配合打造一种情感氛围，让受众在被图像和声音浸染的同时，接受多方面与广告商品或品牌相关的价值信息，价值共鸣效果大幅提升。

2.TVC广告的叙事策略

TVC广告的叙事策略五花八门，不一而足，一般从叙述主体、叙述视角、叙事情节、叙事方式等方面设计叙事策略。

（1）叙述主体

叙述主体作为"讲述故事的人"，是整个叙事的决定因素。TVC广告的叙述主体通常运用表演者（肢体语言运用者）和讲述人画外音（旁白语言运用者），借助影像和语言的双重叙事来表述更多的商品信息。

例如，《德芙巧克力》电视广告中，广告采用主人公的表演叙事展现了一段德芙巧克力丝滑口感和情感丝滑交融的情绪，同时运用第二种叙述主体的画外音精准链接画面情绪，点明主题，进而取得加深印象的优良成效，灵活、精准而充满趣味（详见二维码5-12、二维码5-13）。

二维码5-12 《德芙-阅读篇》　　二维码5-13 《德芙-Angelababy》

（2）叙述视角

正是因为两个叙述主体的存在，TVC广告叙事中的叙事视角，也是复调式叙事，即在一个叙事中存在着两个乃至两个以上声音的叙事形式。

TVC广告中的复调式叙事，需要将重心放在声音与画面上，而并非人物的独白、对白等言语上，要让情节自身去表现广告中心信息，而并非仅由画外音表述。从受众层面考虑，字幕与画外音目的性太过突出，会大幅削弱受众对广告信息的信赖度。精湛的情节、逻辑性强的叙述能够吸引受众的注意力，提升广告的可信赖度与自传播效果。

为了使受众自然而然地沉浸其中，立足于叙事学层面而言，TVC广告的声音通常被受众解读为比较可靠的声音，而画外音则通常被人们认为是一种带有浓重主观色彩的声音，太过的画外音会减弱商品的可信度。不同的广告在叙述声音上存在显著差异，基本上是依托广告自身的声音讲述的，如果增添多处画外音，其可信度和前者相比会相差很多。因此，在TVC广告中应当合理地设置电视广告中的叙述声音，不可过多。

（3）叙事情节

在TVC广告的叙事情节设计中，我们要特别注意的一点就是，TVC观众对有明显宣传目标的广告带有或多或少的抵制与厌倦情绪，在这一前提下，要改变并利用受众的抵制情绪，就要求电视广告以情境、情节吸引受众的注意力，要注重电视广告中叙事情节的设计。

首先是悬念设计。TVC广告的时间要素决定了其无法有健全的故事铺垫，也就是说一定要在开始的时候便设计悬念。以悬念或者矛盾的产生、发展、处理为中心，节奏环环相扣，引人入胜。这样才能使受众在短时间内集中精力，为整个宣传奠定基础。

以央视奥迪广告《温暖的谎话》为例，该广告在开篇列举了当代社会的各种谎话，尔虞我诈、薄情寡义，等等，然后引入妈妈的谎话："妈妈不爱吃、妈妈不冷、妈妈不闷、妈妈不累。"通过妈妈的表述，形成一个悬念，妈妈为什么会说谎？妈妈已经被"我"看成是一个演员，不过这些谎话"我"不忍心拆穿，而回家陪伴妈妈就是最好的安慰，这时奥迪出现，一路载"我"回家。广告结尾处是温情的花束，以及"我"与妈妈共进晚餐的场景。该广告的广告语"你还记得那些温暖的谎言吗？爱是懂得，爱是陪伴。"观众记住了这则广告，自然也就记住了奥迪（详见二维码5-14）。

二维码5-14 奥迪《温暖的谎话》

其次要注意多维度的节奏处理和叙事基调处理。节奏要把握好向受众传输信息的主次，帮助受众积极接收有效信息以达到广告信息说服的目的。TVC广告的叙事基调主要可以分为两大类：一类是轻松的，另一类是幽默的。应当注重以趣味性为立足点，打造优良的视听效果，为受众创造轻松的视听氛围，促成受众积极主动地接受产品信息，最终实现叙事的目标。

（4）叙事方式

TVC广告叙事存在叙述者和接受者、故事和情节、视角和结构、时空与超时空等一系列叙述问题。叙事的过程，就是叙述主体和接受主体博弈的过程，叙述者需要想尽各种办法来引导、熏染与管控接受者。接受者对其所讲述的内容往往持怀疑态度，会想尽各种办法逃离广告的引导，而叙述者最关键的目标，便是将接受者融合到TVC广告所营造的故事情节中。

故事的情节设置必须与广告产品有机结合起来，一味强调情节的生动性而损害产品信息，不仅不能强化受众的接受，反而称不上是一则广告，即故事性TVC广告的情节应该是一根红线贯穿广告始终。故事化情节的设计，目的是将产品和服务的信息融入新颖、独特的情节当中传达给受众，即产品或服务本身是TVC广告故事的主角，而不是道具。

（三）TVC广告中的广告诉求

1.TVC广告中的情感诉求

亲情、友情、爱情是人们最平凡、最真实的社会情感，也是情感共鸣类中比较基础的情感类型。在广告中恰如其分地运用人的感情，通过对受众情感的熏陶、情绪的渲染和气氛的营造，继而让受众得到自我情感满足与内心情绪的渴望，实现情感共鸣，既可以使受众处于一种放松的接受状态，降低对广告的疑惑和抵触，又可以提升广告效果。

人类行为学认为，人类的每种本能都有相应的情绪伴随。以输出商品价值观或撬动人的购买行为为目标的TVC广告，不可忽视受众对广告的心理反应和情绪好恶。当一个人对某产品在感情上产生了厌恶或抵触，购买行为便不可能发生。争取受众对产品情感上的认同和赞誉，是 TVC 广告首先应该考虑的因素，而沟通情感最有效的武器便是人性化。现代社会的商品研发创新日趋完善，商品质量与使用功能上的差距不断缩小，人们很难通过简单的理性逻辑去鉴别对于产品与品牌的喜好，人们更容易被情感左右，即便是一些实用性较强的商品，只依靠简单的产品功能与特点介绍也很难打动消费者。而诉诸情感的 TVC 广告则与消费者建立起某种情感上的关联，激发受众的情感，引发内心的共鸣，从而加深品牌或产品在受众心中的印象，进而转化为购买行为。相较于物质上的满足，精神与情感上的满足更容易实现消费者的高层次需要，让受众发自内心地对品牌或产品产生好感，并愿意持续性地依赖某种产品。

（1）人类情感心理的过程

人的心理过程主要包括感知、需要和情感，这是一个循序渐进的过程。人首先通过感知，认识声音、色彩、大小、形态等外在因素，这些感知会通过生理机制来刺激受众，而受众再将刺激转化为心理反应，进而对广告进行基础的判断与反馈，并对广告形成初步印象。其次，人的需要包含生理、安全、社交、尊重和自我实现的需要。广告内容如果满足了受众的某种需要，就会对受众心理产生进一步的刺激，让受众对广告形成更深层印象。最后，受众的情感包括爱情、亲情、友情、个人价值观等。感知、需要、情感三者环环相扣，逐层深入，共同决定着受众的精神层次和情感特征。

人的心理变化是个非常复杂的过程，当人的情感受到外部因素刺激时，人往往会进入冲动状态，浪漫的广告使受众感到爱情的美好，恐怖的广告让受众感到紧张，悲伤的广告会使受众感到伤感。不同的情感刺激会有不同的心理反应，这种冲动状态会自然而然地弱化受众的理性，强化受众的感性，进而直接转化为受众的决策与购买行动。这就是情感诉求广告给受众带来独特情感体验的心理原因。

情感诉求虽然是一种从内心获得受众认同的广告手法，但人的情感存在个性差别，即面对同样一则广告，不同受众获得的情感体验或共鸣度有高有低，情感诉求广告就需要通过认真研究目标消费者的情感特征，用符合他们情感特征的情感刺激去激发受众的情感反应，实现理想的广告效果。

（2）情感诉求策略的工作机制

情感诉求策略的主要工作机制是情感认同，主要是通过对消费者的情感生活和情感状态施加积极影响，与受众建立心理上的连接，使消费者产生一系列的心理情绪，让受众从品牌或产品中找到心理认同并激发受众的情感共鸣，从而提高品牌在受众心中的好感度，最终转化为物理上的购买行为。它明显区别于理性诉求，很少进行量化与物化的描述，而是注重与消费者心灵上的交流以及对受众心理的冲击力。这种感性诉求的特点在于"以情动人""以境动人"，通过营造理想化的情境场面，把控受众情绪与心理，倾听受众内心的声音，挖掘受众相似的经历，从而获得受众的情感认同。合理运用情感诉求的广告就像是一颗埋在受众心中的种子，深深扎根于受众的内心，更容易增加受众对品牌的认同度与忠诚度。

情感诉求策略发生作用的重要机制在于角色替代效应。消费者在接受情感诉求的广告信息时，往往会随着广告内容情感的流动将自己置换成广告情节中的某一角色，心理情绪随着广告情节的变化与发展而发生相应的变化与反应。

受众角色替代的程度与受众的性别、年龄、身份、个人经历有关，同样地也与广告所能激发受众情感共鸣的程度有关。广告当中传递的思想情感、对客观事物的认知与受众相似或吻合,以及广告情景当中描绘的人物情节与受众内心的期望和憧憬相似,都会加强受众的角色替代程度。相反,如果外在、内在因素都与受众偏离,受众就很难与角色之间产生角色替代效应,进而影响受众对广告的专注度,降低广告吸引力和效果。

(3)激发受众情感共鸣的主要类型

①情绪。情绪是指受众情感的外在表现形式,是浅层的情感表现,包括喜悦、讨厌、后悔、恐惧、期待等,在情感诉求广告中挑起受众的情绪,比如对产品的期待、产品能弥补的缺憾、没有产品的恐慌等,给受众一种身临其境的情绪感受,有利于强化受众的代入感,以此来拨动消费者的神经,让他们产生购买欲望。王老吉凉茶的电视广告就列举出人们吃火锅、烧烤、加班等情形下容易上火的情景,进而提出"怕上火,喝王老吉"的口号,其实就是利用了人类的恐惧心理。王老吉的广告虽然简单,但却十分有效地匹配了受众在现实生活中容易上火、怕上火的心理,让人直接产生购买行为,从而让王老吉这个品牌声名鹊起(详见二维码5-15)。

二维码5-15 《怕上火喝王老吉》

②人生观、价值观、世界观。人生观、价值观、世界观是人们对自我、价值和客观世界的总体认识,是个人评价和自我实现相统一的范畴。广告价值观大多通过对受众内心观点的认同来引发受众的情感共鸣,从而增强品牌在受众心中的影响力。在耐克广告《我们只是平凡人》中,就是通过一个平凡人内心的独白向受众传递"我不是明星,我也不想成为明星,我只想做得更好,做自己"的观点,来得到平凡大众敢于做自己的内心认同,加深受众对耐克的品牌价值观的认可(详见二维码5-16)。

③怀旧。怀旧是对过去难忘经历的回忆,是人们的一大情感需求,如果在广告中加入怀旧元素,消费者往往更容易被激起这种追忆过去的情结,并购买广告中的产品来强化这种怀旧情感。如经典电视广告《南方黑芝麻糊怀旧篇》,就巧妙地抓住了受众回忆和怀旧的情感,把受众带回清末时期深冬的小巷,小男孩搓手呵气,迫不及待地来吃大婶的黑芝麻糊,小孩吃完把碗舔得干干净净,大婶怜爱小孩又多加一勺,给寒冬里又添了一份真实和人性的温暖(详见二维码5-17)。

二维码5-16 《我们只是平凡人》耐克

二维码5-17 《南方黑芝麻糊怀旧篇》

④激励。人们在日常生活和个人成长过程中一定经历过被否定、被批判、被怀疑、不认同、不理解、不支持等情绪和意志受到阻碍的情形,比如人们经常因为自己的各种拖延症没有去运动,因为生活的琐碎没有坚持梦想等。而情感诉求广告就是通过鼓励、支持的方式来提高受众的信心,帮助他们克服困难与心理阻碍,寻求有梦的自己,从而激发受众的情感共鸣。泰国的很多广告总是选用平凡人为了梦想和幸福努力奋斗的励志故事来做电视广告的内容。例如,《打不倒的小女孩》(详见二维码5-18)。

⑤批判。在人们的日常生活中，经常会遇到各种不合理、不合法的现象，合理运用广告来指出并帮助受众揭露和批判这些现象，也会引起受众的情感共鸣。比如泰国 CP All & 7-11 推出一则广告，短片讲述了一位泰国老板娘在自己的市场收租、检查各摊贩的营业情况，由于老板娘表面凶神恶煞，讲话也非常大声，看起来像在欺压摊贩，有人将这一切拍了下来并断章取义上传到网络上，于是引发了"键盘侠"们的指责和肆意辱骂。坚强的老板娘并没有被"网络喷子"和"键盘侠"们影响，生活依然照旧。看完之后，很多人都沉默，甚至泪目，是什么让我们有资格可以轻易去评判一个人？在网络时代下，全球因网络舆论暴力而自杀的人并非小部分，对于很多事情，作为非当事人的我们可以理性去参与讨论，但若是让情绪冲昏头脑，在匿名的网络时代，发表不需要负责的恶劣言论，对谁都是一种无形的伤害！不管怎样，我们不该凭一面之词去评价任何人，因为这背后也许就有我们不知道的真相！让我们努力做个和善的人，拒绝网络暴力（详见二维码 5-19）。这种批判的情感共鸣是由观者自己完成的，是从批判他人转变为批判自我的过程，而不是一种说教式的批判。

二维码 5-18 《打不倒的小女孩》

二维码 5-19 《讨厌的老板娘》7-11 公益广告

情感诉求策略的运用给电视广告原本冰冷的商业气息加以人性温度，淡化了广告的功利性。情感诉求广告想要彻底打动受众，就要从受众的心理特征出发，准确把握受众的情感脉络，由内而外地渗透，打开受众心理的防线，获得受众内心的认同，赋予产品和品牌全新的生命力，在艺术、情感和商业目标之间找到平衡点。

2.TVC 广告中的美学诉求

在传统美学中，美学诉求往往更偏向纯艺术类的创作，如艺术电影、交响乐、架上绘画、诗歌等，越是高雅的艺术形式，越追求极端的审美趣味，受众也非大众人群，更偏向社会非主流的精英人群。

而 TVC 广告的审美趣味与传统高雅艺术的审美有着一定的差异，其更多表现出了对世俗事物的偏好，有着明显的世俗化趋向，这与 TVC 广告的本身属性相关。TVC 广告的审美对象多为与日常生活生产有关的大众用品，涵盖了老百姓日常活动中的方方面面。在 TVC 广告中一切世间俗事物都能够成为审美对象，TVC 广告作为一种视听艺术形式，对市井文化和通俗艺术的审美追求和吸收是长期不变的。

（1）意境美的追求

"意境"主要包含情与景两大要素的交融以及由此生发的审美想象的空间，旨在通过虚实相生、情景交融的形象与开拓的审美想象空间，让人们在脑海中形成对美好生活的向往，引领人们奔向美好。TVC 广告也正是通过意境美这一美学效应去引发广告效应的，进而刺激人们的消费欲望。比如，2018 年，松下电器迎来 100 年纪念。松下空调也迎来了全新的黑科技 Nanoe Technology，可分解 PM2.5 中有害物质、除菌抑菌、去除异味、抑制

二维码5-20 《松下健康空调》

过敏源等,让用户天天呼吸好空气。松下空调健康科技,希望每一个人都能享受优质空气,赢得品质人生。为了让消费者在影片阶段就能感觉到这些,而不是认为品牌在自卖自夸,松下空调完全用意境表达让消费者感知这一技术为消费者带来的真实体验(详见二维码5-20)。实际上我们能够感知到的是TVC广告所激发起的意境美引发的美学效应,使得消费者与潜在消费者不由自主地从中看到了对美好生活的向往,进而形成消费欲望。

(2)质朴美的追求

TVC广告的主要目标在于实现商品信息传播、促进商品销售的目的,在这一目标驱动下,不管广告多么诗意,终将需要回归实用本身。因此,为了拉近与消费者的距离,运用质朴、简单的广告语言是一种明智的选择,而这些广告则具备简单朴素的美学特性。电视广告需要具备真实的必备属性,也就是要求TVC广告的视听语言需要客观且实事求是,同时能精准传达商品信息与企业文化。在真实性方面,广告与文学正好相反,往往用质朴的语言表达更能引起消费者的共鸣,而这种真实自然的"美学效应"能够激发消费者的购买欲望。

旁白语言上,农夫山泉的广告词是"农夫山泉,有点甜",简单的7个字,却将消费者最为直接的感受表达了出来,让消费者感觉到农夫山泉的品质;大宝SOD蜜的广告词"要想皮肤好,早晚用大宝",则给消费者提出了非常质朴合理的建议;蓝天六必治牙膏的广告词"牙口好胃口就好,牙口倍棒,吃嘛嘛香",则是以普通人说话的口吻向消费者传达了产品的功效。这些电视广告采用的都是极为简洁的语言,立足于消费者视角去表达商品的信息与对消费者的真诚关怀,朴实无华,以心生共鸣去深化人们的头脑印记,提升商品的宣传效果。

视觉语言的质朴也是一样的,真实总是容易让人感动和引发共鸣。比如,东方航空公益片《为爱飞翔》,客户给了特别开放的任务需求,希望跳出以"航空公司"为主题的思

二维码5-21 《为爱飞翔》东方航空

维,抓住东航核心的企业文化和精神,讲出有温度、有情感、打动人的真实故事。在一次次头脑风暴,以及和客户、胡歌的一次次碰撞中,创作团队从最早脑洞大开的未来世界故事、身体互换故事,慢慢沉淀、回归本初,最后有了一个真实质朴的片子创意(详见二维码5-21)。在这条广告片中,胡歌用口语化的独白讲述最真实的心声,像是在喃喃自语,像是在和老友讲述。无关乎演员,无关乎明星,无关乎公益的秀,只关乎他在三江源最真实的感动,这正是斑头雁、胡歌和东航的共通之处,也和"爱在东航"的主题契合:为爱飞翔。

在TVC广告领域中,美学效应的凸显不得以损害功利为代价,而功利性质的体现也需要美学效应为其助力,可见TVC广告的审美与功利性存在互利互助的关系,有着不可分割的联系。在数字技术高速发展的今天,电视广告发展向美学方向转型已显而易见,TVC广告就是这种转型的典型代表。美从纯艺术形态中溢出,逐步泛化至TVC广告这一日常生活应用领域,呈现了生活艺术化与艺术生活化的泛审美,消费者在吸收TVC广告信息时会因此获得美的感受与引导,进行美学的实践,有效消除审美与生活之间的界限。当然,一味追求美学渲染带来的效应,而在度的把控中有所缺失,伤害到TVC广告本身的真实性,则并不可取。

（四）视频创作的十大要点

1. 关联性、原创性、震撼性、共鸣性、系列性

这五点是做广告视频比较基本的东西，这里着重介绍关联性和系列性。

关联性：不管是强关联还是弱关联，视频创意都要源于产品的特点或核心价值。

系列性：一个好的创意可以延伸到不同的平台，不同的时间段，而不是单点传播。

案例：John Lewis 家庭保险 2015 年度宣传片（见图 5-255，详见二维码 5-22）。

这是 2015 年获戛纳金狮奖的一个保险品牌作品，故事讲的是一个"熊孩子"在家捣蛋，可能随时会出现意外，以此产生共鸣。这个广告非常符合上面说的 5 个基本点，而且执行力特别强，但是缺点在于病毒性弱了一些，仍然属于相对传统的视频广告。

图 5-255 《John Lewis 家庭保险》截图

二维码 5-22 《John Lewis 家庭保险》

2. 话题性

如果你的片子没有一定的话题性，那么只能靠在传统媒体上硬推，在互联网上很难传播开来。很多品牌做视频会受到很多限制，比如预算、制作水平，这个时候话题性就更加重要了。

案例：资生堂——高中女生篇《每个人都可以很美丽》（详见二维码 5-23）。

资生堂这个视频在国内已经在很大范围内传播了，因为"男扮女装"的演绎方式是具有话题性的，比如"这个时代男生像女生""男生也可以化妆"等，所以相对于其他化妆品广告，它是有一定颠覆性的。所以做创意的人一定要敢玩，敢于颠覆。

二维码 5-23 资生堂《每个人都可以很美丽》

3. 能与观众互动

这个时代对视频广告多了一个要求，就是互动。把消费者变成创作者，这样的渗透给品牌留下的印记，要远远大于消费者被动地看到一个很好的广告。

案例：《纸牌屋》宣传片——下木总统竞选（详见二维码 5-24）。

《纸牌屋》第四季要在市场上做一些传播，当时正值美国共和党候选人辩论，这时候他们给《纸牌屋》里的主演下木总统拍了一个竞选宣传片，宣布和希拉里她们一起参加竞选，并提出了自己的执政理念，其截图如图 5-256 所示。他们还给下木总统建立了一个竞选网站，举办线下路演活动进行拉票，完全把竞选的虚拟与现实相结合，吸引了很多美国民众参与进来。

图 5-256 《纸牌屋》第四季宣传片截图

二维码 5-24 《纸牌屋》第四季宣传片

4. 用小预算做大创意

所有的品牌都希望用有限的预算进行跨媒体传播，可以起到很大的传播效果。下面就是一个非常典型的案例，不仅制作成本低，而且还具有极大的传播力，获得 2016 年戛纳国际创意节的最高奖。

案例：Harvey Nichols 商场《店铺扒手》（详见二维码 5-25）。

这支出自伦敦高级百货公司 Harvey Nichols 的片子，选取监控摄像头拍下的真实盗窃和抓捕素材进行了二次创作，片尾出现："喜欢免费的东西？其实你可以合法拥有。下载我们的 App 可以得到相当于偷一样大的折扣。"《店铺扒手》截图如图 5-257 所示。

图 5-257 《店铺扒手》截图

二维码 5-25 《店铺扒手》

5. 跨媒体的传播能力

有些视频你分不清楚到底是一个广告，还是一部电影，或者一个线下活动。这样的不像广告的作品，是具有跨媒体传播能力的。

案例：多芬社会实验《你比想象的更美丽》（详见二维码 5-26）

多芬和美国罪犯肖像艺术家 Gil Zamora 合作做了一个社会实验，请了 7 位女性向素描艺术家口述自己的长相，艺术家画出她们的第一幅素描像。然后，再请陌生人同样向艺术家描述这 7 名女性的长相特征，让素描家画出她们的第二幅肖像。通过这个实验让女人们看到自己的美丽。其截图如图 5-258 所示。

图 5-258 《你比想象的更美丽》截图　　　　　　　　二维码 5-26 《你比想象的更美丽》

6. 给消费者带来附加价值

好的视频广告不仅是一个纯理性的产品介绍，它也能给人们带来一些附加价值。

案例：香氛品牌 Old Spice《传奇的味道》（详见二维码 5-27）

虽然该广告有点一本正经胡说八道的意思，但同时也在告诉观众："如果你或者你的男人用 Old Spice，就会跟我一样，香气迷人。"这个广告的附加价值就是能够增加男人的自信。其截图如图 5-259 所示。

图 5-259 《传奇的味道》截图　　　　　　　　二维码 5-27 《传奇的味道》

7. 一个人文主义的主张

如果一个广告背后的沟通点具有独特的人文主义主张，那么它的影响力也会比较大。尽管产品关联性很弱，但这个主张能够占领心智，变成品牌很独特、很有价值的东西。

案例：英国卫生巾品牌 Bodyform 励志广告《没有鲜血可以阻挡我们》（详见二维码 5-28）。

不同于一般的卫生巾品牌，这个广告用了一个特别的视角：不同肤色、不同年龄的女性，在运动过程中因为各种原因受了伤、流了血，但她们之后都毫不犹豫继续前行，最后汇聚成 Bodyform 所要表达的主张：No blood should hold us back（没有鲜血可以阻挡我们），其截图如图 5-260 所示。

图 5-260 《没有鲜血可以阻挡我们》截图

二维码 5-28 《没有鲜血可以阻挡我们》

8. 大众的艺术

把广告当成艺术去做是没有错的,但不要将它当成高雅的、不接地气的艺术。

案例:沃尔沃重卡《尚格云顿篇》(详见二维码 5-29)

沃尔沃做了很多这种冒险的行为艺术,体现它们产品的性能,也吸引了大量的关注。其截图如图 5-261 所示。

图 5-261 沃尔沃重卡《尚格云顿篇》截图

二维码 5-29 沃尔沃重卡《尚格云顿篇》

9. 与科技同步

现代科技改变了生活的方方面面,视频也会大量运用科技的手法,让呈现出来的视频更有意思,开启一个新的视角。

案例:《让幽灵替你发声》马德里虚拟政治游行(见图 5-262)

2018 年 4 月份,在西班牙马德里街头发生了一场虚拟政治游行,整个过程中有来自世界各地的 2000 名示威者参与,但没有发生任何交通堵塞,实际上是采用了全息投影的技术。最后这个视频在互联网上得到了广泛的传播。

图 5-262 《让幽灵替你发声》马德里虚拟政治游行

10. 让世界更美好

无论这个时代内容变现形式和技术发展到什么程度，最本质的关于人性的东西是不会变的。而"让世界更美好"这样的价值观也会对社会产生积极的影响。

案例：英国百货公司 John Lewis 圣诞广告片《月球上的孤独老人》（详见二维码 5-30）

一个超市的广告能够做得这么有人性有温度，其背后的品牌价值观也是足够打动人的。其截图如图 5-263 所示。

图 5-263 《月球上的孤独老人》截图

二维码 5-30 《月球上的孤独老人》

（五）如何用逆向思维创作 TVC 广告

虽然在创意思维部分介绍了一种潜意识创意方法，比较有效，且更容易产生伟大的创意，但是当我们尝试使用潜意识创意方法做创意时，会发现对于初学者利用潜意识思维做创意，在开始学习阶段效率会偏低，时间常常不可控。在高频工作的压力下，我们也可以选择使用逆向思维的创意手法，来提高我们创意产出的效率，应对紧急而又重要的设计任务。选用这种手法的前提是，你已经完成了前期的基本资料的收集工作，包括与产品或品牌直接相关的资料和与大众日常生活相关的常识性资料，下面我们就可以尝试用逆向思维手法做创意了。

在很多大公司或有品质的创意公司里，一般新入职场的年轻人都遇到过这种创意总监，他经常说"明天，你给我 50 个 ideas"。这些总监们在布置任务中发现，让年轻人明天给自己 50 个 ideas（创意），可能第二天他们只能给出两三个 ideas，多一些的可能可以给出四五个 ideas。而且他们的 ideas（创意），都像是"近亲结婚"的产物，犹如表兄弟一样长得很像，因为很多人在创意的时候打不开思路。

在一个公司里，同样一个创意任务，新入职的创意人能想到 3～5 个 ideas；有经验的创意人能想出 10～15 个 ideas；比较资深的创意人能想出 20～30 个 ideas；能想出 50 个 ideas 的创意人，他们都是创意牛人。其实像这些创意牛人在刚入行时，也是只能想出 3～5 个 ideas 的创意人。是什么让他们从不会做创意，逐渐成长为会批量生产创意的达人呢？这其中的一个重要方法就是逆向思维法，它能让我们拓展思路、创作更多ideas。

创意部门每天收到的创意任务（brief）都是在说"我的产品很厉害；我的折扣很低；我的东西好喝；我的产品绝对让人放心……"对客户而言，这些都是他们很了不起的卖点，他们希望把这些了不起的卖点以爆炸性的方式传达给每个消费者。但对大众消费者而言，这些东西都很普通，每天在各种媒体上看到的都是这些，产生自然的信息免疫："都这么说我信谁的呢？有没有什么不一样的？"然后创意人员每天加班加点，苦思冥想，就是为了把这些普通的事情，说得特别、离奇、不普通、引人注目。

在接到一个创意任务时，创意人员面对的挑战不止是来自同类品牌的直接竞争对手。除了直接的商业竞争对手，处于新媒体时代，信息生态环境发生了彻底变化，所有的社会新闻、娱乐八卦、政治人物、全民吐槽等都在和广告争夺消费者的眼球。其实这些都是广义上的竞争对手，比如说"我的流量超大；我的 4G 套餐特别好；我的 BB 霜几小时不脱妆……"把这些信息混在八卦新闻里，其实就是一些很不抢眼的信息，大家几乎都不会注意到。

那么如何超越传统，做出高辨识度的创意？就是向新闻学习。新闻方面的知识中，有一个非常重要的知识点——新闻五要素，即 who（什么人？）、when（什么时间？）、where（什么地点？）、what（做了什么事？）、why（因为什么原因？）。一条新闻之所以能成为新闻，它必须在新闻五要素中有一到两个要素非常不同。如果所有的要素都稀松平常，它就不能成为一条新闻。

市委书记去基层单位考察调研工作，不是新闻，因为每个领导都会照例下基层调研工作；但市委书记开保时捷到基层单位调研工作，工作餐还喝飞天茅台酒，这就变成新闻了。

开轿车到某重点小学接孩子，不是新闻，因为很常见；开两台拖拉机强行进某重点小学接孩子，还撞伤了两名门卫，才是新闻。因为他做某件事情所用的道具不一样、行为不一样，让人有种错位的感觉，于是大家都觉得很奇怪。

在当前信息爆炸的时代，大家都知道"老鼠怕猫不是新闻，猫怕老鼠才是新闻"。这就需要我们运用逆向思维，找到一些不同的切入点来做创意。TBWA 广告公司说过"颠覆创意"，李奥贝纳说过"寻找与生俱来的戏剧性"，詹姆斯·韦伯扬说过"旧元素新组合"，其实这些道理都是一样的，都是希望你通过一些重构、解构，找到一些非比寻常的、很特别的创意。

下面讲的这个方法就是重构创意的 5W。

1.who——非比寻常的人

第一个 W——who，非比寻常的人。当我们想一个创意，主角一定是帅哥靓女吗？可不可以是位老人？小孩？一只猫？外星人？自大狂？值夜班的保安？非常忠心的狗？孤独的富豪？失散多年的恋人？收集狂？我们是不是能让广告的主角稍微不同呢？（见二维码 5-31、5-32）

二维码 5-31　《总有一天》　　　　二维码 5-32　《谈心》

2.when——非比寻常的时间

第二个 W——when，非比寻常的时间。我们把理所当然的时间进行改变。约会一定在晚上吗？吃饭一定在饭点吗？时间可不可以放慢、加速、轮回、穿越、从小到大、从大到小、在时间轴上相遇？我们的创意是不是可以在时间上做文章呢？值得大家好好思考（见二维码 5-33、5-34）。

二维码 5-33　《Evert_45—KPN Telecom》　　二维码 5-34　《John Lewis 百货》

3.where——非比寻常的地点

第三个 W——where，非比寻常的地点。除了主角人物和时间，我们可不可以在地点上做文章？可不可以通过地点的改变，让我们的创意、活动、故事或者事件变得不一样？比如说可不可以在锅里玩滑板？去街上洗澡？在树上睡觉？飞在空中跳伞办婚礼？在水下跳舞？如果把一件正常的事情放在一个不一样的场景中去表现，也许它就会变成一个非常不一样的创意（见二维码 5-35、5-36）。

二维码 5-35　汰渍《IT'S A TIDE》　　二维码 5-36　杜蕾斯《AiR》

4.what——非比寻常的事件

第四个 W——what，就是非比寻常的事件。比如说如果我们想一个创意，他的主角必须是一个正常人，时间只能是一个正常的时间，地点也是正常的地点，我们想想他能不能做一件不一样的事情呢？比如说到战场一定要打仗吗？在球场就一定得踢球吗？可不可以做一件不一样的事情、奇葩的事情、离经叛道的事情，你怎么想也想不到的事情，最主要就是不要做一件稀松平常的事情（见二维码 5-37、5-38）。

二维码 5-37 《希望》　　　　　　二维码 5-38 《Bluesman》

5.why——非比寻常的原因

最后一个 W——why，非比寻常的原因。这也是创意手法里面用得比较多的一个手法，它先表现一个事件的结果，再慢慢揭示它形成的原因。比如说故事表现的是一个普通的事件，或许它背后有一个离奇的原因，同样的，一件离奇的事情背后是不是有一个特殊的原因？可以先讲一个有悬念的故事，最后再讲一个意想不到的原因（见二维码 5-39、5-40）。

二维码 5-39 奔驰《骑尘》　　　　二维码 5-40 《美女粗嗓门》

所以以上 5 个不同的"W"，可以有效地指导我们做出与众不同的创意。其实不论是用影片讲故事，还是做线下活动，或者做事件营销创意，写一个自媒体文章，以及制作一个平面广告，我们都可以在这 5 个"W"里面创造不同。

创意的本质就是"创造不同的表达形式"，创意就是要"创造不一样"。一个正常的人，在正常的时间，正常的地点，因为最正常不过的原因，做了一件最正常的事。这样的故事，很少会有人去看。不论我们为一个品牌做哪一种广告，不论是视频广告、病毒视频、线下的活动、一篇自媒体的文章，还是平面广告，如果一切都是正常的，那么在一个嘈杂的媒体环境里面，是没有办法脱颖而出的，也不会有人去主动地检索它。

我们前面看了那么多的案例，它们都是表现一个个非常奇葩的事情、非常特别的事情。但请注意，做创意最精髓的地方就是：意料之外，情理之中。不管我们做的是哪一种广告形式，它一定要有一些意料之外的东西。但你扯得再远，也一定要能拉得回来。最后拉回来再抖一个包袱，则最后拉回来的一定是产品的利益点。因为如果一个非常安全的、四平八稳的创意，你看着是非常舒服的，但它其实在投放市场上，在信息碎片化的自媒体环境里，无法引发关注，也就谈不上用创意带动传播了。相反，看起来让大家有点紧张的、能激发好奇心的创意,才具备自媒体传播的基础。当然吸引眼球不是自媒体传播的全部目的,但没有吸引眼球这个基础,就没有这个基础后边的分享、交流,迭代传播就是空中楼阁了。

当然也不是说所有的作品一定要表现不一样的东西,可能有人就做一些非常稀松平常的日常事情,也能做得很有质感、有故事性,这也是一种方式。但对于成功的广告来讲,这是极少采用的一种方式,要配合合适的产品、合适的人群、合适的媒体环境,做到天时地利人和才行。大部分的时候,我们可能还是要表现不那么正常的故事才能吸引别人。

我们讲的 5 个不同的 "W" 是为初学者建立一个打开创意思路的基本方法,方法并不算新,但对于开拓创意思路十分有效,尤其在面对大量的创意任务时,这种逆向思维可以高效快速地生产创意。

(六)一份完整的 TVC 广告故事脚本样式

案例 猫途鹰

1. Treatment 阐述

本片是关于情感的故事,以一个回忆开场,通过娓娓道来自己的心路历程,着重刻画女主角的认知和感情的变化。深情不煽情,积极有态度。影片以偏暖的光影色调为主,整体给人以阳光感。适当的冷光源作为戏剧化的反差,生活化的场景加上细腻的情感叙述。电影化的影调在美化视觉的同时,让观众一下子能进入到剧情中,更能接近生活,让观众很快陷入在这部主角讲述自己经历的情感微电影之中,避免以为这是一支传统的广告片,最后加上非常有态度的 slogan,定能从内心深处引起观众的共鸣与认同。

2. Cinematography 摄制方法

长镜头,手持是主要运用的拍摄手法,这样可以营造出一种客观的视觉。拍摄角度上抓住主角细腻真实的表情与动作,完全让观众陷入于角色的自述中。采用的是大反差、大光比的布光方式。大反差可以很戏剧化地营造出场景的气氛、角色的情绪。大光比既可以帮助叙述,又可以美化一些视觉方面的细节。外景部分采用大自然的灯光师——"自然光"来营造一种真实自然的氛围。

3. Shooting Board 拍摄脚本

第一场 内景——家 1988 年

①[特写]镜头扫过地上散落的杂物,被摔坏的地球仪、相册、一家三口的合影,最后落在一本地理杂志上面,风吹动着杂志,由于风不够强,杂志的书页吹过去又弹了回来。

②[特写]老式的风扇嘎吱嘎吱地转动。

③[全景]7 岁时的她无助地看着妈妈在沙发上抽泣。35 岁的她走入画面,边走边开始对着镜头说(VO:那年我 7 岁,我爸改行当记者,一年有 10 个月在全世界跑。有些是任务,有些是他自己要去的。每次他走,我妈就开始哭,哭好几天。她跟我说——),说到"她跟我说——"时她看向哭泣的妈妈。

④［中景］场景中的妈妈对着7岁时的她抱怨说:"你长大了可千万别像你爸这样,就知道到处野。"

⑤［特写］妈妈无助伤心的眼神。

⑥［全景］经过地上那堆散落的杂物时,她把地球仪和那本相册捡了起来,拂去尘土,旁边7岁的她看着现在的她(VO:我爸每次回家都给我带礼物,都跟我讲他看到了什么、说那些风景有多美)。

⑦［特写］小时候的她无助的眼神。

⑧［中景］她拿着地球仪和相册走到镜头前的桌子旁坐了下来,一只手转动了下地球仪,老旧的地球仪咯吱咯吱转动了起来(VO:还说等我长大一定带我去看看。那时候我心里的想法只有一个:我哪儿也不去)。

⑨［特写］小时候的她低着头,一脸抱怨。

第二场　外景——家门口 2004年

①［全景］家门口,35岁的她靠在围墙边静静地看着家里的一切。这时23岁的她骑着自行车入画,停好自行车走了进去(VO:毕业后,我顺理成章地留在了我们这座小城市工作)。

②［中景］镜头正面拍摄她,缓缓往后拉,她对着镜头边往前走边说(VO:我的工作单位离我家只有600米,我不爱旅行,也不需要旅行),镜头拉至全景,带出正在打扫门口的妈妈(VO:我妈妈和我都认为这很不错)。

③［特写］她对着镜头说(VO:我爸?我爸当时已经跟她离婚7年了)。

④［中景］透过妈妈的苍老而又坚毅的脸,看到后面的她(VO:离婚时,我妈跟他说,最好不要联系我,怕他把我带坏)。

第三场　外景——海边 2006年

①［特写］天空自由翱翔的海鸟。

②［特写］夕阳下橙红的海浪。

③［全景］镜头从夕阳缓缓摇下,看到25岁的她背对着镜头看着大海和夕阳,仿佛被美景震撼,静静地坐在那里,陶醉着。35岁的她看着画面里25岁的她[VO:直到25岁那年,单位的一次活动,在国外(地名)举办。我意外地发现,那次的目的地,是我爸当年跟我提及最多的,他最爱的风景]。

④［特写］夕阳的霞光映射在25岁的她的脸上,她静静地看着(VO:当我亲自站在他跟我描述过无数次的美景前,我被惊呆了)。

⑤［中景］她撑起一只手,依然看着远处的美景,但此时仿佛有了一点点的思索。海风吹起她的头发,露出年轻的脸庞。

⑥［大全景］前景35岁的她看着25岁的她与美景融合在一起的画面(VO:因为我看到的,比他描述的还要动人)。

第四场　内景——家 2006年

①［特写］25岁的她翻着爸爸留下来的相册,最后相册啪一下合上(VO:就从那一刻开始,我突然有了一个想法)。

②［特写］25岁的她挂上照相机、整理行李、戴上太阳镜等一系列动作的快切(VO:我要去他当年去过的那些地方看看)。

③［全景］［高速拍摄］25 岁的她带着行李，推开院子的大门走了出来（VO：于是，我就去了）。

第五场外景——各风景 2006～2015 年

①［全景］她背着照相机行走在各种不同的路上。在各处风景，她拜托路人帮她拍照留影（VO：走的地方越多，我越意识到：我爸爸没有骗我，当年的他没有胡说）。

②［特写］脚步走在各种不同的道路上。

第六场内景——某酒店内 2009 年

①［近景］她坐在床上，翻着照相机里自己拍下的照片，对比着爸爸留下的当年的影集（VO：我根据他当年的影集）。

②［特写］她翻看着自己冲印出来的相片（VO：去到他去过的每一个地方）。

③［中景］她好像发现了什么，她把自己拍摄的相片放到了爸爸的影集上，比对着看（VO：在那里留影，再将我和他几十年前的照片合在一起）。

④［特写］她留影的那张风景和爸爸的照片合在一起，是同一个地方。

⑤［中景］她抬起头，仿佛明白了什么。

第七场　内景——展厅 2016 年

①［近景］美丽风景照，镜头拉开至全景，这是一幅挂在白墙上的大幅照片，照片里是现在的她和年轻时的父亲在那风景前的留影。旁边还有无数个小的相框。35 岁的她走了进来，怀里抱着当年被扔在地上的那本相册，走向大幅照片前（VO：今天大家看到的，就是这些照片。很遗憾）。

②［近景］她看着照片中的父亲（VO：当年的我没能和他一起站在这些风景中）。

③［特写］大幅风景照，叠化成真实的场景，真实的场景中没有了父亲，只有她一个人，背对着看着风景（VO：没能亲口跟他说一声：爸爸，这里真美）。

④［特写］她略有伤感的眼神。

⑤［中景］她转身离开，仿佛看到了什么，一脸的惊讶。

⑥［全景］她看到了小时候的她和年轻时的父亲，他们一起观看着这些照片，亲密地微笑着。

⑦［中景］小时候的她抬头看看正眉飞色舞地介绍着那些风景的爸爸，脸上满是崇拜的神情。

字幕：

有时候，不懂他选择的人生，

是因为没见过他所见的风景。

尾板：

世界与你想象中不同

Logo：

猫途鹰不同视野看世界

4．Art reference 美术参考

① 1988 年的家（见图 5-264～图 5-266）。

图 5-264　1988 年的家（1）

图 5-265　1988 年的家（2）

图 5-266　1988 年的家（3）

② 2006 年的家（见图 5-267 和图 5-268）。

图 5-267　2006 年的家（1）

图 5-268　2006 年的家（2）

③ 画廊（见图 5-269）。

图 5-269　画廊

④人物、道具参考（见图 5-270～图 5-274）。

图 5-270　人物、道具参考（1）

图 5-271　人物、道具参考（2）

图 5-272　人物、道具参考（3）

图 5-273　人物、道具参考（4）

图 5-274　人物、道具参考（5）

⑤外景地参考（见图 5-275～图 5-277）。

图 5-275　外景地参考（1）

图 5-276　外景地参考（2）

图 5-277　外景地参考（3）

⑥猫途鹰《爸爸，这里真美》完整视频（见二维码 5-41）。

二维码 5-41　《爸爸，这里真美》

课后练习任务书

1. 作业主题
为《全国大学生广告艺术大赛》创作一个 TVC 广告故事脚本。

2. 背景资料
"中国大学生好创意"全国大学生广告艺术大赛(以下简称"大广赛")自 2005 年至今已举办 15 届赛事,是被权威机构认可的以"创意"为核心概念,以"创新"为育人目标的全国性大学生文科竞赛。"打破寻找确定性的传统教学模式,增强对不确定性的适应力"是大广赛独特的赛事魅力;规模大、覆盖面广、参与院校及参赛人数多,作品水准高等一系列突出优势,使大广赛被评为国内具有广泛影响力的竞赛项目之一,在学界、业界、行业具有较高的知名度及公信力。

大广赛整合多方资源,以企业真实营销项目作为命题,横跨多个学科专业,赛出了实践教学的本质含义;赛出了基础知识、通识教育在专业教育中的地位与作用;更赛出了当代大学生的实力水平,以及对未来发展的信心,成为教学与市场紧密结合的、稳定且成熟的实践教学科研平台。从根本上挖掘了大学生的潜能,为全面构建扎实的校企对接平台打下坚实基础,为大学生创新、创业、就业奠定基础。

大广赛致力于让学生走出象牙塔,了解市场及行业需求,使自己的作品得到实践的检验。通过近两届"大广赛命题"的作品征集,在创作类型、技术手段实现等各方面较之以往都有了全面的突破,客观反映出当代大学生设计、策划、创新等综合能力的稳步提升。

只要你足够勇敢,充满创意激情;只要你喜欢在挑战中成长,渴望在 PK 中蜕变,大广赛舞台已为你备好。在这里,可与英雄为伍,可与行业精英汇聚;在这里,不仅追求潮流,更要创造引领时尚。欢迎怀揣梦想的你,来大广赛抒写真实生活,拥抱多彩人生。

3. 主题解读
①设计关键词:智能、自信、年轻活力、亲和力。

②需体现时代精神,展现赛事文化内涵。

③伴随大广赛的成长壮大,其品牌塑造成为赛事管理发展的一个必然趋势,须围绕大广赛"优质的内容、立体化的传播模式、高校与企业行业交互的平台、专业性与实践性的平衡"等关键点,充分融合赛事特色,构建大广赛特有的 IP 文化体系。IP 形象设计在展现亲和力的同时,自带传播属性,以提升大广赛品牌竞争力。

④思考方式。

举个例子,比如你要表现的产品概念是一个床垫让你拥有深度睡眠。最稀松平常的故事是,一个人晚上在一张床上睡得特别香,因为这个床垫可以让你拥有深度睡眠,但这样的故事如果拍成一个广告,做成一个 TVC 是没有人会喜欢看的。

表5-9　5W创意表格

who 什么人?	when 什么时间?	where 什么地点?	what 什么事件?	why 什么原因?
小孩子?				
小狗?				
狂躁症者?				

比如这个who，我们想想可不可以是一个小孩，一只小狗，或者是一个狂躁症的患者（见表5-9）？

比如这个when，什么时间。因为在这个床睡得比较舒服错过了一个重要的事情，或者说他身边有一百个闹钟都没有用，感觉时间停止了。或者说周围怎么吵他都不会醒，或者说一个人一生再悲惨至少也有三分之一的时间是非常美好的。

比如where，什么地方。就像刚刚看的宜家广告，是不是可以表现这个床是飘在空中的，或者是在战场上。旁边所有人在枪林弹雨中，大炮在轰鸣，但是你根本就不会醒，睡得很舒服；或者这个床在菜市场上，让观众感觉菜市场这么繁杂的环境里，你都可以开心地、舒服地、很甜地睡着。比如你人在这个床上睡觉，在你耳边发射导弹你都不会醒的，或者用很多鼾声去演奏一个交响曲，或者表现一个离奇的事情，比如所有闹钟排队去自杀。

比如why，什么原因。我们是不是可以表现梦里的人都睡着了，只因为他处于深度安睡中。广州某广告公司做的一个睡饱床垫拍的一系列片子是这样的：它表现的是结婚的时候，新郎、新娘、教堂的牧师全都睡着了，所有来宾都睡着了。为什么？原来发现这所有的故事其实是这个女生的梦，梦里面的人都睡着了，因为这个床能够让人深度安睡。那另外一个故事是不是可以表现一个人上飞机去旅游、搭地铁都背着一张床，最后告诉观众是因为这个床太美好了。

创作故事脚本时，假如主角不是那么帅，假如他是一个糟老头，假如它是一只熊，这样一个创意出来会不会有争议呢？这样的一个创意在社会化营销、自媒体时代会引起一些话题，引起人们的注意，让人们去传播，这才是社会化营销的价值。

4. 作业目标

帮助学生和职场新手发散自己的创作思维，可以在有限的时间内想出更多ideas，让想出来的每个idea都不一样。

初步学会独立完成一份分镜头脚本撰写工作。

5. 作业内容

作业第一部分：把这5个W写在表5-9中，把不一样的内容填写进去，这样可以想出比较多的ideas，最少想5个ideas。

作业第二部分：在这些ideas中挑选一个自己最满意的，写成一个不少于2000字的创意故事脚本，并配上完整的分镜头手绘插图或参考图片。

6.作业要求

①提交一份 Word 纸质打印稿。内容包括：5 个 W 创意表格；文字拍摄脚本、美术参考图片或分镜头手绘插图。提交彩色打印稿，A4 纸打印，不超过 10 页纸。作业上需注明：课程名称、作业名称、班级、姓名、学号等个人信息。

②完成一次课堂提案。提案 PPT 为中文，要求 Windows 系统，Office2019，PPT 尺寸 16∶9；PPT 文件命名格式：班级、姓名、学号、作品名称。

③提案 PPT 不超过 30 页，内容包括：TVC 阐述、摄影技巧、文字拍摄脚本、美术参考图片或分镜头手绘插图。

提案时间：10 分钟。

五、H5 广告

什么是 H5 广告？就是指用第 5 代 HTML 代码语言制作的广告产品。什么是 H5 交互广告？就是指用第 5 代 HTML 代码将广告创意以各种交互的手法呈现出来的广告。它的传播主要是靠微信朋友圈的分享和转发，也就是社交化媒体的病毒式传播。只要创意好，并且受众喜欢分享，其传播速度就会非常快，传播成本低。它也可以通过其他广告投放方式来快速地传播。与传统广告相比，H5 交互广告趣味性强，广告效果可监测，是移动互联网广告的主流形式之一。

H5 广告创意通常包含两方面，即内容创意和交互形式创意。内容创意在前面创意部分已经有详细的介绍了。在这一部分中主要介绍的是交互形式的创意与执行。

（一）H5 广告创意前的基本常识

有创意不等于刷屏，但毫无创意的内容基本不可能刷屏。我们先要搞明白什么是创意。大部分人都能想到的那不是"创意"，而是一个不再有幻想的客观存在了。

詹姆斯·韦伯·扬在《产生创意的方法》一书中对于创意的解释在广告界得到比较普遍的认同，即"创意是旧有元素的重新组合"。

1. 先认清 H5 创意是什么

在一个成功刷屏的案例里，H5 的创意提高了作品的可读性，刷屏案例的组成元素之一是要有好的创意。创意其实是各种元素的创新组合。这里不是说创意只是各种元素的简单拼凑，单纯地做加法。而是说，在已有的好的内容基础上，增加新的玩法，做出新的突破，这才是创意。

当我们把刷屏的 H5 案例拆分成内容和交互两方面来看，就可以发现，它的画面内容创意和整体交互形式创意两方面是并重的。

网易哒哒的《滑向童年》用 5 部经典动漫做出了刷屏 H5。滑动屏幕动漫人物缓缓出场，高燃的音乐和动态的代表性动作是这支 H5 最亮眼的地方（见二维码 5-42、图 5-278）。

在内容创意上，用的是动漫＋童年。

在交互创意组合上，用的是怀旧的童年动漫＋一镜到底的形式＋炫酷的视差。

二维码 5-42 《滑向童年》

新媒体广告创意传播——广告创意的新思维

图 5-278 《滑向童年》截图

我们在对一个事物进行主观描述时，往往会加上形容词、副词。描述成句子时，还会加上时间和地点状语。新闻则会更加复杂，它是由五要素组成的：何时、何地、何事、何人、何因。这 5 个元素共同组成一个完整的新闻稿件。

而我们制作 H5 时，也要有不同的元素：图画、文字、音效、交互设计、故事情节。这 5 种元素是可以深入操作的，在某一方面添加新的玩法，这就是你的 H5 不一样的地方，这就是你的创意。我们做创新的元素时要选择得当，互相匹配，紧密联系，积极促进，需要我们有广泛的兴趣爱好，还要热爱观察生活。

2. 构思创意的切入点在哪

从内容创意的角度来看，利用形象化的符号可以代替客观事物。比喻和拟人是文学作品常用的修辞手法，将甲方的特征映射在乙方身上，用一个新的形象覆盖原有的个体，同时赋予乙方一个新的意义。比喻和拟人都是如此，只不过是赋予人的意义和赋予物的意义不同，描述不同。

动物保护主题 H5《自白》是用了拟人的手法进行创作的。故事从小女孩"岚"的第一视角展开，她看到了原有的安稳生活被恶魔破坏，亲人被残忍杀害，寻求帮助却又无人回应，自己无能为力，绝望悲伤。直到画面最后，我们知道"岚"是一只鲸鱼，它眼中的嗜血怪兽其实就是捕鲸人。捕鲸的画面血腥残忍，而将角色反转，经过拟人处理，更容易和用户产生情感共鸣，从而点明主题——保护动物，让 H5 更加深刻（见二维码 5-43、图 5-279）。

创造特殊的场景，让用户有参与感，调动用户的积极性。

如果用户已经习惯了假想世界，那不如直接建造一个特殊的真实场景。

图 5-279 《自白》截图

二维码 5-43 《自白》

反差是将一个事物已有的认知打破，再冠以一个相反的头衔。这种严肃与幽默互相混合，古典与现代正面撞击，不同的元素可以颠覆原有的刻板印象。

腾讯创新大赛出品的 H5《穿越故宫来看你》，正是用这种反差的形象吸引了用户注意。朱元璋发自拍唱 Rap、后宫妃子朋友圈评论点赞，古今穿越制造反差。整个 H5 都颠覆了对皇帝的原有认知，记忆点就是这种不寻常的混搭风格（见二维码 5-44、图 5-280）。

二维码 5-44 《穿越故宫来看你》

图 5-280 《穿越故宫来看你》截图

3. H5广告创意前必要的准备

创意不是单纯地只靠想就能得到的，还需要大量的素材积累。这里需要的素材包括提供文字支持的文献资料，全民关注的时事热点，还有行业前沿的交互技术与设计形式等，如前所述。H5在策划上需要对创作的内容十分了解，如果团队中存在涉猎广泛、兴趣多的成员，那么思维肯定会比爱好较少的成员更开放。

从整体策划上来看，内容创意要和交互创意并重。一个完整的作品要有引人注意的开头，饱满充实的故事内容，简洁恰当的结尾。H5完整流畅是留住用户的一个原因。

如前所述，我们将H5的创意分为了两个部分：内容创意和H5交互形式创意，也就是说，在策划上要合理匹配画面内容和交互形式设计。互动叙事、趣味游戏、一镜到底、交互视频和问答测试是几种常见的H5玩法。关于这5种场景的运用，可以分为轻量型和重量型两种开发方式。H5交互设计的复杂程度和创意的深浅、预算的范围、制作周期的长短有关。在交互上的创意需要注意和H5表现的内容相匹配。或者先设计一个有趣的玩法，再根据玩法场景来设计有趣的内容，并植入进去。

对于内容限制较大的主题来说，在进行H5创作时，要注意形式大于内容。

想要完成一个成功的创意，你可以内容创意优秀，也可以作品交互表现形式优秀。但是这必须要做到优秀，才能称为成功的创意。

在创意公司里，每天都会开会，也就是大家平常所说的"头脑风暴"，"头脑风暴"会议上小组成员们随时都可能"撕"起来。"头脑风暴"会议最可怕的也是最忌讳的第一个要点，就是互相拍马屁，你恭维A的方案98分，A赞赏B的方案100分，那就没什么用了，能否保持团队的争论气氛对成败至关重要。而在一开始的创意产出阶段，也要多学多看，扩大涉猎范围，多条思路并行。这就是开"头脑风暴"会的第二个要点：强行要求，每个人都必须做足功课，带着方案来。

刷屏案例的策划从一个好的创意出发。你的创意真的能被称为创意吗？

（二）H5常见的8种交互形式创意模板

1. 个性化测试

基本逻辑：输入姓名/其他个人信息 → 随机显示出带姓名变量的结果→分享。

核心思想：测试结果一般带有个人属性并有炫耀性质（社交货币），以此激励分享。比如"XXX是靠脸吃饭的""XXX的新年签是好运"。

常见形式：新年签、运势、职业、星座、智商、颜值……

2. 炫耀/恶搞DIY

基本逻辑：输入个人信息→生成个性页面→分享。

核心思想：生成的页面为用户常见页面的高仿，产生虚实难辨的错位感，比如朋友圈主页、新闻页面、杂志封面，甚至一些更具体的，如结婚证、学生证等，一般内容为恶搞或者炫耀，以此激励分享。比如生成自己的明星朋友圈，生成自己的头条新闻等。最近比较流行的结婚证、保时捷配单都属于这一类。

常见形式：生成朋友圈、新闻报道、对话记录、结婚证、几个亿的合同……

典型例子：《网易新闻我要上头条》PV5000万（官方对外公布数据，据说是2天内）（见二维码5-45、图5-281）。

第五章　广告创意与设计执行技巧

图 5-281　《网易新闻 我要上头条》截图

二维码 5-45　《网易新闻 我要上头条》

▲看详情：http://www.digitaling.com/articles/21270.html

3. 人物叙事

基本逻辑：展现人物生活 / 工作片段 → 让读者感动、无地自容 → 分享支持。

核心思想：一般是不太受关注的劳动工作者或公务人员，展现平凡而细微的人物生活，文案正能量、具煽动性，以此激发分享。

典型案例：《如果可以，让我们一起回家》PV 500 万（见二维码 5-46、图 5-282）。

图 5-282　《如果可以，让我们一起回家》截图

二维码 5-46　《如果可以，让我们一起回家》

4. 轻游戏

基本逻辑：直接玩 → 获得成就 → 分享。

核心思想：一次游戏时长不超过 1 分钟，规则简单，难度大，但随着熟练度提升，难度快速降低，于是给玩家造成自己很聪明获得很高成绩的错觉，以此激励分享。

常见形式：不固定，快消品，好玩就行。

典型例子：《按住一秒钟》PV 700 万，虽然没有《神经猫》那么火，但相对而言这种制作难度较低，对一般的 H5 制作者来说可行度更高一些（见图 5-283）。

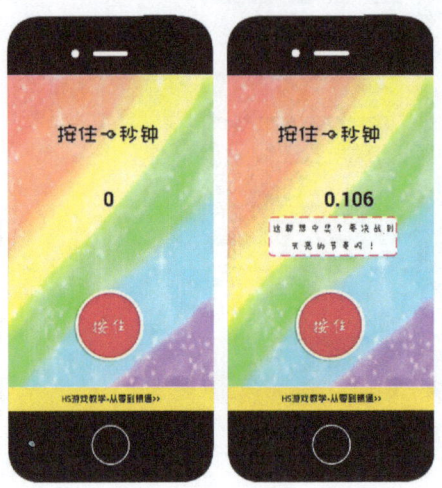

图 5-283 《按住一秒钟》截图

接下来介绍的几种类型，不一定有很强的传播力，但作为基础创意类型，可以和其他场景及类型融合。

5. 虚拟场馆

核心思想：通常是二次元和三次元的融合，既有真实世界的空间感，又有二次元世界的天马行空。基本以创意设计和内容体验打动人心。

常见形式：全景图、视差、交互式 GIF、全景视频……

6. 实物模拟

核心思想：通过模拟具体实物的界面/造型并加入互动元素，以此产生类 AR（增强现实）的效果，比如《哈利波特》里能播放视频的报纸，《三体》中能播放广告的马桶盖。在 H5 中实现，虽然效果打了些折扣，但如果能抓到有趣的点，也可以引起共鸣和传播。

常见形式：模拟来电、微信对话、报纸/小说/杂志、电视、诺基亚……

典型案例：《这个陌生来电你敢接吗》（见图 5-284）。

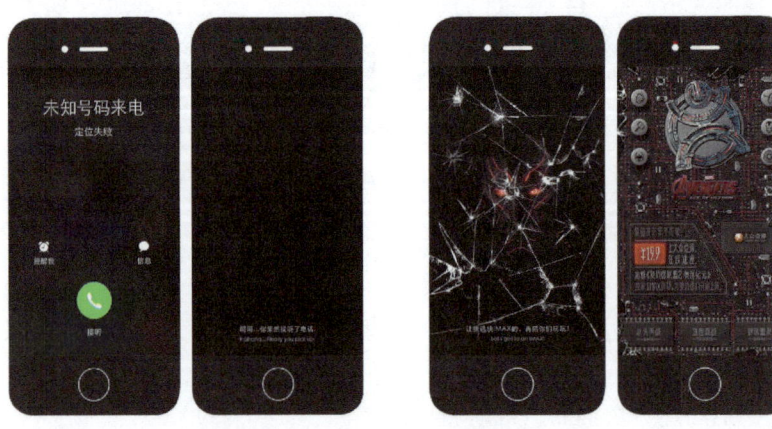

图 5-284 《这个陌生来电你敢接吗》截图

7. 微信图文模拟

核心思想：模拟常见的微信图文版式，通常布局和版式上需做到真假难辨，但又加入许多互动元素，造成"出其不意"的效果。

典型案例：《四大导师拯救麦渣》，很多人看了以后都问这篇图文到底是怎么做的（见图5-285）。

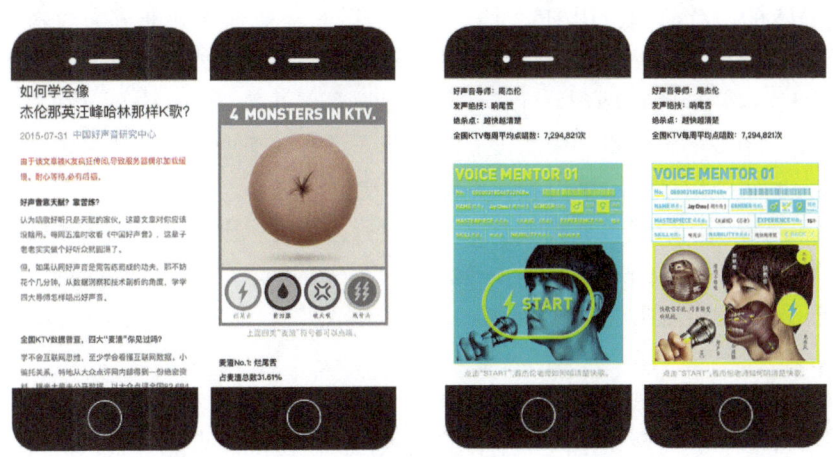

图5-285 《四大导师拯救麦渣》截图

8. 剧情游戏

核心思想：简易RPG，基于一定的故事剧情加入游戏元素，一般以故事见长，游戏只是增强互动的元素。可借助热点内容创作，比如流行的电影、小说、电视剧等。

常见形式：密室逃脱、侦探解谜、剧情冒险、少女养成……

典型案例：《穿越千年的暖暖》，一反暖暖"乖乖女"的形象，偏要当一个破坏者，要这个H5游戏击碎千万女生炸裂的少女心。据说只有看过30部以上的穿越剧，才能读懂这个恋爱文字游戏的套路。在追寻奇迹与梦想中，不做作、不扭捏地表达内心诉求，遇到的那个最美的奇迹，其实是你内心深处那个最真实的自己，《穿越千年的暖暖》给女孩的忠告，都在这个H5里了（见图5-286）。

图5-286 《穿越千年的暖暖》截图

（三）H5一镜到底的4个基本套路

一镜到底是一种理性的展现手法，完整不切分的镜头表达，没有剪辑痕迹，一气呵成播到底。其特点是画面连贯，故事表达流畅。形式＋作品内容＝深层含义，整个作品完整的意义被加强，把控局外与局内的临界点。例如《鸟人》——一镜到底的经典作品，摘得第87届奥斯卡金像奖最佳影片。

基于对H5的广泛应用，用H5"加工包装"后的一镜到底渐渐成为内容营销广告的新宠。无须翻页与刻意切换场景，一张长图，一幕长镜头，就能将所需表述的场景和交互铺陈开来，毫无卡顿地流畅展现。无论主体是动画还是影视的H5作品，在一个完整的故事情节中，由一个叙述者叙事，中间没有被打断，没有人工加工的痕迹，其价值在于回归传统，以某一固定视角呈现故事内容，更纯粹、更贴近观众。

一镜到底这种创作形式，从视觉上来看大致分为4类：影视类（通过长镜头表达完整故事）、二维平面空间（X轴、Y轴式一镜到底）、三维立体空间（Z轴穿梭式一镜到底）、多元一镜到底（自由度更大）。

1.影视类

用长镜头的理性角度叙事，对一个场景、一段内容进行连续拍摄，形成一个比较完整的镜头段落，不去打断时间，呈现一个自然过程；实现空间的自然转换；实现局部与整体的关系。

案例1　点亮人生竞技场

英菲尼迪汽车H5广告采用一镜到底的播放形式，特别之处在于本应下落的物体却静止的场景：试卷、教学器具漫天的教室；落石滚滚的峭壁；画框画板无处不在的画室；各类乐器乐谱漂浮的空间；书本书架凌乱排列的阅读室；到处是行李的地方。

所有静止的物体主色均为白色或灰色，搭配黑色夜空的背景，视觉效果更为简单鲜明。这种时间静止的表现手法与之前腾讯UP发布会《唯耐心不负所爱》系列H5有异曲同工之妙，但又有不同之处，那就是时间静止下活动的人物，在镜头的移动中切换两种不同人生角色（见图5-287）。

图5-287　英菲尼迪《点亮人生竞技场》截图

案例2　你收到的包裹经历了这么多

这是一个包裹的旅程，这个H5中描述了包裹是怎么从卖家到买家的。整个画面是矢量扁平的动画风格，主体颜色是蓝绿色，符合品牌形象（见图5-288～图5-290）。

图5-288　菜鸟Logo

2017年5月22日这天，菜鸟网络发布的新Logo也加入蓝色大军！官方解释：新Logo代表菜鸟要利用大数据和智能，推动传统物流升级到智慧物流的使命。这也是菜鸟的一次品牌升级。

图5-289　菜鸟新Logo

长按包裹即能跟随包裹前进，开启包裹的旅途。文案的设计暗示菜鸟包裹的厉害之处，比如"人只辨得清眼前的路，你得通晓全世界的路""人甚至不想公开自己家的房门号，你得去附近等他们，但要注意安全"……其中整体设计有一个很贴心的细节，就是取消长按，可以直接跳转菜鸟品牌故事而不用完整观看整个物流过程，满足多方面观众的需要。

图5-290　《一个"包裹"的非人类经历》截图

2. 二维平面空间

单纯地上下左右滑动（X轴、Y轴）已经不是一镜到底的主流展现手法，将其他元素融入滑动，能让作品更加立体。视差动画与一镜到底的结合，让你知道什么是完美搭档，无论是视觉效果还是趣味性，都非常出彩，故事内容丰满，逻辑清晰，可读性强。

（1）视差动画+X轴运动

案例1　逃不掉的四字诅咒

"毕竟长辈，为了你好；同学一场，算了算了；曾经爱过，原谅我吧；还是孩子，多大点事；初入职场，习惯就好；都是亲戚，能帮就帮；想开一点，都能过去。"

这些四字箴言，你觉得熟悉吗？活在人情的枷锁中，你还分得清自己的本心吗？

一镜到底的形式、"小确丧式"的插画风格、单一乏味的色调，彻底还原出种种"理所应当"下你生活的样貌。扎心，走心！（见二维码5-47、图5-291）

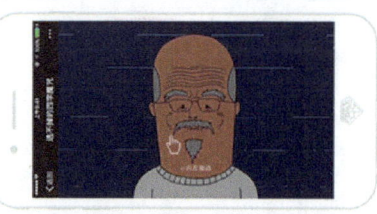

图5-291　《逃不掉的四字诅咒》截图　　　　二维码5-47　《逃不掉的四字诅咒》

案例2　百雀羚一九三一

百雀羚现象级刷屏广告《一九三一》，开创了一镜到底式长图文的新纪元（见图5-292）。

  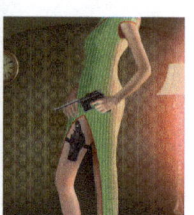

图5-292　百雀羚《一九三一》截图

中国风的一镜到底，年代感十足，但却有着和年代不相符的脑洞，让人猝不及防，好评如潮。随后出现很多同种形式一镜到底的经典案例。

（2）视差动画＋长图文＋Y轴运动

案例1　你有一道新圣旨，请注意查收

一款具备着天然"物种"优势的H5：画面里的每一位角色都拥有专属声优的配音，人物间的真人对话让整个故事更具感染力，使用户更容易代入情境之内！以皇宫"赏花宝器"离奇失踪为切入点，一镜到底的图文故事形式摆脱了只有文字的枯燥，加入语音播报的人物对话，让故事的传达更加直接明了。

国画描绘清代时期，融入大家熟悉的剧情与台词，趣味十足。大众耳熟能详的清廷名角联袂演绎，你能发现多少？

曾经的刷屏古装大戏再次呈现，亲切感突增。结尾找到"赏花宝器"后出现高仿版手机界面，下载手机百度即可体验百度识图技术，轻松赏花（见图5-293）。

图5-293　《你有一道新圣旨，请注意查收》截图

案例2　林黛玉，你家进贼啦！

"满纸荒唐言，一把辛酸泪。都云作者痴，谁解其中味？"透过一个飞贼的视角，用一镜到底的呈现方式，将荣国府里里外外一览无余。细腻的工笔画与现代技术相结合，让两百多年前的书中人复活于荧幕。在这款H5中，你将能够看到多个曹公笔下的经典情节：贾母过寿、贾瑞戏熙凤等。趁着这奈何天、伤怀日、寂寥时，扫码来体验这怀金悼玉的《红楼梦》吧（见图5-294）。

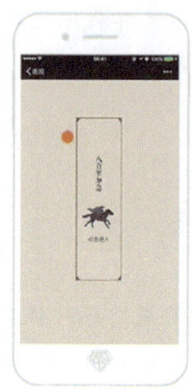

图 5-294 《林黛玉,你家进贼啦!》截图

3. 三维立体空间

一镜到底的优势在于能够突出一类具有历程性的内容,比如:讲述一个过程、展现一段经历、描绘一个场景。它营造出某一空间,让人可在其中穿梭。通过镜头完整表现年代感、历史进程与所述事件。在三维的立体空间中,穿梭又可分为时空穿梭与场景穿梭。而不同的穿梭形式,也有其更为合适的技术融合。

(1)时空穿梭 +VR

Z 轴穿梭式一镜到底不仅在空间维度上有了突破,同时在技术融合上也有加分。

①爆款、穿梭宇宙。

案例1 穿越宇宙的邀请函

尽情尽兴,天猫穿越宇宙给您发来邀请函!在这支刷屏爆款 H5 中内置了 225 张图片,通过处理,以 2D 图片的方式导入 H5。画面逐步倒退,穿梭在这浩瀚的宇宙中,由近到远,能够纵观宇宙全貌,可谓尽兴之至!在这个虚拟的世界中,还巧妙地加入了镜像设计,增添了一种神奇色彩(见图 5-295)。

图 5-295 《穿越宇宙的邀请函》截图

②VR、空间穿梭。

案例2　飞越神码乐园

山寨腾讯网的神码新闻《果然会玩》，模拟新闻页的形式＋语不惊人死不休的标题党吸引观众。点击主屏幕，刘昊然还有30秒就到达战场了！"揭盖去玩"就能体验H5。从美年达瓶盖中进入神码乐园，全程第一视角的VR游乐园飞车体验，一镜到底，可360度旋转手机观看，也可使用VR眼镜观看。飞车终点找到"超级掌柜"刘昊然，他能带你参与畅玩神码乐园中的各种游戏，所以在整个过程中你到底发现了多少游戏彩蛋呢（见二维码5-48、图5-296）？

3D设计为主要方式，缤纷的动画视觉效果带来更好的H5观看体验。

图5-296　《飞越神码乐园》截图

二维码5-48　《飞越神码乐园》

③历史历程、时空穿梭。

案例　AMG非凡驾驭50年

大气的音乐彰显AMG的恢弘历史，一镜到底的呈现方式拉开AMG的壮伟序幕。由AMG创始人领衔为你陈述一段关于"冠军"的神话。黑白画面沉淀着过往种种不凡历史，时空中穿梭而来的鲜活颜色，是AMG一如既往的"传奇"见证。镜头由缓至急的切换速度，体现AMG的卓越品质（见图5-297）。

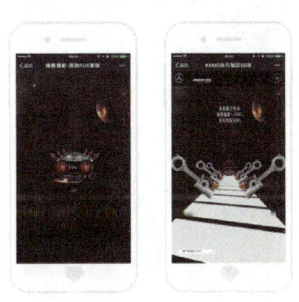

图5-297　《AMG非凡驾驭50年》截图

④空间穿梭

案例　决不跟随

阿迪达斯推出的一款力量与速度感十足的H5，融合重力感应技术，画面内容可跟随摇晃的手机屏幕摆动，时尚的画面、快速跟进的镜头在空间中快速穿梭，还有动感的节奏，都彰显了品牌"决不跟随"的理念。做自己，决不跟随（见二维码5-49、图5-298）！

图5-298　《决不跟随》截图　　　　　　　二维码5-49　《决不跟随》

（2）场景穿梭+画中画

一个场景与另一个场景在缩放中穿梭，每一次穿梭都是一个惊喜。

案例1　二〇一六年娱乐圈画传

以古风插画的方式盘点每年的娱乐圈热点事件正是网易新闻的一贯传统。霍建华林心如大婚生子、小李终得奥斯卡小金人、张樊反目斗演技、斯人已逝等十大热点事件，如橡画笔笔触传神，最后落幅的垂钓江叟叼烟看戏，恰如我们吃瓜群众一样。交互体验：长按屏幕体验便利热点事件，松手即可欣赏静帧、细细品玩。画中画带来的穿梭感，让娱乐圈画传尽显魅力（见二维码5-50、图5-299）。

图5-299　《二〇一六年娱乐圈画传》截图　　　　二维码5-50　《二〇一六年娱乐圈画传》

案例2　一口气看尽职场套路

幸亏当事者迷，不然真的看清事实真相，很多人是承受不了的。职场套路多，带你一口气看清职场套路。采用画中画的展现形式，串联起职场上的种种套路。这碗"毒鸡汤"，我干了，你随意。职场套路多，入职前请注意身体。加班多，蛋白粉就要吃得多。汤臣倍健蛋白粉，每天增强抵抗力（见二维码5-51、图5-300）。

图5-300　《一口气看尽职场套路》截图　　　　二维码5-51　《一口气看尽职场套路》

4. 多元一镜到底

多元化的一镜到底，让一镜到底的创作形式更加多变，在交互方面的自由度也更大。

案例1　飞跃奇市江湖

在loading完毕后，点击"轻触出发"，出现一只燕子，用户可通过上下左右晃动手机控制飞行位置，暂停欣赏时，可左右滑动观看品牌信息。飞行中会遇到黑洞，飞进黑洞进入奇市江湖4大街区系列的3D品牌视频展示，这个脑洞乐园很脑洞。

从整体结构上来看，淘宝这个给人逆天感的H5，以上帝视角和沉浸式VR体验把2017年淘宝造物节主会场里，分别代表潮人玩家、脑洞神店、治愈美好、独立设计这四大主题板块的"东市西市南北街"用好莱坞视觉特效，先行一步搬到了线上给人体验。

在这四大主题板块里，制作团队都赋予了它们一个异度空间。在这个空间里，体验者可以获得失重、加速、穿越、炫目乃至过山车式的刺激等感官体验。淘宝又一次在H5上做了一次单点爆破，奉上了一场视觉和创意都兼具的奇观（见二维码5-52、图5-301）。

二维码5-52　淘宝《奇市江湖》

新媒体广告创意传播——广告创意的新思维

图 5-301　淘宝《奇市江湖》截屏

案例2　厉害了亲亲合力

继淘宝造物节、天猫全球狂欢节之后,阿里将"双12"品牌升级为淘宝亲亲节。此H5为2016年淘宝"双12"提供市场预热宣传,一如既往地传承了天猫"双11"来自宇宙邀请函技术上的炫酷,并在交互体验上进行了微创新。一个螺旋式的旋转城堡恰如游乐场一样颇具亲和力!(见图5-302)

图 5-302　《淘宝亲亲节》截图

案例3　这篇文章只能用魔法打开

20年那么长,留下来的回忆很沉很沉。网易哒哒推出这款回忆杀,纪念《哈利波特》20周年,再一次刷屏朋友圈。那些年我们崇尚的英雄、喜欢的冒险、坚固的友情、奇思

第五章　广告创意与设计执行技巧

妙想的世界……再一次抹去尘封的灰尘，清晰展现。H5采用一镜到底+3D视差运动+手指画的交互模式，以时间点为主线，伴随经典的背景音乐《Hedwig's Theme》，回忆起那个大难不死的男孩的奇妙经历……

德思礼夫妇家的生活→跟蛇对话→进入霍格沃茨魔法学校→分院帽→可移动的文字墙→会动的人物相框→撞飞文字的金色飞贼→将羽毛变成小白鼠的变形咒和将文字与羽毛浮起来的悬浮咒→主要人物及经典语录，一镜到底式交互体验在X、Y双轴坐标运动加成下带来了更具想象力的体验感，伴随滑动式"阅读"与手指画施咒等交互手势，回忆来得更具体、更清晰（见二维码5-53、图5-303）。

二维码5-53 《纪念〈哈利波特〉20周年》

图5-303 《纪念〈哈利波特〉20周年》截图

优秀的创作形式不会是一成不变的，在展现其本身魅力的同时，也会根据营销所需加入合适的技术，达到融合创新，让产品更具张力，也更具竞争实力。

（四）H5交互式视频的创作指南

交互式视频类H5逐渐得到了更多从业者的追捧，并绽放出了全新的魅力：既有像《给张一山导部戏》《皇太后的秘密生活》这样的多结局式影视类H5；又有像《周杰伦读心术》《杨洋数羊哄你睡觉》《波叔带你回三国》这样"近距离"与明星互动类H5；更有像《黄道忌日》《筷子兄弟教你打飞机》兼具看点与互动的游戏影视结合类案例。各种类型的交互式视频纷涌而出，成为主流H5创作形式之一。

1. H5交互式视频的优势

视频类是现在H5运用最频繁的形式之一，传统单向非互动的视频形式会使用户产生距离感和审美的疲劳感。而交互式视频打破了视频一成不变的模式，赋予它强烈的综合感官体验，将视觉和触觉融合为一体，使得体验更具参与性。

（1）视频交互带来沉浸式体验

视频中的交互手势使用户仿佛置身于H5本身，用户愿意花长时间去深入感受视频带给自己的感官效果。

（2）互动带来的参与感强

视频交待了情节脉络，而屏幕前的你控制着角色，决定着剧情的走向！选择不同的路线会带来不同的结局，让一个单线性的内容，变成有开放式结局的多个故事线。视频的趣味性视觉冲击＋可选择的强互动参与感，分分钟带动用户的互动兴趣，并引发传播，记忆深刻。

（3）借势明星互动引流量

利用H5实现与明星互动，产生零距离接触感，这让H5的定位不再是一个冰冷的视频，而是一个与明星互动的工具。这种交互＋第一视角＋明星的借势，成为时下最流行、有效、快速的H5营销方式。

（4）融合性意味着可能性

交互式视频渐入佳境，为避免创意雷同和形式单一，广告商都在尝试将交互式视频与其他形式融合，展示不同的效果，从而营造出不同的感觉，这样的融合给行业带来更多可能性。比如融合故事创作、影视制作、剧情互动、UI设计、游戏体验，甚至接入移动支付功能等，用各种尝试实现出奇制胜。

2. H5交互视频形式创作的方法

H5的每种创作形式都蕴藏着巨大的能量，当它们相互碰撞后，产生的火花更加绚丽。交互性视频本身就是主流创作形式之一，它与游戏、VR技术等的融合将带来新的面貌。我们制作交互式视频可以采用的方式如图5-304所示。

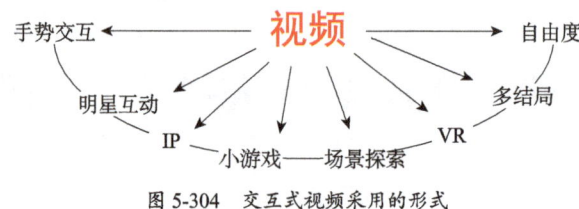

图5-304　交互式视频采用的形式

（1）手势交互

案例1　维多利亚的秘密

加入与模特猜拳的交互手势，赢了有惊喜（见二维码5-54、图5-305）。

图5-305　《维多利亚的秘密》截图　　　　　　　　二维码5-54　《维多利亚的秘密》

案例2　周杰伦竟然会读心术！

卡牌大师周杰伦横空出世，通过玩魔术的方式和用户互动。魔术本就属高互动性的操作，放在H5中，弥补了手机屏幕的局限性，并加以交互手势，引导用户完成魔术，引发用户好奇心，提供沉浸式体验（见二维码5-55、图5-306）。

图5-306　《周杰伦读心术》截图　　　　　　　　　　二维码5-55　《周杰伦读心术》

（2）明星互动/IP

案例　杨洋数羊哄你睡觉

美团外卖推出的这款展现杨洋男友角色的H5。视频模拟杨洋哄你睡觉的场景，1只羊、2只羊……23支羊肉串、24支羊肉串……以女友视角，一边听杨洋数羊，一边在数羊过程中拨打杨洋的电话，给杨洋盖好被子，把掉下床的杨洋拽回来，增强了与杨洋的真实互动感。哄睡的情景加上杨洋的明星效应，增强了真实互动感，传播效应自然会非常不错（见二维码5-56、图5-307）。

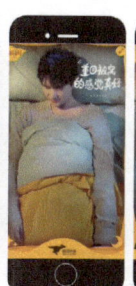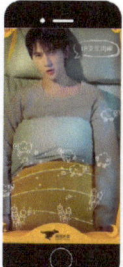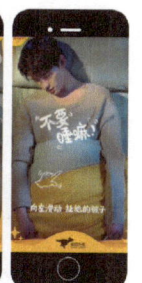

图5-307　《杨洋数羊哄你睡觉》截图　　　　　　　二维码5-56　《杨洋数羊哄你睡觉》

（3）小游戏

案例　跳一跳游戏广告

微信小游戏是在 2017 年 12 月 28 日上线的，借助了微信开屏级的推广，迅速成为微信又一极具商业价值的产品。当时，就有很多人猜测，这种轻度过关类的小游戏，非常容易商业化，比如跳一跳的每个"桥墩"，其实已经在后期加上了包括"微信支付"字样的推广。当然，用户的想象力更大，比如小"i"跳到一个标有网易云音乐的播放器上，可以给自己点一首歌。当时还有一波品牌，也做了"跳一跳"的借势海报（见图 5-308）。

虽然微信的商业化一直很小心，但其商业化的进程在明显加速。这点可以对比朋友圈广告。微信朋友圈在 2012 年 4 月 19 日上线，其首个商业化产品——朋友圈广告是在 2015 年 1 月 25 日上线，足足等了近 3 年，而小游戏的商业化时间提速到了 3 个月。当然，也正是由于朋友圈的广告化并没有那么快，才激发了其巨大的社交功能，甚至超越了微博。

图 5-308　《跳一跳游戏广告》截屏

（4）多结局 + 自由度

案例　给张一山导部戏

我们经常看电视剧，可我们没有自己选择剧情走向的权利。这家企业携手张一山推出这款 H5，导演是谁？就是你，你可以自己选择配角和场景，完成一部电影。张一山实力诠释高冷、萌帅两种迥异气质，女友、伙伴、对手纷纷为其配戏，在三种不同场景下一路狂飙演技！互动性和代入感非常强烈！并且在话题上也满足了用户的好奇心。交互式视频的创作形式在这个 H5 内再次绽放出了全新的魅力（见二维码 5-57、图 5-309）。

第五章 广告创意与设计执行技巧

图 5-309 《给张一山导部戏》　　　　　　　　　　二维码 5-57 《给张一山导部戏》

（5）VR+场景探索

案例1　富二代姚爷，真实身份竟然是……

伴着诡异阴森的 BGM，一场推理与解密的侦探大戏拉开帷幕，找出并查看现场留下的线索能够引导剧情推进，让我们追随福尔摩斯·姚的视角，一起勘测现场。3D 全景展示还原案发现场，VR 视觉体验更直观深入，有助于线索收集。全程虽然为视频播放，但一些剧情画面切换为漫画，让关键剧情更加突出（见二维码 5-58、图 5-310）。

图 5-310 《富二代姚爷》截屏　　　　　　　　　　二维码 5-58 《富二代姚爷》

案例2　直播！韩国女主播闺房秘密

采用 VR 技术，第一视角让体验者仿佛置身其中，与美女主播零距离。重力感应 360 度的交互体验，仿真的直播界面，大大增加了 H5 的娱乐性与交互性。加之有"直播""美女"这两个热门话题，更是让其吸睛不少（见二维码 5-59、图 5-311）。

253

图 5-311 《直播！韩国女主播闺房秘密》截屏

二维码 5-59 （360全景版本）《直播！韩国女主播闺房秘密》

（五）刷屏级 H5 广告排版以及动效设计

如果细心地观察那些阅读转发破万的 H5，会发现它们除了本身的形式与内容创意好之外，制作执行的排版与动效功能的应用也是非常用心的。下面就分别从执行设计的"排版""动效"两方面来和大家探讨，如何让自己创作的 H5 广告更具传播性。

1. 版面设计

生长在移动端的 H5 广告相较于其他广告，充分地暴露了屏幕小、层级深、较难在保持内容统一性的前提下包含众多且交互复杂信息等缺点，也因此可能会影响用户在阅览 H5 时对有效信息的获取能力。所以，利用设计在最短的时间内引导用户接收到有效信息变得更加重要。那么，怎样才能更有效地引导用户接收到那些有效信息呢？答案是通过版面设计！版面是基础，先确定版面的布局框架，再考虑配色、字体……优秀的版面设计，不仅在视觉上能起到正确引导用户的作用，同时也能明确信息主次，使有效信息达到最优的传播。

版面在 H5 设计中有以下几个作用：

◆ 不同图文信息的有序展示在视觉上起到一定引导作用，通过版面大小和前后复叠关系，明确展示信息的主次，使视觉表达更加合理。

◆ 交互性是移动端 H5 设计中必须考虑的因素，好的版面分割可以增强引导性、增加点击感，在视觉上辅助交互。

我们常见的版面类型包括：直线型版面、斜线型版面、三角型版面、圆型版面。

（1）直线型版面

由直线进行切分，面积大小会根据内容相对调整。直线型版面示意图如图 5-312 所示。

图 5-312 直线型版面

此版面类型操作起来最为简单，画面中规中矩，易给人严肃而具有理性的感觉。反过来说，直线型版面也容易显得呆板生硬，不够活泼。不过可以通过不同的设计风格进行弥补，如图 5-313 所示。

图 5-313 利用不同的设计风格来弥补版面的不足

根据内容的不同，清晰地进行分割。居中的版式和文案，表现出品牌的正式、专业、高端，适合高端消费领域的品牌，如图 5-314 所示。

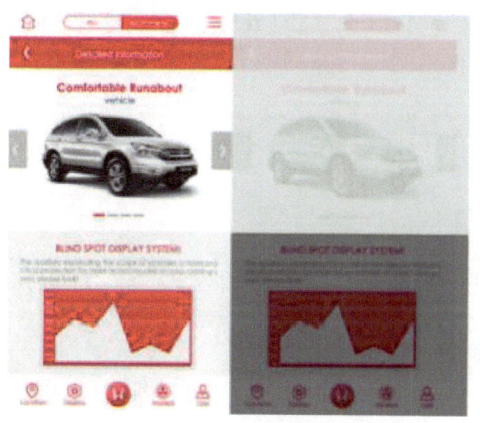

图 5-314 根据内容进行版面分割

直线型版面是最常见的版式，简单的直线分割容易打造沉稳而具有品质感的页面基调。同时在视觉上对不同内容起到明确的区分，从而正确引导用户进行相应的交互。优秀直线型案例如图 5-315 所示。

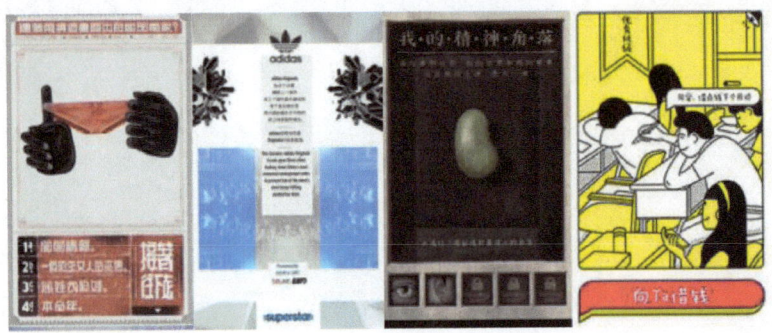

图 5-315　直线型版面设计优秀案例

（2）斜线型版面

斜线型比直线型更活泼，视觉上更具冲击力，整体版面更加动感，并有一定的引导性。斜线型版面配合适当的动效，能够在第一时间给用户带来画面冲击，倾斜的角度越大冲击感越强，适合在活动、促销、推荐等场景下使用。斜线型版面示意图如图 5-316 所示。

图 5-316　斜线型版面

斜线容易给人以平面延续的感觉，可以在页面切换时打造连续的画面，增强页面的引导性，适合用于长页面和多页面同级并列的 H5 场景，如图 5-317、图 5-318 所示。

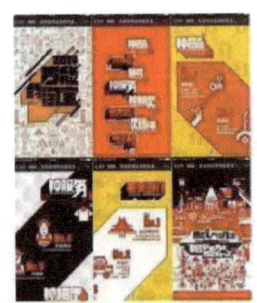

图 5-317　斜线型版面示例（1）

图 5-318　斜线型版面示例（2）

（3）三角型版面

三角形是一个具有稳定性的图形，在页面上容易给用户带来视觉引导。稳定的三角形同时也是尖锐的形状，比较容易传达快速、时尚、暴力刺激等感受。三角型版面示意图如图 5-319 所示。

图 5-319　三角型版面

在视觉上，三角形给人以指向性。在多屏滑动页面时，可用于交互上的页面引导，如图 5-320 所示。

图 5-320　三角型版面示例

（4）圆型版面

圆形在手机屏幕上的表现天然具有视线聚焦的吸引力，适合主标题、主图和其他关键信息的展示。圆形在视觉表现上更加光滑饱满，给人亲近感，适合手绘风格、卡通风格的页面设计。圆型版面示意图如图 5-321 所示。

图 5-321　圆型版面

利用圆形巧妙灵动地将画面内容进行分割，相比较直线型版面而言更加流畅，视觉上更具亲和力，不生硬，如图 5-322、图 5-323 所示。

图 5-322　圆型版面示例（1）

图 5-323　圆型版面示例（2）

2. 动效设计

如今的消费者几乎手机不离身,手机移动端 H5 对公司宣传的影响愈加明显,移动端相对于 PC 端与纸媒等其他渠道而言,具有以下几点特性:屏幕小,信息含量多;页面多,要保持统一性;层级深,用户易流失。为了降低这些特征对 H5 内容阅读吸引力的影响,针对不同的问题,我们可以在 H5 内容中添加相对应的动效,以达到优化的作用。

> **问题一:屏幕小,信息含量多**
> 解决思路:对重点宣传信息加以突出,让关键信息在最短的时间内被获取。
> **问题二:页面多,要保持统一性**
> 解决思路:通过固定的动效交互,在体验上保证整个内容展示的完整性。
> **问题三:层级深,用户易流失**
> 解决思路:有趣的动效加上适当的交互,提高用户参与度、趣味性,更有效地留住用户。

以下从几个方面谈谈动效的制作和应用。

(1)动效的作用

动效对 H5 页面的作用主要体现在两个方面,分别为功能性及趣味性。

① 功能性。

◆ 引导用户进行点击、翻页等动作(见图 5-324、图 5-325)。

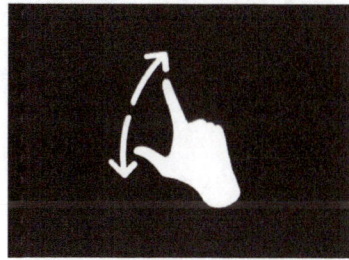 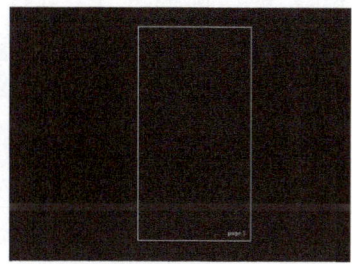

图 5-324 点击　　　　　　图 5-325 翻页

◆ 吸引用户并让其做长时间的视觉停留(见图 5-326、图 5-327)。

图 5-326 吸引用户(1)　　　　图 5-327 吸引用户(2)

注:本节部分所用图为 GIF 动效图,印刷品不利于表达,登录本书对应的课程网站可查看动效;或登录:http://www.managershare.com/post/257333。

②趣味性。通过一些充满趣味的特效,让用户的体验变得真正愉快以及难忘(见图 5-328)。

图 5-328　趣味性

(2)动效的类型

在 H5 内容展示中常见的动效有:移位、旋转、翻转、缩放、逐帧、淡入淡出、粒子效果、3D 等,而我们能大致地将这些动效分为基础动效、招牌动效以及高难度动效 3 种类别,如图 5-329 所示。

图 5-329　动效的分类

其中,基础动效分为指向性动效和空间展示动效,具体表现在如下几项(见图 5-330):

◆ 指向性动效——H5 元素的出现、滑动、弹出等。
◆ 空间展示动效——页面的切换、翻动和放大。

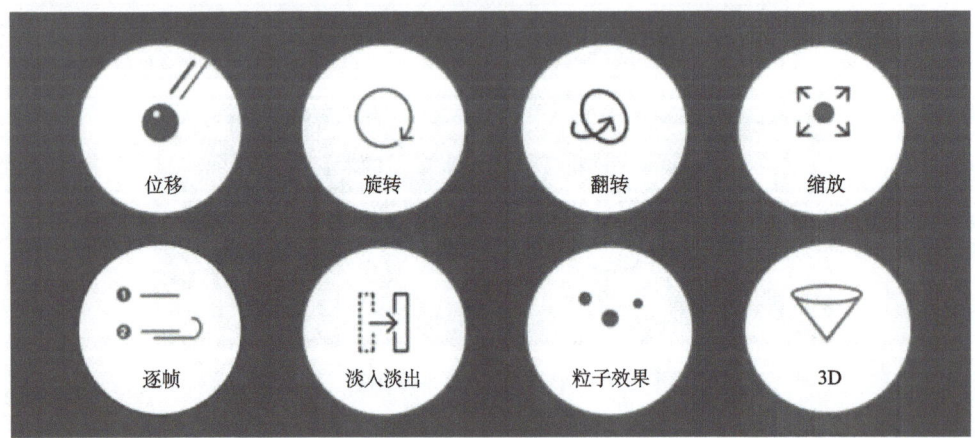

图 5-330　基础动效

基础动效最重要的目的是要让用户感到毫无负担，顺应自然规律，此类动效无须做到夺人眼球，而是要让动效舒服流畅。为了能让大家更直观地理解基础动效的效果，不妨来看看下面这些关于动效设计中的物理关系。

首先，我们要理解"颜色是有重量的"，随着明度和饱和度的升高，颜色的重量在下降（见图5-331、图5-332）。

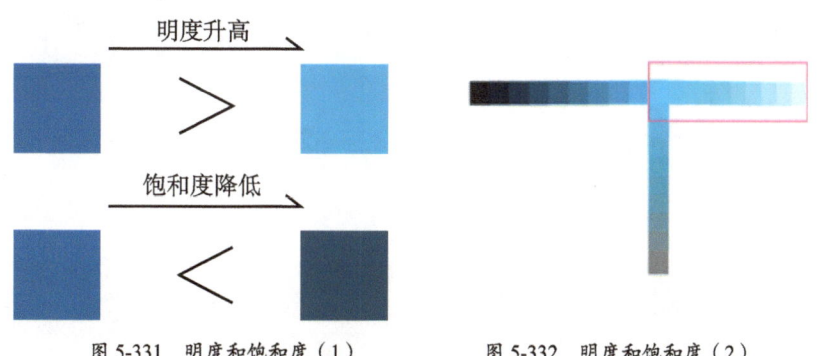

图 5-331　明度和饱和度（1）　　　　图 5-332　明度和饱和度（2）

此外，物理规律也是动效考虑的关键因素。看起来舒服的动效，一定是符合真实物理运动规律的，比如小球从上往下掉，加速运动要比匀速运动更符合人眼的认知（见图5-333、图5-334）。

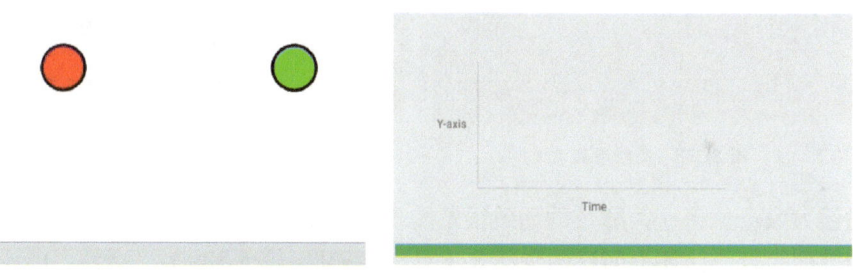

图 5-333　物理规律（1）　　　　图 5-334　物理规律（2）

招牌动效是基于基础动效做的有选择性的差异化展现，就像一个个有个性的 pose（姿势，造型），让用户眼前一亮，建立对界面的独特印象（见图 5-335）。

这类动效的目的主要是加深用户印象，但需要注意夸张个性化的表现，以及对于动效节奏的把控（见图 5-336、图 5-337）。

高难度动效的主要目的是加深用户印象。如果运用在 H5 中会很酷很炫，可以让用户做长时间的视觉停留；但也是起到锦上添花、画龙点睛的作用，需要根据切实需要来进行设计，如图 5-338、图 5-339 所示。

图 5-335　招牌动效示例

图 5-336　招牌动效（1）

图 5-337　招牌动效（2）

图 5-338　高难度动效（1）

图 5-339　高难度动效（2）

　　有时候大家会觉得这些酷炫的动效很难实现，其实如果仔细分析，会发现它们都是基础动效的排列组合。比如上面这两个动效（见图 5-338，图 5-339），只要拆分成不同的层，就能发现其中只是不同层之间平移和缩放的组合。

　　以上仅是一些制作经验和思路分享，不过具体的情况还得具体分析，排版与动效的表现形式错综复杂，只有找到合适自己的创作风格才能打动读者。

（六）H5 广告的设计与定价

　　对于不太懂行的客户来说，在想做 H5 广告设计项目时，究竟应该如何沟通才能更高效？客户必须先提供这 3 个关键信息，分别是：内容要求、周期情况、费用计划，设计方才能给出合理的报价。

　　（1）内容要求

　　顾名思义，就是项目想要做成什么样子，需要什么功能、什么美术风格、体量有多大、关键信息都是些什么，设计方看到这些要求，才能确定自己适不适合来做，有没有能力执行。

　　（2）周期情况

　　项目可以给到设计方多长时间？要明确告诉设计方可以给予的时间，这样设计方才能判断出自己是不是有足够的时间来做。

（3）费用计划

究竟计划花多少钱来做这个项目？可以不明确，但要有区间，这样设计方才能确定在明确了内容要求和周期情况的基础上，这个费用是否合适。

如果一开始，甲方和乙方就能针对这三个问题进行有效沟通的话，那么整个商务和谈判的过程会高效得多。不过，站在甲方立场来看，也确实有一个问题是大部分客户不清楚的，那就是，一支H5究竟要花多少钱来做？

这里普及一下关于H5的收费标准，大体上，我们可以区分为三个层级，它们分别是：日常实用型、专业应用型和项目营销型。

（1）日常实用型

这类H5主要应用于个人或者小门店、小活动，通常是要通过像易企秀、兔展这样的简单工具来实现的，制作的重心主要是美术与文案，周期一般在3～5个工作日，花费通常在800～3000元。

（2）专业应用型

这类H5主要应用于中小企业的各项事物，通常是要通过像木疙瘩、IH5这样的专业工具来实现的，制作的重点除了美术和文案外，还会有专项的策划人员来构思创意和内容表达，周期一般在7～14个工作日，花费通常在3000～20000元。

（3）项目营销型

这类H5主要应用于中大型企业的各项事物，通常要通过团队来制作，不会使用H5制作工具，而是依靠程序员编辑代码来完成的。团队成员不仅有美术、文案和创意策划，还会有程序员、动画师、插画师这样的角色，周期一般在21～30个工作日，花费通常在30000～100000元。

H5的费用区间，只代表2019年的收费参考，随着通货膨胀、货币贬值和市场热度的变化，每年也会有变化，但三个级别收费的比例关系是大致差不多的。可以通过如图5-340所示的金字塔图来了解行业收费。

根据自身情况，然后再参考三种类型的收费和时间，你就知道应该怎么去沟通了。当然也可分专业级H5和普通级H5设计，其特征如图5-341所示。

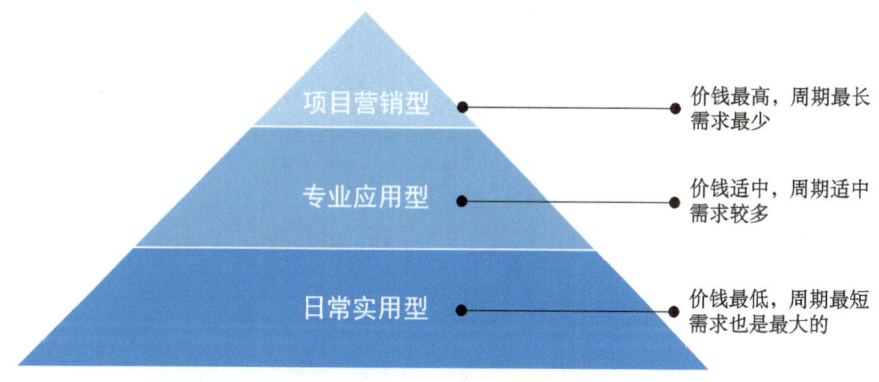

通常来说，H5的供求可以通过这个金字塔图来概括

图5-340　H5收费标准

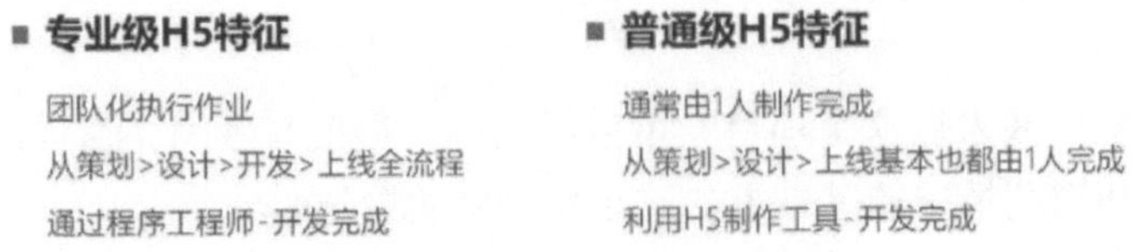

■ **专业级H5特征**
团队化执行作业
从策划>设计>开发>上线全流程
通过程序工程师-开发完成

■ **普通级H5特征**
通常由1人制作完成
从策划>设计>上线基本也都由1人完成
利用H5制作工具-开发完成

图 5-341　专业级和普通级 H5 特征

（七）三个"大众点评"的精选案例赏析

1. 项目：大众点评年末聚餐促销

时间：2014 年 8 月；作者：W 公司；客户：大众点评网。

（1）背景

中国人爱在年末时聚餐，而且多是朋友之间的聚餐，大众点评 App 因此启动"年末聚餐"的促销活动。但促销业务最容易拉低品牌的感观印象，如何让常规促销能持续地提高品牌在消费者心中的品位调性？

（2）解决方案

①让常规促销更具文化内涵。在社交平台仰望精英和迎合普通消费者的传播环境下，电商品牌的推广底线节节退败。本案站在大众点评品牌角度思考策略解题：在推广业务的同时兼顾人文内涵，提出"我们之间就一个字"，因为朋友间不用废话，一个字足够表达情谊，并精选 9 个最代表友谊的汉字，表达具有中国特色的人情世故。

②一屏一字，形式创新。为优化手机阅读体验，W 公司根据汉字含义设计成动画，分别用"金、本、欠、梦、日、朋、拼、赞"，从各个维度深刻解读朋友之间的情义，正如最终一个"聚"字所言：让我们再聚一回吧。引出大众点评"年底聚餐团购"信息。

③文案逆袭，深度沟通。在段子当道、眼球为王、文字闹剧随处可见的社交传播中，本案反常规地运用内敛、沉稳的叙述口吻，为每一个字的动画页面配以长文案，从对朋友关系的洞察切入，娓娓道来，达到触动共鸣，引爆传播的目的。

（3）作品（见图 5-342、图 5-343）

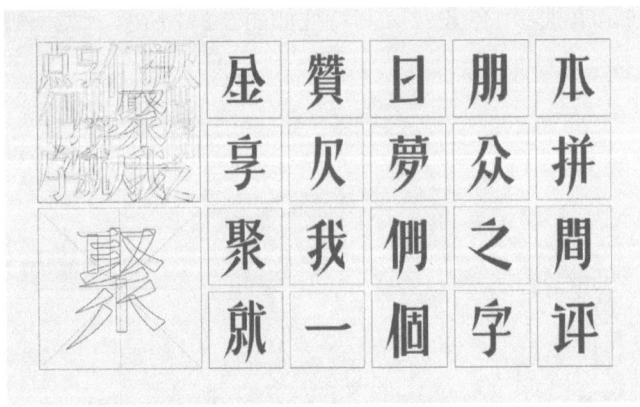

图 5-342　《大众点评年末聚餐促销》（1）

▲看详情 1：http://work.wearewer.com/zh/a-little-about-the-ins-and-outs/
▲看详情 2：http://www.digitaling.com/projects/13596.html

（4）传播效果

①H5互动页面访问量超过3000000（数据来自百度统计）。

②本案H5画面、文案被消费者自发截图、摘抄，并上传至社交网络，甚至成为中学语文考试题目，引发现象级的集体共鸣与情感认同。

③本案不跟热点，反成为社会的热点，"一个字"更成为网络流行文体，引起超过110个国内外著名品牌跟风。

④本案的互动形式树立了互动传播的新标杆，被业内多个权威网站评为H5互动传播经典案例，并纷纷开辟专题，分析、探讨本案的现象级传播效应。

⑤本案拥有超长的生命周期，上线一年多，仍有大量用户自发传播与媒体转载。

⑥将品牌传播落到实效，大众点评品牌好感度、"年底聚餐团购"销量显著提升。

图5-343 《大众点评年末聚餐促销》（2）

（5）引发的思考

①长文案中为什么要用繁体字？W公司对这种决策的理解是：简体字的演变、形成、固定到普及，是因为简体字更利于日常沟通和认识。繁体字的前身是篆文，篆文是保存古代象形文字明显特点的文字，繁体字仍能适用今天，其不仅有着篆文中的"象形"和"表义"，还有着经过许许多多年演变成的字体美感。回过头来说，"我们之间就一个字"这个H5作品，用到了大量的文字内容，但即使是文字，也需要搭配H5整体艺术表现来呈现，那么就要考虑是否需要"字体设计"。从传统饮食文化的方面考虑，需要广告赋予其历史的厚重感，而繁体字恰好就能解决以上问题。

②大众点评的餐饮线不做促销可以吗？当然可以。将大众点评餐饮线传播上升到中国人的饮食"情义理"上，避开了俗套促销和卖情怀，在2014年，这样的设计是新鲜的、是引人入胜的。

③"创造一种行业的标准或者全新的玩法"，在信息快餐时代的今天，就会立刻成为一种行业的潮流，所带来的是同行甚至跨行业的纷纷效仿。创意和知识一样，是很昂贵的，后来者只有用廉价的模仿来跟随潮流。

2. 项目：大众点评网陌生来电

时间：2015年5月；作者：W公司；客户：大众点评网。

（1）背景

2015年5月，好莱坞大片《复仇者联盟2》上映，大众点评希望借其影响力，推广电影IMAX在线订票业务，并在同时段其他订票网站的相同主题推广中脱颖而出。

（2）解决方案

①首创H5全新互动模式。本案首创了"未接来电""未读消息"的互动形式，将创意内容与用户手机使用场景产生强关联。

②悬念吸引互动，引导深入沟通。进入H5，用户接到一个号码未知、定位失败的神秘电话；点击接听后，一个邪恶声音对你喊话，随即引来复仇者们对你手机屏幕的猛烈攻击；即将"崩屏"之前，终极反派现身，吐槽手机屏幕太小，并挑衅说要玩就玩大屏，将用户带到"上大众点评网，19.9元看IMAX大屏《复仇者联盟2》"的最终画面。

（3）作品（见图5-345、图5-346）

图5-345 《大众点评网陌生来电》截图（1）

图5-346 《大众点评网陌生来电》截图（2）

（4）传播效果

①H5访问量超过2000000（数据来自百度统计）。

②本案开创的"未接来电""未读消息"的H5模式，引发行业内的大量复制与学习，之后类似形式的案例层出不穷。

③"未接来电"互动形式被各家免费H5制作工具软件效仿，并进行大力推荐，吸引用户。

④颠覆性的互动体验，引发大量消费者自发截图并上传至社交网络进行传播和讨论，增加了二次传播的效用。

⑤本案被多个行业权威网站评为H5传播营销的经典范本，并纷纷开辟专题，分析、探讨本案的现象级传播效应。

⑥本案在同时段其他订票网站借势《复仇者联盟2》的推广中脱颖而出，令大众点评的电影IMAX在线订票业务显著提升。

（5）引发的思考

①在视觉呈现上，设计方非常讨巧地躲开版权问题。只利用了各个英雄人物的武器来展现《复仇者联盟2》的内容。而一开始的电话界面又非常有代入感地将用户引入一个与自己有关系的故事。

②理论上讲，H5页面越多、越往后点，浏览人群流失越多，所以前面几屏最关键。开头就是一个"陌生来电"的画面，"未显示号码"会让人有强烈的"入戏"感，加上模糊画面的糙面感，带来各种"新颖和刺激"。这种"沉浸式""场景化"设置就是让人有一种被带入的感觉，停不下来。

③W公司又一次地开创了一种全新的H5玩法，称之为"未接来电"的始祖并不过分。判断一种创造性思路的成功与否，你只要看是否有大量其他企业跟风和模仿，就知道了。

3. 项目：大众点评网霸王黑客William

时间：2015年6月；作者：W公司；客户：大众点评网。

（1）背景

2015年6月，大众点评"霸王餐"业务上线，消费者可免费享受吃喝玩乐的生活服务。但是由于业务新、大众认知度低，参与的人并不多。本案的主要挑战，是在短时间内让大众点评"霸王餐"业务被广泛知晓，并提升网站流量。

（2）解决方案

①创新促销传播方式。面对大众点评"霸王餐"的传统促销型任务，本案首创了以第三方发布文章的形式，创造性地运用"虚构人物讲述与消费者强关联故事"的方式进行创意传播。

②塑造虚拟人物。本案虚构了一个黑客（William Chen），并为他打造了一份逼真的黑履历：19岁就用黑客技术导致通信网络瘫痪、因不满苹果公司嚣张做法大闹发布会等，将其打造成天赋异禀、仗义执言、敢作敢为的互联网"罗宾汉"。

③用户强关联沟通角度。在病毒视频中，从现代人手机App太多的洞察切入，以William Chen的口吻，以逼真的手机操作动画，讲解了他开发的手机黑客App——APPMIXER的使用教程。APPMIXER可将任意2个手机App合并为1个App，例如：合

并"嘀嘀打车"和"Uber",就可以用1个App召唤两家的专车等。而APPMIXER的终极功能,则是把手机中所有吃喝玩乐的App全部与"大众点评"合并成为"霸王点评",其中所有消费都不用钱,正如大众点评"霸王餐"业务,吃喝玩乐全部免费。

(3)作品(见图5-347、图5-348)

图5-347 《大众点评网霸王黑客》截图

图5-348 (黑客William Chen人设页面)

(4)传播效果

①病毒视频点击观看量超过3430000(数据来自腾讯视频,截至2015年)。

②APPMIXER百度搜索条目超过1710000(数据来自百度搜索,截至2015年)。

③病毒视频刚上线,即收到大量消费者留言、评论和自主转发。

④众多网站自发上传APPMIXER的下载链接作为致敬,同时增加了二次传播的效用。

⑤被同行业与跨行业品牌争相借鉴创意形式并开创H5体验新模板。

⑥引爆众多IT论坛大规模议论APPMIXER的可行性与品牌的创意传播方式。

⑦将品牌传播落实到销售,大众点评"霸王餐"关注度与业务量显著提升。

⑧本案引发了众多行业媒体与自媒体自发转评。

⑨项目上线3个月,仍有大量自媒体、微博大V、微信大V、消费者自主转发传播。

(5)引发的思考

①大胆创造的背后,也不乏心细之人,这是一个对自己的作品以及对客户高度负责的

品质精神。从这位黑客的人设到制作视频投放，无不体现W公司的用心。

视频的最后，"William Chen"放上了一个二维码供大家下载，一般的公司会让这个二维码链接到客户的促销页面，但W公司为了尽可能地让大家"信以为真"，连这个二维码扫描后的页面也做了。

②创造APPMIX，更像是在现实基础上，对人类未来的美好愿景的具象化。大家信以为真，也就不那么令人惊讶了，因为大家希望这是真的。

W公司与大众点评的合作绝对远远不止这3次。有兴趣的同学可以去网上自行搜索。

 课后练习任务书

1. 创作主题

责任与担当

2. 背景资料

1949年中华人民共和国宣告成立，开启了中国历史的新篇章。其间经历了40多年的改革开放，总结历史经验，揭示历史规律，把握历史趋势，尽快实现中华民族的伟大复兴。祖国的强大，民族的复兴，需要全民的艰苦奋斗。我们虽然不是改革先锋，也不是造势英雄，但每个人都有对社会、对工作、对家庭担当的责任，只要尽职尽责全力以赴地去努力，都会为推动整个社会与整个民族取得更大成功，最终为实现中华民族的伟大复兴做出贡献。

3. 命题解析

每一代青年都有自己的际遇和机缘，都要在自己所处的时代条件下谋划人生、创造历史，青年是标志时代的最灵敏的晴雨表：时代的责任赋予青年，时代的光荣属于青年。建设富强、民主、文明、和谐、自由、平等、公正、法治、爱国、敬业、诚信、友善的社会主义现代化国家，是青年人的目标，也是青年人的责任。每一代青年都承担着对前辈、对自己、对后代的社会责任、职业责任和伦理责任。

社会责任——青年一代要充分认识到只有祖国强大我们才会更加幸福，祖国与我们是命运共同体，从身边做起，让青春承担责任，让责任引领人生，让我们青年与时代同步伐、与国家同命运、与人民齐奋斗，为祖国做出我们自己应有的贡献。我们大家都希望社会越来越好，但自身的言行也必须跟自己愿望相符合，目前社会上有很多现象：一边抱怨社会风气越来越差，但自己同时又做着那些败坏社会风气的事，或是跟随那些坏风气随波逐流。因此我们需要倡导追求发展、追求知识、追求富裕生活、追求成才奉献等蔚然成风的正确价值观、正能量，一起努力让我们的社会变得更加风清气正、人际融洽、人与自然和谐。

职业责任——职业责任拥有成就人生的力量。敬业，是社会主义核心价值观中的内容之一。筑就人生美丽梦想，践行核心价值观，既不是虚无缥缈的，也不是高不可攀的。"成功之源"，就根植在你我他的职业道德里、情感良心中。表面上，敬业是利他的；实质上，爱岗敬业也是利己的。换言之，它是满足社会需求与实现个人价值的有机统一。每个人的岗位不同、职责有别，但要把工作做得精益求精、尽善尽美，却都离不开责任心。

家庭伦理责任——家庭责任感是指个人对家庭的认识、情感维系和思想信念，以及与之相对应的行为规范、承担家庭责任和履行家庭义务的自觉态度；也是当代大学生应具有的道德品质。履行家庭责任就是对父母年老时有赡养的义务，对子女有教育、监护、抚育的义务，夫妻间有相互扶助的义务。

作为祖国的未来接班人，青年人应以祖国强大、民族复兴为奋斗方向，从小事出发，从身边做起，用开阔的视野、发展的眼光来看待自己的责任与担当。以坚如磐石的信心、只争朝夕的劲头、坚韧不拔的毅力，为祖国做出自己的新担当、新作为。

4. 广告可表现的参考内容

◆赡养父母，抚养儿女，是每个人对家庭应担当的责任。

◆尽心尽责，兢兢业业，是每个人对工作应担当的责任。

◆无怨无悔，乐于助人，是每个人对社会应担当的责任。

◆竭忠尽职，保家卫国，是每个人对祖国应担当的责任。

◆社会上种种不履行责任的后果侵蚀着社会肌体的健康，部分公职人员不作为，贪腐、懒政，阻碍政府职能的履行，影响着政府的公信力。

◆缺乏责任心，消极怠工、应付差事、敷衍塞责、互相推诿、避重就轻等。

◆责任，是战胜一切困难的利器。

◆担当，是一种态度，也是一种行动，是接受并负起责任。

◆担当可以为自己，为他人；也可以为国家，为民族。

青年人是担当民族复兴大任的时代新人，这是"长江后浪推前浪"的历史规律，也是"一代更比一代强"的青春责任。以社会主义核心价值观为导向，发现身边高尚的道德情操的人和事；弘扬有责任、有担当的中华文明；摒弃不负责任、逃避责任的种种弊端。全面阐释青年人肩负的责任与担当。

5. 作业要求

①移动端H5交互广告。

②作品的格式：

◆用H5软件制作。

◆动画、游戏、电子杂志、交互视频等表现形式可任意选择。

◆作品分辨率要适合手机屏幕尺寸，即默认页面宽度640px，高度可以为1008px、1030px，页数不多于15页。

◆作业要在网上实际投放。交作业时需同时提交作品发布后的链接及二维码。

参 考 文 献

[1] 朱安琪. 新媒体广告传播形态研究 [D]. 哈尔滨：哈尔滨师范大学，2016.

[2] 刘人畅. 新媒体广告的发展与应用 [J]. 科技资讯，2014，12（21）：194-195.

[3] 赵俊丽. 情感诉求策略在电视广告中的运用 [J]. 新闻研究导刊，2018，9（11）：228-229.

[4] 李晓峰. 影视创作方法通论：影像的采集与编辑 [M]. 北京：北京大学出版社，2008.

[5] 胡睿，张小郲，李建. 小型无人机航拍研究之镜头运用浅析 [J]. 现代电视技术，2016（3）：126-130.

[6] 卢锋. 数字视频设计与制作技术 [M]. 北京：清华大学出版社，2006.

[7] 秦洁. 叙事视域下电视广告中叙事现象解读 [J]. 大众文艺，2018（1）：158-159.

[8] 吴鑫. 影视艺术摄像实验教程 [M]. 南京：南京师范大学出版社，2011.

[9] 任训学. 现代教育技术导论 [M]. 武汉：湖北人民出版社，2006.

[10] 朱玮. 从《萤火虫之墓》谈起——动画如何表达情感 [D]. 南京：南京师范大学，2013.

[11] 侯壮，兰一狄. 运动镜头 [J]. 新教育时代，2014（5）：283-284.

[12] 秦汉皋. 影视制作入门教程 [M]. 北京：中国劳动社会保障出版社，2003.

[13] 侯小琴. 论人类学田野的影视表达——《神农溪的冬天》拍摄实践及反思 [D]. 武汉：中南民族大学，2012.

[14] 朱尉，贺清. 运动镜头的功能和表现力 [J]. 青年记者，2008（32）：73.

[15] 徐丽静. 电视广告中的美学效应探析 [J]. 视听，2018（7）：217-218.

[16] 王翰东. 电视摄像的理论与实务 [M]. 武汉：华中科技大学出版社，2004.

[17] 张庆贤. 试析电视画面的造型艺术 [J]. 黑河学刊，2005（2）：93-95.

[18] 张兰. 摄影机运动与艺术表现探析. 新西部，2011（13）：92+79.

[19] 王娜. 电视广告故事性叙事的逻辑、价值与策略 [J]. 传媒，2018（5）：76-78.

[20] 刘毓敏. 桌面 DV 制作教程 [M]. 北京：人民邮电出版社，2003.

[21] 温建梅，孟威. 电视摄像造型 [M]. 太原：山西人民出版社，2006.

[22] 张东. 数码摄像技术与制作 [M]. 杭州：浙江大学出版社，2005.

[23] 刘毓敏，等. 电视摄像与编辑 [M]. 北京：国防工业出版社，2004.

[24] 王燕. 动画分镜头语言 [J]. 改革与开放，2012（6）：194.

[25] 谢文一. 数码摄像 200 问 [M]. 上海：上海科学技术出版社，2006.

[26] 王汉平. 运动摄像与运动画面在电视摄像中的运用 [J]. 西部广播电视，2016（8）：102-107.

[27] 裴彤. 基于运动镜头与后期合成的三维展示动画研究 [D]. 南京：东南大学，2013.

[28] 李娜. 浅谈动画短片中的运动镜头 [J]. 文艺生活·文艺理论，2012（6）：144.

[29] 黄弘，毓鑫. 基于移动互联网环境下的 H5 设计形式探究 [J]. 设计，2016（23）：134-135.

[30] 赖明明. 内容营销 [M]. 北京：中国传媒大学出版社，2017.

[31] 彭雷清. 内容营销：新媒体时代如何提升用户转化率 [M]. 北京：中国经济出版社，2018.

[32] 刘琛. 中国式内容营销 [M]. 北京：电子工业出版社，2018.

互联网文献摘录资源列表：

https://www.niaogebiji.com/article-17208-1.html

http://www.sohu.com/a/331168610_470608

http://www.sohu.com/a/331475970_742234

http://www.360doc.com/content/19/0723/08/10240337_850465164.shtml

http://m.sohu.com/a/243232090_174744

https://www.jianshu.com/p/0fccdcac8704

http://m.sohu.com/a/166818153_669472

https://www.digitaling.com/articles/37453.html?from=timeline

https://www.docin.com/p-2088027766.html

https://www.adquan.com/post-2-41611.html

http://www.sohu.com/a/127763242_612419

http://mt.sohu.com/20170307/n482607594.shtml

https://www.ui.cn/project.php?id=291639

https://www.digitaling.com/articles/28977.html

http://www.managershare.com/post/257333

http://www.opp2.com/124032.html